REPÚBLICA

IMPRENSA DA UNIVERSIDADE DE COIMBRA
COIMBRA UNIVERSITY PRESS

COORDENAÇÃO CIENTÍFICA DA COLECÇÃO REPÚBLICA
Amadeu Carvalho Homem

COORDENAÇÃO EDITORIAL DA COLECÇÃO REPÚBLICA
Maria João Padez Ferreira de Castro

EDIÇÃO
Imprensa da Universidade de Coimbra
Email: imprensa@uc.pt
URL: http://www.uc.pt/imprensa_uc

CONCEPÇÃO GRÁFICA
António Barros

PRÉ-IMPRESSÃO
António Resende
Imprensa da Universidade de Coimbra

PRINT BY
CreateSpace

ISBN
978-989-8074-29-4

DEPÓSITO LEGAL
274113/08

OBRA PUBLICADA COM A COLABORAÇÃO DE:

CEIS 20
CENTRO DE ESTUDOS
INTERDISCIPLINARES
DO SÉCULO XX
UNIVERSIDADE DE COIMBRA

Leonardo Coimbra e a I República

Percurso Político e Social de um Filósofo

Fernando Mendonça Fava

IMPRENSA DA UNIVERSIDADE DE COIMBRA
COIMBRA UNIVERSITY PRESS

A Meus Filhos, Sérgio e Filipa

ÍNDICE

PREFÁCIO

É com todo o gosto que escrevo este prefácio ao livro de Fernando Fava, *Leonardo Coimbra e a Primeira República.* Na verdade, enquanto historiadora apreciei muito a exposição cronológica contextualizada que Fernando Fava construiu sobre a vida e a obra pedagógica, política e institucional do grande Mestre conhecido pelos seus dotes oratórios, pela sua capacidade intelectual de fazer discípulos (Adolfo Casais Monteiro entre muitos outros) e pela originalidade da sua filosofia alicerçada numa profunda cultura científica. De facto, em Leonardo Coimbra a cultura científica não é verbo de encantar mas valor autêntico. À luz do seu *curriculum vitae* é considerável a sua formação científica e a sua paixão pelo progresso científico. No entanto, se alguma dúvida se levantasse, bastaria ler *O Criacionismo* (Biblioteca da Renascença Portuguesa, Porto, 1912) deste filósofo inconformista e defensor da liberdade.

Esta obra com cerca de 300 páginas, foi apresentada em forma de tese de concurso para Professor Assistente do Grupo de Filosofia da Faculdade de Letras da Universidade de Lisboa, Faculdade que sucedeu ao Curso Superior de Letras, fundado por D. Pedro V. Recorde-se que a disciplina mental positivista de Silva Cordeiro recusou a Leonardo Coimbra a oportunidade que este ambicionava. Agora, 100 anos volvidos, Leonardo Coimbra é estudado e debatido, em suma, é fonte de inspiração para «livre pensadores» que ainda os há, não necessariamente nem apenas ateístas e materialistas mas deístas, espiritualistas e outros. Leonardo Coimbra também é fonte de investigação em trabalhos académicos na área da filosofia como muitos que Fernando Fava inclui na sua bibliografia e designadamente os trabalhos de Henrique Jales Ribeiro da Universidade de Coimbra.

O livro de Fernando Fava que agora a Imprensa da Universidade dá à estampa é a sua dissertação de Mestrado aprovada com Muito Bom em 28 de Novembro de 2005, sendo seu orientador o Prof. Doutor Amadeu Carvalho Homem e arguente o Professor Doutor Fernando de Sousa. A prova pública realizou-se na muito digna sala Gama Barros da Faculdade de Letras da Universidade de Coimbra. A dissertação foi realizada no âmbito do Mestrado em História das Ideologias e das Utopias Contemporâneas dirigido pelo Professor Doutor Amadeu Carvalho Homem. O leitor não espere encontrar mais uma sistematização filosófica do pensamento de Leonardo Coimbra, como adverte logo na introdução o autor deste livro. É claro que, para nós, hoje, neste século XXI sem alma, a filosofia é muito importante. Mas a história não é menos valiosa.

Aliás, toda a cultura humanística é insubstituível pois só ela pode temperar o homem tecnológico do presente, designadamente reflectindo sobre os efeitos (mais positivos do que negativos) da racionalidade científica e técnica do presente. Como nos grandes pensadores, também em Leonardo Coimbra o filosofar deve vir depois da aprendizagem científica. É cada vez mais difícil ser filósofo, sem dúvida, pois a história diz-nos e o presente mostra à evidência que o mundo se tornou tecno-dependente e que quanto mais ciência e técnica se produz, mais ciência e técnica é necessário produzir, para governar o presente e salvar o futuro. Compreendemos todos muito bem que, para salvarmos o passado temos de salvar o futuro. Todavia, se não formos construindo e reconstruindo o passado, mesmo que haja futuro, a verdade é que, sem história e sem memória, o passado extinguir-se-á.

Fazemos aqui um pouco o papel de moralista com o objectivo de sublinhar o valor da história que é feita por nós e pelos nossos alunos. Neste caso, o valor deste trabalho feito por Fernando Fava numa perspectiva que ainda não tinha sido contemplada. Com efeito, este livro traz para primeiro plano a acção pedagógica, política e institucional de Leonardo Coimbra e, sem esquecer o seu pensamento e a sua arte de perguntar, mostra-nos novas qualidades da (mesma) filosofia do (mesmo) Mestre que aos 27 anos vibrou anarquisticamente com a implantação da República Portuguesa, acabando por se filiar em 1914 no Partido Republicano e por se iniciar na Loja Maçónica *Luz e Caridade* da Póvoa do Varzim com o nome de Kant, um dos filósofos que Leonardo Coimbra mais estudou e rebateu, sempre convicto de que o kantismo é nas suas palavras, "o maior avanço do pensamento humano, iconoclasta e livre" (*O Criacionismo*, p. 240). Elaborado com todo o rigor historiográfico, incluindo a consulta directa das fontes e o respeito pela semântica convencionada dos conceitos e demais termos, este trabalho de leitura agradável e fluente oferece ao leitor várias pistas para levar por diante novas investigações que, naturalmente, vão ao encontro do conhecimento que tem vindo a ser construído sobre o Republicanismo e a Primeira República, especialmente por Fernando Catroga e Amadeu Carvalho Homem, da Universidade de Coimbra.

Várias passagens do livro de Fernando Fava nos impressionaram. Saber como morreu Leonardo Coimbra com 52 anos foi algo que nos causou muita tristeza. É difícil conceber que um homem sábio não tenha a oportunidade de se despedir da vida e esperar pela morte. Ela veio, apanhou-o de surpresa, estando ele distraído a viver. Com uma morte mais ou menos humilhante (o que sabemos nós!) o certo é que Leonardo Coimbra desapareceu deste mundo deixando registo filosófico do seu sofrimento pessoal por entes queridos como os filhos e, em suma, da sua aguda consciência filosófica da finitude. Há muito que na sua alma habitava também o desgosto e a revolta pela opressão dos povos, pela opressão do(s) espírito(s) do(s) povo(s), algo em que Leonardo Coimbra acreditava; o desgosto e a revolta pelos dogmatismos, pelas ditaduras e pelos totalitarismos, cuja expressão mais inconcebível a sua infeliz morte em 1935 impediu que visse.

Outro pedaço da narrativa de Fernando Fava que nos marcou foi a conversão de Leonardo Coimbra à religião católica, uma semana antes de morrer num desastre de automóvel. A conversão em si nada tem de surpreendente nem de inédito sejam grandes filósofos, cientistas ou outros vultos, seja o cidadão comum a entregar-se a alguma religião para suportar a dor física e psíquica, a angústia da morte, a consciência da finitude; ou talvez um certo modo filosófico de perguntar possa abrir o caminho para Deus, como parece ter sido o caso de Leonardo Coimbra. Uma semana antes do acidente mortal, isso, esse acaso é que gera inquietude.

Pelo facto de narrar documentadamente estes momentos singulares da existência de Leonardo Coimbra não se julgue que Fernando Fava é um historiador sensacionalista. Não o é e também está muito distante de qualquer abordagem mitificadora. Pelo contrário, faz-nos notar que Leonardo Coimbra nasceu, viveu, fez uma obra e morreu num tempo complexo, difícil e heterogéneo, num tempo de aprendizagem da convivência democrática, em suma num tempo de conflitualidade cultural, ideológica e social, muito acentuada. O trabalho de Fernando Fava humaniza o Mestre Leonardo Coimbra sem diminuir o seu valor face às coordenadas históricas designadamente a Primeira República portuguesa. Defende a sua actualidade, isto é, mostra que há no seu pensamento e obra algo que o tempo não datou e que pertence ao futuro tanto quanto ao presente e ao passado. O contributo de Fernando Fava para a história político-cultural da 1ª metade do século XX é importante. Sabemos que a objectividade possível hoje será outra amanhã e reconhecemos com o Prof. Doutor Amadeu Carvalho Homem "a quase inevitável superação futura das avaliações presentes" (coordenação científica da colecção República). Mas isso a Deus pertence, a ontologia do tempo o saberá.

Ana Leonor Pereira
Professora da Faculdade de Letras
Investigadora do CEIS20
Universidade de Coimbra

NOTA PRÉVIA

O livro que agora vem a público é, com pequenas diferenças, o conteúdo da Dissertação de Mestrado, com o mesmo título, apresentada à Faculdade de Letras da Universidade de Coimbra, em 2005. As alterações, de pequena monta, ora introduzidas, incidem mais na forma que na substância, restando, na sua essência, o texto original do trabalho.

Tratando-se de uma intenção de trazer a lume certos aspectos menos conhecidos da vida de uma importante figura cultural da Primeira República Portuguesa, a oportunidade da temática tratada está sempre presente, mantendo-se todo o interesse que, eventualmente, a obra possa suscitar.

A ideia de abordar o trajecto social e político desse vulto grande da cultura portuguesa que foi Leonardo Coimbra nasceu das muitas conversas havidas entre a minha pessoa e o Professor Amadeu Carvalho Homem, no âmbito do primeiro Mestrado em História das Ideologias e Utopias Contemporâneas, levado a efeito no ano curricular 2003/2004. Considerou-se então que viria especialmente a propósito um trabalho sobre essa curiosa e singularíssima personalidade, tendo em conta que a mesma preenche, por inteiro, as coordenadas requeridas, ou seja, foi, para além do mais, um filósofo e um político com capacidade de sonho, mas que não afastou a produção teórica da sua aplicação prática. E, por isso mesmo, alguém que fez História.

Na obra que agora se apresenta em forma de livro, o que de válido for encontrado não será exclusivo mérito do autor. Parte desse mérito pertencerá, outrossim, à palavra amiga e esclarecedora do Professor Doutor Amadeu Carvalho Homem, à ajuda em pesquisa bibliográfica, dada generosamente pela Dr.ª Zulmira Martins e ao apoio vital e emocional vindo da parte de meus filhos, Filipa e Sérgio.

Cabe aqui um agradecimento à Professora Doutora Ana Leonor Pereira que, amavelmente, se prontificou a prefaciar este livro, facto que, sem dúvida, contribuirá para a valorização do mesmo. Um agradecimento ainda para a Imprensa da Universidade de Coimbra, sobretudo na pessoa da Dr.ª Maria João Padez Ferreira de Castro, pelo cordial acolhimento e pela disponibilidade manifestada em resolver dificuldades que, na circunstância, sempre se colocam.

Tentando superar as inibições que um autor sempre experimenta ao falar do seu próprio livro, e sendo certo que no acto de produção estão sempre contidas algumas ambições, tudo o que se deseja para este livro é que ele possa contribuir, ainda que modestamente, para a divulgação e entendimento da História cultural, política e social da nossa Primeira República e do contributo que lhe foi dado por essa grande figura de intelectual e de republicano que foi Leonardo Coimbra.

INTRODUÇÃO

> *"Leonardo Coimbra é uma Trindade: o orador, o professor o filósofo. Qual das três pessoas a verdadeira? A pergunta deve ser feita nestes termos: qual das três a mais verdadeira pois todas elas são verdadeiras. Para mim, é a do orador [...]"* [1]

Estas palavras do poeta Teixeira de Pascoaes levantam a questão de saber por que ângulo se deve encarar um estudo à figura e obra de Leonardo Coimbra. Se, em Leonardo, aquelas três pessoas são «verdadeiras», não é menos verdadeiro que elas não esgotam, só por si, a riqueza integral da personagem em questão. Assim sendo, parece pertinente encetar, quanto à mesma personagem, uma abordagem histórica a partir da consideração de outros aspectos, designadamente aspectos políticos e sociais. E isso porque Leonardo foi, para além do que já se disse, um homem preocupado com os problemas da sociedade do seu tempo e, em estrita coerência com essa sua atitude, foi também um político empenhado, membro activo de um partido político, deputado e ministro por duas vezes. Acresce que a sua obra está recheada de escritos de natureza eminentemente política e que bastas foram, nesse sentido, as suas públicas intervenções em conferências, discursos, comícios, manifestações. Há mesmo quem diga que "a militância política foi o segundo amor de Leonardo Coimbra"[2]. Por nossa parte, diremos, sem receio de errar, que a política foi uma das suas grandes paixões. Consequentemente, estudaremos, tanto quanto nos for possível, o homem social e político e a sua passagem pelo período historicamente rico da nossa Primeira República, sem, com isso, omitir as suas outras dimensões de filósofo, de educador e de orador. Porque no homem político estão contidos esses outros talentos, torna-se óbvio que, se essa omissão fosse feita, ficaria incompleto, amputado mesmo, o retrato

---

1 Pascoaes, Teixeira, "Lembrança", in AAVV, *Leonardo Coimbra, Testemunhos dos Seus Contemporâneos*, Coordenação de Sant'Anna Dionísio, Porto, Livraria Tavares Martins, 1950, p. 17.

2 Soveral, Eduardo Abranches de, "Análise de O Criacionismo de Leonardo Coimbra", in *Didaskália, Revista da Faculdade de Teologia de Lisboa*, Lisboa 1987, fascículo 1, Volume XVII, p. 28.

histórico que pretendemos traçar. Sabemos quanto o pensador influencia o político e quanto o orador serve ambos. Não desceremos, no entanto, à análise profunda do pensamento de Coimbra porque tal compete a especialistas dessa área do saber e é um trabalho que já está, pensamos, largamente feito e desenvolvido. Todavia, não deixaremos de recorrer a esses estudos quando tal vier em socorro das nossas intenções quanto a este trabalho.

Chamaremos à nossa presença um Leonardo político e republicano e, nessa dimensão, a relação que ele manteve com a República instaurada em 1910. Uma relação, não de incondicional alinhamento, mas de diálogo crítico, traduzindo uma postura que advinha, primeiramente, das suas próprias e profundas convicções pessoais e, em segundo lugar, do facto de, por um lado e no abstracto, considerar a República o regime da Liberdade, mas, por outro lado, constatar que no concreto, a sua República estava muito longe de atingir esse ideal. Convocaremos o filósofo, o mesmo que, na linha de um Sampaio Bruno, se opôs ao carácter dogmático e determinista do positivismo reinante, manifestou uma crença no valor do indivíduo recusando o seu apagamento perante o todo que é a comunidade e procurou a Verdade na substancialidade e nas capacidades criadoras do Pensamento. Acompanharemos o tribuno, esse, cujo verbo incisivo e eloquente, aliado a uma teatralidade cheia de gestos largos e rasgados, deslumbrava e arrebatava multidões. Procuraremos o professor e a sua pedagogia heterodoxa, binómio que deslumbrava os alunos e era fazedor de discípulos, suscitando, junto destes, o culto pelo mestre.

Situando-nos neste plano, procuraremos retratar essa ligação forte, mas não acrítica, que sustentou com uma República cujo *corpus* ideológico foi atravessado por influências várias, com realce para as relações promíscuas que o regime manteve com a Maçonaria (os próceres republicanos eram, em grande maioria, membros das lojas maçónicas) e para o cientismo que influenciou sobremaneira as suas propostas de construção de um modelo de sociedade, ainda que e quanto a este particular aspecto, como muito bem nos diz Fernando Catroga, "[...] muitas das proposições que em seu nome (do cientismo) foram avançadas, de científico tinham somente a pretensão e a ganga terminológica [...]"[3].

E foi sobretudo devido a essa ausência de sistematização clara dos valores ideológicos da República e a uma praxis social quase sempre fixada muito aquém dos ideais preconizados e desejados, que surgiram contributos para a substancialização e estruturação desses valores e para a concretização prática dos meios que poderiam dar resposta a tantas e tão várias e justas esperanças colocadas na acção governativa dos republicanos. Contributos vindos de fora das instâncias governamentais, de homens de cultura que pela República militavam e que, nessa militância, a objectivavam (a ela, República) como o meio mais poderoso de dignificação e libertação da pessoa humana e, no caso, da pessoa humana portuguesa. Significativo para o nosso estudo é o facto de uma das mais fortes manifestações deste fenómeno partir dos vultos que constituíram o grupo cultural denominado *Renascença Portuguesa*, nisso sobressaindo a figura de Leonardo Coimbra com um intencional e patriótico propósito de fornecer

---

[3] Catroga, Fernando, *O Republicanismo em Portugal – Da Formação ao 5 de Outubro*, Coimbra, FLUC 1991, 2.º vol., p. 211.

à República os fundamentos doutrinais para a instauração de efectivas bases de educação e de formação cívica. Os objectivos dos *renascentes* eram promover a instrução e a cultura das camadas populares com a criação de bibliotecas e escolas e através de conferências e de artigos na revista *A Águia*, órgão da *Renascença*[4]. Na visão optimista destes intelectuais, seria a realização do génio português, realização possível no âmbito de um regime verdadeiramente nacional como o era a República.

Todavia, perante poderes públicos mais preocupados em fazer vingar posições políticas próprias no seio dum ambiente eivado de partidarismos, de polémicas e de discórdias, nem sempre ou quase nunca, as suas propostas foram escutadas ou atendidas. Até porque, preocupados com o rumo que, sob a bandeira da República, o regime ia tomando, tantas vezes ao arrepio de intenções anteriormente confessadas e do programa do Partido Republicano Português, os homens da *Renascença*, se bem que indefectíveis republicanos, não poupavam críticas aos responsáveis pela governação.

É pois em torno destas questões, de inegável interesse historiográfico, que tentaremos analisar e interpretar o percurso político-social do cidadão Leonardo Coimbra. Ora, como esse percurso se encontra umbilicalmente ligado à história da nossa Primeira República e com ela se entrecruza, não poderemos deixar de considerar esta história como parte integrante do nosso trabalho. Nesse sentido, descrevê-la-emos em traços gerais e tão-somente enquanto pano de fundo necessário à compreensão e à contextualização dos factos e dos acontecimentos que nos propomos investigar e interpretar. Procuraremos, tanto quanto possível, que isso se faça de modo a que uma boa estruturação e economia do texto sejam conseguidas. Resta dizer que, correndo embora o risco de alguma linearidade, optámos por dispor e apresentar as questões e os assuntos de uma forma mais ou menos cronológica por entendermos que esta metodologia é a que melhor serve a exigência da temática a tratar.

---

[4] Sobre o assunto ver Santos, Alfredo Ribeiro dos, *A Renascença Portuguesa – Um Movimento Cultural Portuense*, prefácio de José Augusto Saraiva, Porto, Fundação Eng.º António de Almeida, 1990. Ver também Samuel, Paulo, "A Águia e o Movimento «Renascença Portuguesa» ", in AAVV, *Revistas, Ideias e Doutrinas – Leituras do Pensamento Contemporâneo*, Apresentação de Zília Osório de Castro, Lisboa, Horizonte, 2003.

CAPÍTULO I

INFÂNCIA, ADOLESCÊNCIA E JUVENTUDE NO TRÂNSITO DA MONARQUIA PARA A REPÚBLICA

Leonardo José Coimbra nasceu a 29 de Dezembro de 1883 na freguesia de Borba de Godim, na então aldeia da Lixa, hoje cidade da Lixa, no concelho de Felgueiras. Seu pai, o Dr. António Coimbra, formado pela Escola Médico-Cirúrgica de Lisboa, exercia localmente a sua profissão, e sua mãe, D. Bernardina Teixeira Leite, a verdadeira alma de um lar alegre, cheio de crianças, farto de pão e de carinho e onde se respirava cultura, era uma senhora que pertencia a uma antiga família da região e que recebera educação no Colégio das Ursulinas, em Braga.

Sendo o segundo de oito irmãos, Leonardo viveu uma primeira infância feliz em contacto directo com uma natureza rural forte e impressiva, a partir da qual se avistava ao fundo e para nascente a imponente Serra do Marão. Desses traços, que para sempre ficaram gravados no seu íntimo, ele próprio, Leonardo, nos dá uma sugestiva imagem numa passagem de um dos seus escritos: «O além da Montanha dos nossos sonhos pueris era para as bandas do sol; de lá vinha a Aurora dos dedos rosados, como nos conta Homero.»[1]

Finda, porém, essa idade da felicidade plena e chegada a hora de assumir responsabilidades, o pequeno Leonardo foi estudar, em regime interno, no Colégio do Carmo, em Penafiel, uma instituição vetusta, regida por padres católicos e onde reinava uma disciplina férrea ou, no dizer de Leonardo, «brutal e assustadora». Com alguma amargura, ao longo da sua vida sempre disso se lembrará: «evocando as minhas recordações pessoais direi que, num colégio onde estive, quase todos os padres eram ostensivamente ferozes e sádicos e, no meio da barbaria geral, era notória a relativa brandura dos leigos.»[2] Nessa detestada escola, Leonardo foi, todavia, um brilhan-

---

[1] In "Atlântida", n.º 5, p. 453, citado por Dionísio, Sant'Anna, *Leonardo Coimbra, o Filósofo e o Tribuno*, Lisboa, Imprensa Nacional Casa da Moeda, 1985, p. 12.

[2] Coimbra, Leonardo, «O Padre e a Educação» *in Leonardo Coimbra – Dispersos*, Compilação, Fixação do Texto e Notas de Pinharanda Gomes e Paulo Samuel, Lisboa, Verbo, 1994, vol. V, p. 92. Sob a forma de artigo saiu em *A Montanha* de 14 de Abril de 1911.

tíssimo aluno, dando mostras de uma vivíssima inteligência e de uma excepcional precocidade na apreensão e entendimento das matérias de estudo. De tal forma assim que, com a tenra idade de 14 anos, foi declarado apto a ingressar na Universidade de Coimbra, o que, face à pouca idade do candidato, somente foi possível ao abrigo de um despacho especial.

Regozijado com os êxitos escolares do filho e disso querendo dar mostra, o Dr. António Coimbra ofereceu em sua casa um jantar de homenagem ao precoce académico, com a presença de familiares e amigos. O que ninguém esperava era que o jovem homenageado aproveitasse a circunstância para se estrear como orador e como tal, falando sobretudo da sua vivência no Colégio do Carmo, criticasse asperamente o ambiente moral, a atroz disciplina, a qualidade da alimentação e o regime de estudos ali vigente. A desenvoltura e vivacidade no falar e o ritmo e a intensidade do discurso, qualidades insuspeitas num rapaz com 14 anos, deixaram os convidados boquiabertos. As palavras que então proferiu causaram tão forte impressão junto de seu pai que este resolveu retirar do Colégio de Penafiel os filhos que ainda o frequentavam. Era um primeiro sinal dos extraordinários dons oratórios de Leonardo que tão notavelmente haveriam de marcar e impor a sua presença como homem público, político, educador, filósofo.

Ido pois para Coimbra, ei-lo em 1898, ainda menino, cruzando a *Porta Férrea* a caminho da velha Faculdade de Filosofia, para aí cursar Ciências Físicas e Matemáticas. Mas desta feita, o juvenil Leonardo não se deixou prender pelos estudos, mau grado a presença e as chamadas de atenção de seu irmão mais velho que, à data, frequentava o 2.º ano do Curso de Direito. Parecendo querer desforrar-se da prisão que para si havia sido o Colégio de Penafiel, preferia então consumir o seu tempo a passear pela cidade do Mondego e pelos seus arredores, parando acolá e além em conversas fortuitas, quando para tanto a ocasião era propícia. Nestas suas andanças manteve-se sempre arredado da vida boémia e nocturna dos estudantes e das tradicionais praxes, ao tempo muitíssimo vivas e influentes na vida universitária. Entretanto, entregou-se animadamente à cultura física e ao desporto, praticando luta greco-romana, halterofilismo, esgrima, natação e remo. Devotadamente passou a frequentar um ginásio sito na Estrada da Beira, revelando aí excepcionais qualidades de atleta, especialmente na disciplina de pesos e alteres. Nesta especialidade representou em 1903 a Academia, numa competição organizada em Coimbra pelo Real Ginásio de Lisboa, de onde o seu nome veio a ser elogiosamente referenciado em jornais: «O Sr. Leonardo José Coimbra é ainda muito novo: conta apenas 19 anos. Atleta distinto, conseguiu, depois de um treino aturado e rigoroso – ele, que era um enfezado, em 4 anos, tornar-se forte e vigoroso. Os seus exercícios são notáveis e o Sr. Coimbra será, sem dúvida alguma, um temível adversário.»[3]

Nestes descuidos, o tempo passou depressa. Com 19 anos de idade, ansioso por conhecer outras realidades, matriculou-se na Escola Naval, pensando, um tanto romanticamente, que uma existência de marinheiro daria vazão ao seu gosto pelo exercício físico e pela aventura e vida ao ar livre. Feita com êxito a sua formação teórica e chegado ao posto de guarda-marinha, a primeira viagem por mar revelou-se, contudo,

[3] «O Jornal da Noite», citado em *Leonardo Coimbra, Testemunhos*... p. 409.

uma tremenda decepção. Afinal, ao contrário do que houvera imaginado, a vida do mar era cinzenta e marcada por rotinas e, por isso mesmo, pouco conciliável com o seu temperamento irrequieto, sedento de acção, de novidades, de acontecimentos e de contactos com pessoas. Decepcionado, não demorou a pedir a demissão da sua tão sonhada carreira de homem do mar.

A brevidade da sua passagem pela Escola Naval não impediu, porém, que a sua forte personalidade ali se fizesse sentir, mormente através de um episódio que ficou célebre e que deixou nota elucidativa da frontalidade e da irreverência do jovem Leonardo. A questão desenvolveu-se em torno da admissão na Escola Naval, sem o prévio e necessário concurso, do infante D. Manuel, segundo filho do rei D. Carlos, à data um mancebo com 15 anos de idade. Não sendo homem para assistir passivamente a uma situação de favor como esta, Leonardo apresentou um protesto formal junto do director da Escola. Na volta, este argumentou que o ingresso do infante era uma honra para a Instituição, ao que, tão na hora, Leonardo retorquiu que a honra era para o infante e não para a Escola.

Com base neste incidente, alguém difundiu o rumor da expulsão do guarda-marinha Leonardo Coimbra da Escola Naval, em consequência de um processo disciplinar que, face à descortesia da sua resposta, lhe teria sido levantado. Tal conjectura é energicamente refutada por Sant'Anna Dionísio[4] que, inclusive, se socorre de uma carta de António Sérgio[5] (ele próprio também oficial de marinha entre 1904 e 1910 e, nessa qualidade, instrutor de remo de Leonardo), na qual a notícia é considerada descabida e sem consistência. E este é um testemunho que, no mínimo, prima por insuspeito, posto que Sérgio sempre se posicionou como acérrimo inimigo em relação a Leonardo, vendo neste um perigoso rival para as suas aspirações de se alcandorar na posição de *maître à penser* da intelectualidade portuguesa. Terá maior cabimento, a posição de Alfredo Ribeiro dos Santos, segundo a qual Leonardo Coimbra terá apenas utilizado o incidente como pretexto para abandonar a carreira de oficial de marinha, restando, portanto, como verdadeiras razões deste abandono, o tédio e o desprazer que experimentou em relação a essa vida[6].

O que mais importa, porém, notar naquela atitude firme e frontal de Leonardo é o sinal revelador de uma opção política que encerra, em si mesma, uma visão e um sentido de intransigente crítica à monarquia e aos seus representantes. Facto tão mais natural quanto sabemos que, sendo Leonardo um espírito culto, observador e inconformista, preocupado com a Verdade e com a Justiça, de forma alguma poderia concordar com um regime que propiciava ou permitia um público estado de coisas no contexto do qual aqueles valores estavam arredados. De resto, essa era uma posição não diferente da assumida pela grande maioria dos intelectuais portugueses de então. Com efeito e por

---

[4] Discípulo e principal biógrafo de Leonardo Coimbra.

[5] António Sérgio de Sousa, (1883-1969) oficial de marinha, intelectual, escritor e polemista notável. Fez parte do famoso «Grupo da Biblioteca» de que resultou o grupo da «Seara Nova» de que foi director da revista do mesmo nome. Ver *Dicionário de História de Portugal*, Coordenação de António Barreto e de Maria Filomena Mónica, Lisboa, Livraria Figueirinhas, 2000, vol. IX, Suplemento P/Z, pp.469-473.

[6] Cf. Santos, Alfredo Ribeiro dos, *Perfil de Leonardo Coimbra*, Lisboa, Fundação Lusíada, 1988, p. 41.

esses tempos, a *intelligentsia* portuguesa mais vanguardista encontrava-se em dissídio, cada vez mais alargado, com o regime monárquico-constitucional, considerando-o corrompido, esgotado, sem projectos sérios de governabilidade e sem soluções para os pesados problemas nacionais. Na mente de um número cada vez maior destes e de outros portugueses, a República começava a ser idealizada – um pouco sebasticamente, é certo – como o regime que poderia salvar e revivificar a nação. Assim, mais por demérito dos seus adversários que por mérito próprio, o Partido Republicano começava a emergir da crise em que mergulhara após a tentativa revolucionária de 31 de Janeiro de 1891 e, de uma forma paulatina, ia-se afirmando como uma alternativa no palco da política nacional.

Este palco era marcado por uma prática que procurava assegurar um «rotativismo» entre os Partidos Regenerador e Progressista, respectivamente chefiados por Hintze Ribeiro[7] e por José Luciano de Castro[8]. Os dois chefes políticos, revezando-se na governação, haviam permanecido durante muito tempo tacitamente concertados na intenção de impedir o acesso ao poder por parte de correntes políticas mais radicais. Os seus partidos organizavam-se em torno de clientelas partidárias, sob esquemas em que o político influente tinha de pagar ao cacique que para ele arregimentava votos e, por sua vez, o cacique tinha de pagar a fidelidade do seu eleitor, podendo esta cadeia ser, pontualmente, mais complicada. Era assim como que um arremedo de sistema feudal com os suseranos a terem de pagar a fidelidade dos seus vassalos. Esses pagamentos, sob a forma de concessão de cargos políticos, de empregos ou de quaisquer outras dádivas ou concessão de privilégios, determinavam uma praxis política que, privilegiando a sustentação das necessárias clientelas, subalternizava a resolução dos gravíssimos problemas económicos e sociais com que o País se debatia. Por outro lado, as eleições faziam-se não para escolher um governo, mas para legitimar executivos já empossados e dar-lhes maioria parlamentar. Ademais seria tarefa bem árdua fazer, à boca das urnas, uma escolha criteriosa quanto a um ou outro governo, posto que, quer na teoria quer na prática, eram assaz discretas as diferenças entre os dois partidos. Regra geral, o partido no governo ganhava sempre e folgadamente as eleições[9].

Apesar de todos estes vícios, o rotativismo havia sido um sinónimo de estabilidade política e um esteio da monarquia, sobretudo a partir de 1876, com o aparecimento do Partido Progressista (fusão do Partido Histórico com o Partido Reformista - Pacto da

---

[7] Ernesto Rodolfo Hintze Ribeiro, (1849-1907) natural de Ponta Delgada – Açores, doutor em Direito, parlamentar brilhante, Par do Reino e Conselheiro de Estado, sucedeu a Fontes Pereira de Melo na chefia do *Partido Regenerador*. Ver *Dicionário de História de Portugal*, Direcção de Joel Serrão, Porto, Livraria Figueirinhas, s.d., Vol. V, p. 341. Ver também Veloso, José Maria de Queiroz, *Elogio Histórico de Hintze Ribeiro*, Lisboa, Academia de Ciências, 1949.

[8] José Luciano de Castro Pereira Corte Real (1834-1914), Jurisconsulto, escritor e jornalista. Como político foi parlamentar brilhante e fundador do *Partido Progressista*, do qual assumiu a chefia após a morte do líder Anselmo José Braamcamp, em 1885. Ministro e Chefe de Governo por várias vezes, foi o político mais influente dos últimos trinta anos da Monarquia. Ver *Dicionário de História de Portugal*, Direcção de Joel Serrão, ..., vol. II, p. 17 e vol. V, p. 191. Ver ainda Roseiro, João de Carvalho, *José Luciano de Castro – Uma Biografia em Construção*, Anadia, Câmara Municipal, 2001.

[9] Sobre o assunto ver *Nos Bastidores das Eleições de 1881 e 1901 – Correspondência Política de José Luciano de Castro*, Organização, prefácio e notas de Pedro Tavares de Almeida, Lisboa, Livros Horizonte, 2001.

Granja[10]) e a consequente consolidação na cena política nacional de dois fortes blocos centro-monárquicos. Agora, porém, o edifício rotativista, tão laboriosamente construído, começava a ser minado a partir do interior dos próprios partidos componentes do sistema. Com efeito, no seio dos regeneradores, João Franco[11], inconformado com o seu estatuto de segunda figura, entrara em confronto aberto com o seu chefe-de-fila, Hintze Ribeiro. Em Maio de 1901, Franco abandonara o Partido Regenerador, arrastando consigo a sua roda de amigos, entre os quais se encontravam 25 deputados. Com eles iria constituir, em 1903, o Partido Regenerador Liberal, novo grémio político que, muito embora se reclamasse do campo monárquico, se esforçava por aparecer aos olhos da opinião pública como isento dos erros e vícios políticos dos partidos tradicionais e se propunha, no dizer do seu próprio caudilho, «caçar no terreno dos republicanos». Aconteceu no entanto que, em Junho de 1901, Hintze Ribeiro obteve do rei a dissolução da Câmara de Deputados e, muito especialmente contra a ânsia de poder de Franco, o Governo regenerador fez aprovar nova legislação eleitoral que reduzia drasticamente as hipóteses electivas das minorias. Franco baptizou este pacote legislativo com a designação de «ignóbil porcaria», expressão que veio a popularizar-se. Assim, com apenas um deputado eleito pelo Partido Franquista na pugna eleitoral de 1901, Franco iria fazer a «travessia do deserto» até 1906. Durante todo esse tempo arvorou-se numa espécie de consciência crítica do rotativismo, esforçando-se por dar de si próprio uma imagem de político competente e íntegro. Num exemplo notável de combatividade política, promoveu uma obstinada propaganda contra o sistema e contra os dois principais barões da política rotativista portuguesa – Hintze Ribeiro e José Luciano. As suas ferozes críticas não poupavam o próprio soberano, D. Carlos, que, chasqueando sobre o assunto, dizia em círculos próximos de si: «O João tirou-me a sua confiança política.»[12]

No ano de 1905 seria a vez do dirigente progressista, José de Alpoim[13], desafiar a autoridade do velho e alquebrado chefe do Partido, José Luciano de Castro. As desinteligências vinham de trás e prendiam-se com a contestação feita por Alpoim e pelos seus seguidores (facção mais à esquerda) à orientação conservadora imprimida pela direcção de José Luciano. Este estado de coisas agravou-se sobremaneira quando, em Abril, Alpoim viu ser-lhe negado por José Luciano a pasta do Reino, ministério que Alpoim tanto ambicionava para consolidar o seu poder e chegar à chefia do Partido. Naturalmente que José Luciano, velha raposa, tudo fazia para travar ou contrariar

[10] Ver Cunha, Carlos Guimarães da, *A «Janeirinha» E O Partido Reformista – Da Revolução de Janeiro de 1868 ao Pacto da Granja*, Lisboa, Edições Colibri, 2003, pp. 297 – 301.

[11] João Ferreira Franco Pinto Castelo Branco (1855-1929) bacharel em direito e político de grande notabilidade e capacidade governativa. Sobre João Franco e franquismo ver Ramos, Rui, *João Franco e o Fracasso do Reformismo Liberal (1884-1908)*, Lisboa, Instituto de Ciências Sociais, 2001. Ver ainda Sardica, José Miguel, *A Dupla Face do franquismo na Crise da Monarquia Portuguesa*, Lisboa, Cosmos, 1994.

[12] Cf. Cabral, António, *As Cartas D'El-Rei D. Carlos Ao Sr. João Franco*, Lisboa, Portugal-Brasil Editores, 1924, p. 44.

[13] José Maria de Alpoim Cerqueira Borges Cabral (1858-1916) jornalista, parlamentar ilustre e orador fluente. Ministro da Justiça em 1898, 1904 e 1905. Envolveu-se na intentona revolucionária republicana de 28 de Janeiro de 1908 e em 1910, aderiu à República. Ver *Moderna Enciclopédia Universal*, Coordenação de Leonel Moreira de Oliveira, Lisboa, Círculo de Leitores, 1986, vol. I, p. 220.

esses tiques de poder de Alpoim, tanto mais que desconfiava das chegadas relações que este mantinha com os regeneradores de Hintze Ribeiro. Não sendo a paciência uma das virtudes de Alpoim, este cansou-se de esperar pela morte, sempre anunciada, de José Luciano, e, declarando guerra à direcção do seu partido e ao seu próprio governo, abriu uma cisão que veio a dar origem ao aparecimento de um novo clube político (mais um), a *Dissidência Progressista*. Aproveitando a polémica *Questão dos Tabacos*[14], ele e os restantes dissidentes, seus apaniguados, elaboraram e apresentaram na Comissão de Fazenda da Câmara uma proposta que desvirtuava por completo as intenções contidas na decisão governamental de atribuir o monopólio à Companhia dos Tabacos de Portugal, à testa da qual estava o Conde de Burnay[15], velho inimigo de Alpoim. Marcada a sessão parlamentar para 10 de Maio, a mesma transformou-se numa contenda pessoal entre Alpoim e José Luciano, no seio da qual, perdendo a noção das conveniências, os contendores se cobriram de ridículo, descendo à mais baixa chicana política, com José Luciano afirmando que Alpoim aprovara em Conselho de Ministros a proposta que agora recusava e Alpoim, exaltadamente, a garantir à Câmara que aquele estava a mentir. Somente à voz autorizada e respeitada do idoso Ministro do Reino, Augusto Pereira de Miranda, os dois homens fizeram cessar a sua incontinência verbal. Estas lutas intestinas começavam a ferir de morte o rotativismo tanto mais que os líderes históricos dos dois principais partidos monárquicos não souberam lidar com as situações entretanto criadas e acabaram por se deixar enredar em tricas e em alianças espúrias, com isso fazendo afinal o jogo dos seus inimigos e contribuindo, porventura decisivamente, para o fim do rotativismo e da monarquia[16].

Enquanto tudo isto acontecia, justamente no ano de 1905, Leonardo Coimbra dizia o adeus definitivo à vida do mar e voltava a Coimbra para cursar na Universidade as cadeiras de preparação para o magistério, posto que, era agora sua intenção dedicar-se ao ensino. Contudo, pouco tempo aqui se demora. Mudando rapidamente de ideias, logo no ano seguinte aparece a frequentar Matemáticas na Escola Politécnica do Porto. Na velha urbe do norte onde estavam ainda bem vivas as memórias da tentativa revolucionária republicana do 31 de Janeiro de 1891, permanecendo a sombra tutelar dos seus principais mentores intelectuais – Sampaio Bruno e Basílio Teles, (grandes referências intelectuais para Leonardo) – o estudante enreda-se na política e, mais uma vez, negligencia os estudos. Professa então credos anarquistas, lendo avidamente,

---

[14] A exploração dos tabacos em Portugal representava uma altíssima fonte de rendimento, primeiramente para a Coroa e depois para o Estado. A tal ponto assim que a concessão de exploração funcionava como moeda de troca ou como garantia nos empréstimos financeiros negociados no estrangeiro. Em 1905, aproximando-se o fim do contrato de exploração outorgado ao conde de Burnay em 1890, o assunto era objecto de discussões escaldantes no Parlamento sobretudo porque se entendia que aquele contrato com Burnay fora mal negociado e viera a revelar-se danoso para o país, posto que, dos lucros no total de 117.500 contos obtidos, o Estado Português arrecadara cerca de metade. Sobre esta questão ver Mónica, Maria Filomena, *O Tabaco e o Poder, 100 anos da Companhia dos Tabacos em Portugal*, Lisboa, Quetzal, 1992.

[15] Henrique de Burnay (1838-1909), português filho de um médico belga, comerciante e industrial, fundador de uma casa bancária com o seu nome. Em Portugal, explorou os Caminhos-de-Ferro e os Tabacos. Grande coleccionador de obras de arte, contribuiu prodigamente para os centenários de Camões e do Marquês de Pombal. Em 1886, foi-lhe atribuído o título de conde.

[16] Sobre esta questão, ver Homem, Amadeu Carvalho, *Da Monarquia à República*, Viseu, Palimage Editores, 2001, pp. 129/130.

os escritos de Kropotkine[17]. Nas reflexões que faz sobre o tema *liberdade* considera que nenhuma forma de poder político a consagrará. Uma aura de revolucionário romântico envolve esta figura, representativa, por excelência, do anarquismo juvenil do Porto dos inícios do século XX. Do Leonardo de então, sugestivo é o retrato feito por Álvaro Ribeiro, um dos seus mais notáveis discípulos, quando diz: «O estudante Leonardo Coimbra, que apareceu nos comícios a fazer discursos incompreensíveis, impressionava pela contradição, mas tornou-se em breve uma das figuras mais populares da cidade do Porto. Um corpo varonil de atleta suportando um rosto de adolescente, vestindo capa-e-batina de origem jesuítica com gravata «à Lavallière» de simbolismo boémio, um revolucionário do grupo mais temível, proferindo tolstoianas palavras de esperança e amor [...]»[18].

É por esta altura que o estudante da Politécnica trava conhecimento com o poeta Teixeira de Pascoaes, com quem estabelece uma amizade fraterna e duradoura da qual resultará uma troca intelectual que marcará a vida e a obra de cada um deles. Em carta a Sant'Anna Dionísio, Pascoaes descreve esse primeiro encontro: «Conheci o Leonardo Coimbra quando publiquei a *Vida Etérea* em 1906. Atravessando eu, nesse ano, a Praça da Batalha, dirigiu-se a mim um rapaz, tipo de estudante, forte, de cabeleira romântica e branca fisionomia luminosa, muito gravada, no ar, em estilo de estátua, mas viva, insinuante, que me falou, com grande desembaraço. Disse-me quem era e donde era. [...] Vi logo que tinha Alguém diante de mim, e ficamos amigos, para sempre.»[19]

No dealbar do ano de 1907, Leonardo Coimbra fundou, em parceria com Jaime Cortesão, Álvaro Pinto e Cláudio Basto (todos estudantes da Escola Médico-Cirúrgica do Porto), uma revista de pendor anarquista, a *Nova Silva*, cujo primeiro número saiu a 2 de Fevereiro. O editorial deste primeiro número da revista dá-nos conta da carga ideológica que animava então os seus mentores[20]. Para este primeiro número, Leonardo escreve um artigo sob a epígrafe *O Homem Livre e o Homem Legal*. Ao que se conhece, é o seu primeiro artigo de doutrinação anarquista e nele põe em contraponto o cidadão cuja liberdade está mutilada pela lei e o homem verdadeira e completamente livre, duma liberdade que só tem limite nas «leis de solidariedade». Criticando as sociedades que adoptaram o «vago princípio de Darwin» e a «ortodoxia de Comte», exalta Deus, só a Ele conferindo o direito de conduzir os povos. Trata-se de um artigo de pujante idealidade, própria de um carácter juvenil e generoso. São nesta toada os seus primeiros escritos de intervenção politica e social, justamente

[17] Piotr Alexeievich Kropotkine (1842-1921), nascido no seio de uma das mais antigas famílias da nobreza russa, experimenta profunda aversão pela vida da corte czarista e abraça as ideias anarquistas, defendendo a abolição da propriedade privada e do Estado e a reorganização da sociedade com base no voluntarismo e na ajuda mútua e com a apropriação por parte dos trabalhadores de todos os capitais e instrumentos de trabalho. Desenvolveu intensa actividade libertária em países ocidentais como a Suiça, a Inglaterra e a França, bem como no seu próprio país, a Rússia. As suas principais obras são: *Palavras de um Revoltado*, *A Conquista do Pão* e *A Grande Revolução*. Ver Guérin, Daniel, *Ni Dieu ni Maître – Anthologie de L'Anarchisme*, Paris, François Maspero, 1972/73, Tomo II, pp. 94-177.

[18] Álvaro Ribeiro, «Leonardo Coimbra e a Política do Seu Tempo», in *L. Coimbra, Testemunhos...*, p. 139.

[19] In Santos, Alfredo Ribeiro, *A Renascença Portuguesa...*, 1990, pp. 57-58.

[20] Ver «Nova Silva» de 2/2/1907, n.º 1, p.1, in Santos, Alfredo Ribeiro, *Ob. Cit.*, p. 58.

da fase apelidada de anarquista, vindos a público sob a forma de artigos insertos na revista acabada de fundar[21]. De realçar ainda o artigo escrito no quarto número da revista, saído a 24 de Março de 1907, com o título *Por Ferrer e Nakens*. Aí toma a defesa do professor catalão Francisco Ferrer y Guardia, célebre fundador da *Escola Moderna*, preso às ordens das autoridades de Madrid sob a acusação de ser cúmplice de Morral, o activista libertário que em 31 de Maio de 1906, dia do casamento do rei Afonso XIII, lançou uma bomba sobre o cortejo nupcial, tendo como alvo principal os reis acabados de casar, que, milagrosamente, escaparam ilesos. Após 13 meses de prisão, Ferrer foi declarado inocente para ser de novo preso, em 1909, alegadamente por instigador das greves e revoltas da chamada *Semana Trágica* de Barcelona, sendo então condenado à morte e fuzilado. A José Nakens (livreiro e editor de um semanário republicano), sobre quem o articulista também se ocupa e que havia sido preso por dar guarida e fuga a Morral, fora dada a pena de nove anos de prisão, por tal acto. Num comício republicano ocorrido a 7 de Abril de 1907 e no qual foram oradores, entre outros, Leonardo Coimbra, Jaime Cortesão e Pádua Correia, foi aprovada uma moção em defesa dos casos de Nakens e de Ferrer e de protesto contra um regime espanhol autoritário, jesuítico e inquisitorial.

Vemos aqui que, sem abdicar das suas ideias anarquistas, Leonardo começa a tomar posições públicas pela República, o que, necessariamente, implicava uma aproximação na acção ao Partido Republicano Português. Este desempenhara, na conjuntura rotativista, um papel secundário, facto que não o impedira de se aproveitar das dificuldades e convulsões dos seus adversários para se ir afirmando e ganhando estatura. As eleições de 1904, 1905 e 1906 foram disso um afinado barómetro, com os republicanos a arrecadarem, neste último ano, 54,1% dos votos expressos na cidade de Lisboa. Era, pois, republicana a primeira cidade do reino, facto que, todavia, não ofuscava a visão política de uma nova geração de republicanos que tomara em suas mãos os destinos do partido. Esses novos republicanos sabiam que somente a desorientação que reinava pela banda dos monárquicos e as divergências entre as chefias dos principais partidos permitiam que tal acontecesse e tinham para si que não seria pela via eleitoral que se chegaria à República. Tanto mais que no resto do país as votações arrecadadas pelos republicanos continuavam exíguas, sendo que no Porto, a segunda cidade do reino, os votos nunca foram além de 618.

Cônscios desta realidade, homens como António José de Almeida, Afonso Costa, Malva do Vale, João de Meneses e outros que haviam participado em 1896, do *Grupo Republicano de Estudos Sociais* (projecto de alternativa ao Directório do Partido Republicano[22]) declaravam-se publicamente a favor da revolução e da tomada do poder por meio das armas, como forma (única em seu entender) de implantar o regime republicano em Portugal. Esta estratégia estava e esteve sempre longe de ser consensual, mantendo-se no interior do partido, em contraponto e actuante e influente, uma ala moderada que apostava na pedagogia e na educação e esclarecimento das massas populares e da pequena burguesia para, com o seu voto nas urnas, chegar ao poder.

---

[21] Ver *Leonardo Coimbra, Dispersos ...*, vol. V, pp. 21 e seguintes.

[22] Cf. Catroga, Fernando, *O Republicanismo em Portugal – Da Formação ao 5 de Outubro de 1910*, Coimbra, FLUC, 1991, vol. I, pp. 89 e seguintes.

Desta forma, persistiram, no combate à monarquia e até à alvorada da Revolução de Outubro, uma estratégia conspirativa e outra eleitoral. O que, essencialmente, convém reter é que o Partido Republicano já não era mais aquele agrupamento político que, pacientemente e pela via da pedagogia e da atitude cívica, pensava conquistar os votos que lhe dariam o poder ou que, com base em credos positivistas, considerava tal acesso uma inevitabilidade histórica, não havendo necessidade, portanto, de recorrer a meios violentos. Para o conservadorismo monárquico e especialmente para os poderes instituídos (sempre receosos de uma revolução) esta mudança no seio dos republicanos era mais uma «dor de cabeça». Não deixa de ser curioso notar que neste contexto, sem haver qualquer espécie de concertação, as circunstâncias pareciam, no entanto, encaminhar os negócios da política no mesmo sentido da perdição da monarquia, com os monárquicos a dilacerarem-se num processo autofágico e o Partido Republicano a encetar uma viragem na sua estratégia que o tornava uma ameaça séria ao regime vigente. O futuro iria confirmar e agravar este estado de coisas e acentuar esse caminho tendencial que a monarquia parecia então condenada a percorrer.

Por este tempo, Leonardo prosseguia os seus estudos na Politécnica do Porto e fazia militância cívica e política no seio de um grupo a que chamavam *Os Amigos do A.B.C.*, versão aportuguesada e onomatopaica da expressão «Les Amis de L'Abaissé» do romance de Victor Hugo, *Os Miseráveis*, em que o vocábulo *abaissé* simboliza o povo. Deste grupo, fundado em 1908, faziam também parte, entre outros, Jaime Cortesão, Augusto Martins e Augusto Casimiro. A sede era no cimo da Rua da Fábrica, lugar de reuniões e de trabalho político e onde os empenhados anarquistas ensinavam as primeiras letras a operários, aproveitando o ensejo para os iniciarem nas doutrinas que defendiam e propalavam, às quais, resumidamente, chamavam «A Ideia». Por vezes, o grupo juntava-se no Café Central da Praça D. Pedro IV em animadas conversas e discussões onde sempre sobressaía o verbo fácil de Leonardo. Esses acontecimentos polarizavam a atenção da estudantada da cidade do Porto, aspecto bem ilustrado pelas declarações seguintes: «Os 'bichos' do liceu, como eu era, ouviam-no encantados, presos da sua palavra elegante e sonora, na atitude do campónio que olha o pregador de palavra difícil e larga citação latinesca, que não entende [...] Imitávamos-lhe os gestos e o jeito de trajar. Todos nós usávamos ufanos a larga *lavallière* e trazíamos, à maneira de bengala, forte e nodoso estadulho.»[23]

A partir do início do mês de Março do ano de 1907, quando se começa a desenrolar a chamada *Questão Académica*[24] na Universidade de Coimbra, Leonardo Coimbra e Jaime Cortesão surgem à cabeça de um movimento estudantil portuense de solidariedade com as lutas então encetadas pelos estudantes de Coimbra contra a pedagogia retrógrada e fechada da Universidade e contra os métodos persecutórios utilizados pelos lentes para com quem tivesse a veleidade de ser portador de novas ideias ou, de qualquer modo, afrontar essa ortodoxa pedagogia. Tanto Cortesão como Leonardo haviam já estudado em Coimbra e experimentado essa realidade. A 16 de Março, realizou-se no salão do Corpo da Guarda, no Porto, um animado comício no qual falaram, por Coimbra, os estudantes Ramada Curto e Carlos Olavo, e pelo Porto,

---

23 Viana, Manuel Couto, «Já Lá Vão Quarenta Anos!...», in *L. Coimbra, Testemunhos...*, pp. 154-155.

24 Sobre este assunto ver Correia, Natália, *A Questão Académica de 1907*, Lisboa, Minotauro, 1962.

Leonardo Coimbra e Jaime Cortesão. A partir de então, a greve estudantil atingiu proporções tais que o Governo ditatorial de Franco se viu obrigado a mandar encerrar todos os estabelecimentos de ensino superior. Mas, algumas medidas e disposições tomadas pelas autoridades governamentais e académicas no sentido de obrigar os estudantes a requerer novas matrículas e a fazer exames e, sobretudo, a intervenção no conflito de um movimento portador de propostas conciliadoras, formado por pais de alunos preocupados com perdas de anos lectivos, levaram ao afrouxamento da luta dos estudantes. Em Coimbra, a grande maioria cedeu às pressões exercidas, continuando a resistir um diminuto número de 160 alunos, os quais deram origem ao famoso *Grupo dos Intransigentes*. No Porto, dados os condicionalismos de um meio académico muito mais pequeno, o número dos *intransigentes* pouco passava de uma dúzia, o que não impediu que se mostrassem como uma frente especialmente combativa sob a liderança de Leonardo Coimbra e de Jaime Cortesão. Em *O Azorrague*, semanário entretanto criado para a defesa da causa dos *intransigentes*, Leonardo escreve um artigo sob o título *As Matrículas*, condenando violentamente os estudantes que, «[...] votando a greve recuam agora como incontestáveis canalhas que são.»[25]

Foi este pequeno mas esforçado grupo de intransigentes do Porto que pouco tempo depois, em Junho, organizou a recepção hostil a João Franco, aquando da visita deste à cidade invicta, visita que «decorreu em permanente estado de tumulto»[26], obrigando a violentas cargas policiais. Na Escola Politécnica, onde o ditador foi recebido pelos estudantes com apupos e arremessos de excrementos, em dado momento um estudante tentou, servilmente, abrir-lhe a porta da carruagem, no que foi violentamente impedido por Leonardo Coimbra que o puxou com força e o atirou para longe.

Apraz perguntar como nos aparece aqui o politicamente proscrito João Franco investido das mais altas funções governativas e exercendo-as em ditadura? A verdade é que ele chegara de novo ao poder e, desta feita, na qualidade de chefe de governo. Aparentemente, o impossível acontecera! Um olhar mais atento permite, no entanto, considerar que tal situação não era, de todo, impossível. O próprio Franco entrevira essa possibilidade e já em 1897, após a queda do ministério regenerador liderado pela dupla Hintze Ribeiro – João Franco, houvera feito ao então seu correligionário, José de Azevedo Castelo Branco[27], a confidência seguinte: «Agora só me tornas a ver subir estas escadas como Presidente do Conselho»[28]. Bravata inteira ou meia bravata, o facto é que o futuro viria a dar plena consistência àquelas palavras, conduzindo efectivamente João Franco ao cargo que, declaradamente, ambicionava.

Detenhamo-nos um pouco nas circunstâncias que permitiram que tal acontecesse, lembrando que deixámos João Franco a braços com a sua hercúlea tarefa de deitar abaixo o rotativismo e as personalidades e grupos políticos que o sustentavam. Diga-se,

---

[25] In *Leonardo Coimbra – Dispersos ...*, vol. V, p. 34.

[26] Homem, Amadeu Carvalho, *Da Monarquia À República*, Viseu, Palimage, 2001, p. 132.

[27] José de Azevedo Castelo Branco (1852-1923), sobrinho de Camilo Castelo Branco. Médico e político, foi deputado regenerador desde 1884, Governador Civil de Lisboa, Ministro Plenipotenciário de Portugal em Pequim e Ministro dos Negócios Estrangeiros do Governo de Teixeira de Sousa, último da Monarquia, de 26 de Junho a 5 de Outubro de 1910.

[28] Homem, Amadeu Carvalho, *Ob. Cit.*, p. 128.

em abono da verdade, que não se saiu muito mal da empreitada, se bem que, para tanto, tivesse nos próprios rotativistas e nos seus erros os seus maiores aliados. Na base de uma retórica de oposição promoveu uma intensa e bem conseguida campanha de propaganda que gerou um notável movimento de opinião que o colocava a ele, João Franco, como alternativa válida e única, dentro do campo monárquico, aos partidos tradicionais e, nesse sentido, como o político sério capaz de levar a efeito as reformas de que o país tanto carecia. E sendo estas reformas vitais para o país, eram-no também para a monarquia, visto que a sua ausência ou demora aproximava ainda mais o perigo de uma revolução republicana. Constituindo tal facto uma constante preocupação para a Coroa, não é de estranhar que em 1906, D. Carlos, a braços com mais uma crise governamental, tivesse encarregado Franco de constituir governo. E isso porque na sequência do debate e discussões na Câmara sobre a já referida *Questão dos Tabacos* o Parlamento encerrou, para reabrir em Fevereiro de 1906, de novo com sessões assanhadas e tumultuosas. Sentindo-se sem condições para levar por diante uma governação, José Luciano de Castro pediu ao rei a dissolução das Cortes, no que foi atendido. Formou-se então um governo regenerador sob a presidência de Hintze Ribeiro. Realizadas a 29 de Abril eleições para sustentação deste ministério, delas resultou um parlamento com uma composição curiosa, quer em número, quer em diversidade: 107 deputados regeneradores, 17 progressistas, nove dissidentes, sete franquistas, seis nacionalistas, dois independentes, um miguelista e um republicano. Um primeiro olhar logo trazia à evidência uma desproporcionada aproximação entre dissidentes progressistas e progressistas lucianistas, nisso se adivinhando o dedo manipulador de Hintze, facto que, no clima de encarniçamento político vivido pelos dois chefes rotativistas, iria necessariamente provocar retaliações da parte de José Luciano.

Um outro aspecto ressaltava ainda dos resultados destas eleições. É que, apesar de maioritário na capital, o Partido Republicano, tendo em conta a sua fraca penetração no meio rural e os condicionalismos das leis eleitorais (*ignóbil porcaria*), não teria, em boa verdade, votos suficientes para eleger um deputado. Aconteceu porém que Hintze, tentando comprar a boa vontade ou a quietude dos republicanos, mandou «chapelar» as eleições na Azambuja a favor do candidato republicano Bernardino Machado[29]. Tal revelou-se um tremendo erro, porque, fazendo um hábil aproveitamento da fraqueza de Hintze, as hostes republicanas rejeitaram, com grande alarido, o «favor», vindo Bernardino a público recusar a sua própria eleição. À sua chegada a Lisboa, na noite de quatro de Maio, esperavam-no, na estação do Rossio, Afonso Costa[30] e

---

[29] Bernardino Luís Machado Guimarães (1851-1944), Lente de Coimbra, criador de uma cadeira de Antropologia, em 1885. Par do reino desde 1890, foi Ministro das Obras Públicas, Comércio e Indústria de Hintze Ribeiro, em 1893. Aderiu à República em 1903. Ministro dos Negócios Estrangeiros do Governo Provisório de 5 de Outubro de 1910 a 4 de Setembro de 1911; Presidente do Ministério em 1914 e em 1921. Presidente da República em 1915-1917 e em 1925-1926. Após o golpe militar de 28 de Maio de 1926, exilou-se na Galiza de onde regressou em 1940. Ver Marques, A. H. de Oliveira, *Ensaios de História da I República Portuguesa*, Lisboa, Livros Horizonte, 1988, pp. 105-144. Ver também Marques, A. H. de Oliveira e Costa, Fernando Marques da, *Bernardino Machado*, Lisboa, Edições Montanha, 1978.

[30] Afonso Augusto da Costa (1871-1937), Lente de Direito e notável advogado e parlamentar. Deputado republicano durante a monarquia em 1899, 1906-1907, 1908 e 1910. Ministro da Justiça do Governo Provisório. Líder do Partido Democrático e Presidente do Ministério e Ministro das Finanças de 9 de Janeiro

outros correligionários, bem assim como grosso número de populares. Aí se gerou então uma ruidosa manifestação que provocou violenta e desmesurada intervenção das forças policiais. Dias depois, durante uma tourada no Campo Pequeno, os espectadores aplaudiam estrepitosamente Afonso Costa, ao mesmo tempo que ignoravam a presença da família real.

Ontem, tal como hoje, em política os erros pagam-se caro, acontecendo que os factos imediatamente atrás citados e as revoltas de marinheiros republicanos ocorridas a 8 e a 13 de Abril a bordo do cruzador *D. Carlos I* e do couraçado *Vasco da Gama* – devidamente aproveitados pela imprensa republicana – contribuíram definitivamente para o desgaste da imagem do ministério de Hintze, quer junto da opinião pública quer junto da Coroa. De alguma forma atemorizado com o estado da situação política e prevendo eventuais sessões tumultuosas no parlamento recém-eleito, o chefe regenerador tentou ganhar tempo suficiente para que os ânimos esfriassem. Nesse sentido, predispôs-se a governar em ditadura e pediu ao rei o adiamento *sine die* da abertura das cortes. Na sua célebre carta de 16 de Maio de 1906[31], D. Carlos negou-lhe o adiamento das sessões parlamentares. De imediato, Hintze pediu a demissão do gabinete ministerial e o rei concedeu-lha. No seguimento, o monarca chamou João Franco ao Paço e encarregou-o de formar gabinete ministerial. Assim é que, pela mão do próprio soberano, estava colocado um ponto final ao *rotativismo*.

Na verdade, D. Carlos estava de posse de informações que lhe permitiam e até encorajavam esta medida, visto que, por intermédio da pessoa do próprio José Luciano de Castro, acompanhara as negociações iniciadas em Março de 1906 entre o Partido Progressista e o Partido Regenerador-Liberal, no desfecho das quais fora firmado, nos primeiros dias de Maio, um acordo político a que fora dado o nome de *Concentração Liberal*. Em conformidade, José Luciano dera garantias de que apoiaria a formação de um ministério formado por regeneradores-liberais e presidido por João Franco, muito embora não quisesse para si ou para o seu partido «pastas nem postas»[32]. Considerando que os progressistas haviam sido apeados da governação havia apenas dois meses e que o Governo dos regeneradores empossado há 58 dias chegara tão depressa, e tão desastradamente, ao seu fim, concluir-se-á que, na circunstância, D. Carlos foi praticamente empurrado para esta solução, dado já não lhe restar margem de manobra para operar mais uma tradicional rotação. Sendo isto verdade, também é facto porém que da decisão do soberano de entregar o poder executivo a João Franco não estava arredada uma intenção pessoal de romper com o rotativismo e com os dois partidos que lhe davam corpo. É que, desgastadíssimos estes com o uso, tantas vezes aviltante e estéril, do poder, a sua manutenção, como principais intérpretes da política nacional, contribuiria apenas para dar continuação a um estado de coisas que não só não

---

de 1913 a 9 de Fevereiro de 1914 e de 25 de Abril a 5 de Dezembro de 1917. Representante de Portugal na *Conferência de Paz* e na *Sociedade das Nações*. Esteve na direcção da *Liga de Defesa da República*, em oposição à Ditadura Militar, após 28 de Maio de 1926. Ver Marques, A. H. de Oliveira, *Afonso Costa*, Lisboa, Arcádia, 1972 e Idem, *Ensaios de História* ..., pp. 177-264.

[31] Ver Anexo 1.

[32] Cf. Cabral, António, *As Cartas D'El-Rei D. Carlos ao Sr. João Franco*, Lisboa, Sociedade Editora Portugal-Brasil, 1924, pp. 42-43.

solucionava os sérios problemas nacionais, como, pior ainda, era propiciador de um contínuo deslizar do país para a república.

Atento, D. Carlos há muito tinha intuído esta realidade e, na ocasião, julgou ver, nos propósitos reformadores do franquismo (intensamente propagandeados), a oportunidade para corrigir os «erros que de longe vêm»[33] e para travar os ímpetos republicanos. Na decisão então tomada pesou também uma apetência para um reforço dos poderes e da influência do rei na área governativa, e a solução encontrada trazia claramente à Coroa um maior ascendente sobre a governação do país. E o futuro breve viria a confirmar uma maior presença e intervenção do rei nos negócios políticos, o que não deixava de ser do agrado de D. Carlos, sensível que era às teorias do engrandecimento do poder real, tecidas e propugnadas por Carlos Lobo d'Ávila e por Oliveira Martins, membros proeminentes do grupo de diletantes autodenominado «Vencidos da Vida»[34]. De notar que as teorias apoiadas por esse grupo, tinham, ao tempo e entre a intelectualidade, muitos seguidores. Um testemunho insuspeito desta propensão de mando por parte do monarca D. Carlos é-nos dado por António Cabral, figura muito próxima de José Luciano de Castro e escrevinhador de crónicas em *O Correio da Noite*, órgão do Partido Progressista. Produziu ele a afirmação seguinte: «No ânimo imperioso de El-Rei, havia, a par da sua natural delicadeza e do respeito à lei, o desejo e a vontade de mandar.»[35] Tal vocação de mando por parte do rei haveria de o levar a apadrinhar medidas e situações que, em muito, contribuíram para o fim da monarquia e, antes disso, para o seu próprio e funesto fim. Foi, pois, pela mão do monarca e com a ajuda dos rotativistas do Partido Progressista que João Franco chegou ao poder. Os seus inimigos de ontem eram amigos ou aliados de hoje; por sua parte estavam convenientemente esquecidas as razões que a eles o haviam oposto e a verrinosa e continuada retórica que sobre eles exercera. Não se ficariam por aqui as contradições que distinguiriam, pela negativa, a governação de Franco.

Constituído o gabinete ministerial, o novel Presidente do Conselho de Ministros fez declarações públicas, afirmando-se liberal e disposto a governar *à inglesa* e mostrando-se contrito por, conjuntamente com Hintze Ribeiro, ter governado em ditadura entre 1893 e 1897. E, na verdade, João Franco conseguiu transmitir de si próprio a imagem de político combativo e honesto, um novo «Messias» (mais um nos nevoentos horizontes portugueses) capaz de levar a efeito redentoras reformas e salvar o regime monárquico. No entanto, o controverso João Franco permanecia igual a si próprio, notavelmente ao afirmar que, em termos eleitorais pretendia «caçar no mesmo terreno dos republicanos» para, pouco depois, na inauguração duma sede do seu partido em Alcântara, face às vaias que da rua lhe eram endereçadas por operários e outros populares, dizer: «os republicanos estão precisando de sabre da polícia como de pão para a boca».

---

33 Afirmação de D. Carlos na Carta de 16 de Maio a Hintze Ribeiro (ver Anexo 1) que dá nota da intenção do soberano de pôr termo ou remédio a males radicados na sociedade portuguesa e cujas origens, no seu entender, vinham muito de trás.

34 Ver Homem, Amadeu Carvalho, «O Grupo dos Vencidos da Vida ou a política servida à mesa» in *História das Figuras do Poder*, Colecção Turres Veteras, Torres Vedras, Câmara Municipal, 2005.

35 Cabral, António, *Ob. Cit.*, p. 57.

Não revogou Franco a «ignóbil porcaria», antes se serviu dela e, nas eleições realizadas a 19 de Agosto desse ano de 1906, a Concentração Liberal, sua base de apoio, obteve confortável maioria. Foram então eleitos pelo círculo de Lisboa, quatro republicanos: Afonso Costa, António José de Almeida, Alexandre Braga e João de Meneses. A abertura das cortes foi convocada para 29 de Setembro. Não obstante os apoios de que dispunha, o seu Governo não teve a acção facilitada. Dentro do Parlamento, as oposições, em especial os aguerridos republicanos, criaram obstrução à actividade legislativa, levando a discussão a centrar-se em torno de questões de forma ou de substância por si levantadas ou aproveitadas. Fora do Parlamento, nos jornais e em comícios, procurava-se incendiar a opinião pública contra o governo e contra o regime. Duas grandes questões – *A Questão dos Adiantamentos* e *A Questão Académica* – pela emoção e impacto que causaram nos meios políticos e na opinião pública, pela discussão rubra que geraram, pelas dificuldades governativas que originaram e pelo efeito negativo que tiveram na coesão ministerial e nos apoios progressistas, levaram a que Franco se decidisse pelo encerramento das Câmaras, em Abril de 1907. Desejava com isso criar um compasso de espera que lhe permitisse, de acordo com intenções suas, e somente suas, reforçar o seu gabinete ministerial com mais elementos da hoste progressista. Sem dúvida que esta actuação de João Franco era politicamente perspicaz, uma vez que visava, não só criar condições de governabilidade, como ainda estabelecer um elo mais apertado com o Partido Progressista. Daí poderia, quiçá, resultar uma fusão dos dois partidos (o progressista e o regenerador liberal) e, dessa forma, tornar-se ele, Franco, chefe de um grande partido, como sempre fora sua ambição. Só que, os progressistas e nomeadamente José Luciano sentiram esse perigo e, naturalmente, colocaram-se em defesa. Nessa atitude, os notáveis do Partido Progressista, convidados ou requeridos por Franco para fazerem parte do seu executivo – Conde de Penha Garcia, António Cabral e Moreira Júnior – recusaram definitivamente tal «honra», nada os demovendo dessa decisão, nem mesmo os bons ofícios de D. Carlos, feitos chegar através da estreita amizade que o unia a José Luciano. Para ser coerente com declarações e promessas tão recentemente por si feitas, João Franco deveria agora renunciar ao cargo de Primeiro-Ministro. Todavia, sob instigação do soberano, não o fez e, com o seu patrocínio, entrou a governar em ditadura, após a dissolução das Câmaras por decreto de 10 de Maio de 1907. E com isso, prosseguiriam as incongruências de um «Messias» português, chamado Franco (por acinte, «Mexias» posto que o «Xuão», para grande gáudio dos lisboetas, profusamente reproduzido no seu anedotário, falava «achim»).

Regressemos ao nosso Leonardo Coimbra para dizer que, por esta data, com 23 anos de idade, começava a tornar-se uma figura pública, conhecida sobretudo pelos seus invulgares dotes de orador mas também pelos seus artigos em *A Nova Silva* e no semanário anarquista *A Vida*, nisso mantendo íntegra a sua postura de anarquista convicto e ardoroso, na defesa dos ideais da liberdade plena da pessoa humana. A notoriedade então gerada em torno da figura de Leonardo era, em grande parte, fruto da sua actuação como militante da causa dos estudantes, no contexto da *Questão Académica* e de acções subsequentes de afrontamento à ditadura e à figura do ditador.

Aspecto tão mais interessante quanto se sabe que essa mesma *Questão Académica* foi riquíssima de consequências, quer no plano primeiro da política nacional, quer no âmbito mais particular das vidas pessoais. No primeiro caso, poder-se-á afirmar que, não sendo causa única, ela restará, porém, como causa fautora, entre outras, de uma conjuntura política e social que, no imediato, levou à ditadura franquista e, no seio desta, à restrição das liberdades públicas, à instauração da censura e às prisões políticas em massa; neste mesmo sentido, ela avultará, mais distantemente no tempo, como origem do regicídio e da queda da monarquia. No segundo caso, a questão em si mesma e o seu cortejo de consequências teve, no ânimo de muitas pessoas ainda indecisas quanto ao problema da natureza do regime (monarquia ou república), influência no sentido de os fazer decidir a favor dos ideais republicanos, considerados estes a única alternativa a uma monarquia constitucional decrépita e incongruente que, afinal, para se manter, necessitava de governar à margem da Constituição. Desta forma, fortalecia-se a fé no republicanismo. Em alguns (muitos) casos era, como já foi dito, mais uma recorrência de sebastianismo, ou seja, uma necessidade sentida de fé em algo ou alguém que, dotado de capacidades «salvadoras», viesse, finalmente, resgatar a nação das suas misérias e trazê-la de volta ao caminho de nostálgicas glórias. Se, por um lado, era o messianismo português a funcionar em seu devido tempo (de crise), por outro lado, a propaganda dos arautos republicanos era, amiúde, feita em jeito de mensagem messiânico-salvífica inserida numa argumentação mais geral (numa linha de puro pensamento comtiano) em torno do carácter necessitarista da república sociocrática. É que, ao abrigo da lógica do aperfeiçoamento do tempo dos homens, a república positiva e científica viria para redimir a sociedade, lavando-a das chagas e misérias dos tempos teológicos e metafísicos anteriores. Não obstante a mais que evidente discutibilidade da argumentação, o certo é que os tempos eram mais que favoráveis à aceitação de tais apelos que afinal se ajustavam, perfeitamente, quer pela forma quer pelo conteúdo, a necessidades e a esperanças colectivamente sentidas.

Enquanto isso, a ditadura de D. Carlos e do seu valido João Franco parecia querer correr no mesmo sentido, ou seja, o da perdição da monarquia. O rei, fazendo transbordar a sua acção para além da órbita dos poderes moderadores que a *Carta Constitucional* [36] lhe conferia, descera à arena da contenda partidária e colocara-se ao lado de um dos contendores, constituindo-se assim adversário de todos os outros. Ao abandonar o seu papel de árbitro da pugna política, D. Carlos deixara de pairar acima da algazarra partidária e passara a ser o alvo principal das críticas e diatribes da grande maioria da imprensa escrita e das manifestações de rua. E o pior é que, estranhamente desatentos aos sinais dos tempos e dos factos, seguiam lado a lado, mandante e mandatário, na feitura e acumulação de erros, com isso mais parecendo ambos apostados em antecipar o momento da sua desdita. Um primeiro erro grave cometido por Franco foi o de trazer para o Parlamento a candente questão dos adiantamentos de quantias à Casa Real, feitos por conta da dotação oficial, a chamada *Lista Civil*. E fê-lo em termos incendiários, classificando os adiantamentos de ilegais, obviamente para deixar mal quem os tinha feito ou autorizado. A discussão foi tanta e tão acesa que já somente em ditadura o Governo conseguiu dar ao assunto um qualquer desfecho, consistindo este numa habilidosa forma de perdoar as dívidas da

[36] Ver *Constituições Portuguesas*, organização da Comissão Internacional para a História da Assembleia de Estados e dos Parlamentos – Secção Portuguesa, Lisboa, edição da Assembleia da República, 1992, pp. 130-131.

Casa Real e de lhe aumentar as dotações. Pela polémica assanhada e o aproveitamento político já havidos em torno da questão, fácil era ver que uma tal solução seria mais uma enormidade política. Tanto assim que até o próprio D. Carlos (principal e grande beneficiário da medida governamental) começou por recusar, parecendo-lhe que o conteúdo da resolução e o tempo de aplicação da mesma não seriam os mais apropriados. E no entanto, perante as insistências de Franco, o soberano calou as suas razões e assinou o decreto. Acto incompreensível em quem, com clarividência, tinha afirmado: «Estamos diante de uma fogueira que desejamos apagar e não se apaga lançando-lhe lenha, e é o que agora sucederia.»[37] Que motivações impeliram D. Carlos a sancionar o politicamente iníquo decreto, após proferir aquelas sensatas palavras? Talvez que, no caso e à semelhança de outros casos, o exercício desmesurado do poder tenha cegado os seus protagonistas e lhes tenha dado uma virtual sensação de impunidade. Mas também era verdade que os quantitativos da *Lista Civil* não eram aumentados desde o tempo do trisavô de D. Carlos, o rei D. João VI, e o monarca poderá ter cedido perante esse argumento, porventura julgando-o suficientemente pesado para abafar a inoportunidade da aplicação do decreto. A verdade, porém, é que a reacção a uma tal medida não se fez esperar. Logo a rua republicana de Lisboa entrou em efervescência e toda a imprensa oposicionista desencadeou uma enorme e ruidosa campanha contra a ditadura e contra a Coroa. Nessa campanha, tomaram parte activa os dois chefes rotativos – José Luciano e Hintze Ribeiro – curiosamente esquecidos do facto de os famosos adiantamentos somente terem sido possíveis com as suas assinaturas. Então, a braços com uma anormalíssima agitação social, o ditador entendeu adoptar medidas de excepção tais como o endurecimento da censura à imprensa, apreensão e fecho de jornais, intensa repressão policial, prisões e perseguições políticas. Nesta senda de violências, o braço direito do chefe do governo era o poderoso juiz Veiga (Francisco Maria da Veiga), amigo particular do rei e magistrado influente que dominava as polícias e dirigia o *Juízo de Instrução Criminal*, instituição que se tornara célebre pela eficácia com que reprimia os inimigos do regime monárquico. Dado a ceder aos seus ataques de mau génio, Franco, entretanto, incompatibilizou-se com Veiga e exonerou-o das suas funções, privando-se assim desse valioso auxiliar. A somar a isto, a deserção ou o «cruzar de braços» de outros funcionários era uma espécie de gangrena que ia atingindo e paralisando o aparelho de Estado.

Entrementes, os ecos da tempestuosa situação política vivida no país repercutiam-se na imprensa estrangeira, por vezes de forma bem pouco lisonjeira para Portugal e para os portugueses. Alguns jornalistas dessa imprensa vieram a Lisboa, entre eles Joseph Galtier do periódico francês *Le Temps*, que após um encontro com o Chefe de Governo português, conseguiu que o Rei o recebesse na cidadela de Cascais. Na entrevista concedida, D. Carlos fez coro com Franco nas catilinárias proferidas por este contra os políticos, contra os partidos e contra o Parlamento. Desatinadamente, disse que, contra o que outros já anteriormente lhe tinham pedido, concedera a ditadura a João Franco por ele lhe ter dado «*des garanties de caractère*». Sendo a expressão um pouco dúbia, mormente na sua tradução para português, o certo é que os políticos

[37] «Carta de 23 de Junho de 1907», escrita por D. Carlos a João Franco, in Peres, Damião, *História de Portugal*, Edição de Barcelos Portucalense, 1935-1954, vol. VIII, p. 443.

dos diversos quadrantes, alguns deles antigos servidores do regime, a entenderam como uma afronta, um insulto intolerável. Pois não seriam eles próprios, pessoas de carácter? Na sequência do incidente, Augusto José da Cunha, par do Reino, antigo ministro da Coroa e ex-preceptor de D. Carlos, veio a público declarar a sua adesão formal ao Partido Republicano. Outras defecções de não menor importância se seguiram. Os dados estavam lançados e de tal forma que já nada podia deter a marcha descendente que, no plano perigosamente inclinado da ditadura e do regime, os seus próprios mentores haviam empreendido. Fortíssima em jornais de grande tiragem como *O Século*, *A Luta* ou *O Mundo*, a propaganda republicana aprofundava a derrocada. Sobre o país pairava, eminente, a ameaça da revolução.

A 28 de Janeiro de 1908, fracassou uma tentativa revolucionária empreendida em Lisboa por republicanos e por dissidentes progressistas. José de Alpoim conseguiu fugir para Espanha; em Lisboa ficavam presos Afonso Costa, Egas Moniz, Álvaro Pope, Pinto dos Santos e o Visconde da Ribeira Brava. Dias antes tinham sido feitas outras prisões entre as quais as de António José de Almeida, João Chagas e França Borges. João Franco, em quem a prudência nunca fora uma virtude, ensaiou mais uma «fuga para a frente», forjando de imediato um decreto que conferia ao governo poderes para desterrar para as colónias todos os que em tribunal fossem declarados culpados de atentar contra a «segurança do Estado, a tranquilidade pública e os interesses gerais da Nação». Pelo mesmo decreto eram retiradas as imunidades parlamentares aos que «contra a segurança do próprio Estado se manifestem ou que como inimigos da sociedade se apresentem». Compreende-se o quanto as intenções de Franco não se ficavam por um simples e imediato alcance da medida, mas, outrossim, visavam, a médio ou longo prazo, o aniquilamento das oposições, mormente a do Partido Republicano. Com efeito, sem as cabeças que Franco se propunha banir para bem longe (dizia-se que para Timor), os partidos ficariam drasticamente mutilados e, estimada ambição do ditador, por vasto tempo incapazes de desenvolverem qualquer acção hostil, afastando-se assim da cena política nacional, o espectro da revolução. A 31 de Janeiro, em Vila Viçosa, o rei apunha a sua referenda no decreto. Contra tudo e contra todos, abandonando necessárias precauções, D. Carlos decidira ir até ao fim no caminho escolhido, porventura considerando que já não havia espaço para recuar. E, valha a verdade, o fim chegou depressa: logo no dia seguinte, o primeiro de Fevereiro de 1908, junto às arcadas do Terreiro do Paço, o soberano e o seu primogénito, regressados de Vila Viçosa, sucumbiam aos tiros disparados pelos seus assassinos (para alguns, apenas os intérpretes da ira e da justiça populares e, como tal, heróis do povo), Alfredo da Costa e Manuel Buiça. Veja-se a propósito o comentário feito por um vulto da literatura, como o foi Guerra Junqueiro: «Não mataram o rei: suicidou-se [...] as balas da morte partiram da alma da nação.»[38] Acerca do regicídio não se conhece uma só palavra, escrita ou falada, de Leonardo Coimbra, sendo de concluir que, pesada a envolvência e o dramatismo do acontecimento, tenha preferido calar-se.

---

[38] Junqueiro, Guerra, «Carta» in *História Contemporânea de Portugal – Das Invasões francesas Aos Nossos Dias*, Direcção de João Medina, Lisboa, Multilar, 1990, Tomo II (Monarquia Constitucional – Das Origens do Liberalismo à Queda da realeza), pp. 257-258.

O facto é que estas mortes ditaram o fim imediato da ditadura e, ao mesmo tempo, soaram como um «toque a finados» para a monarquia em Portugal. Rei por força das circunstâncias, D. Manuel, filho segundo de D. Carlos, após a demissão e expatriação de João Franco, ensaiava a formação de um governo com apoio parlamentar, ao estilo da monarquia constitucional e, nesse passo, a solução encontrada foi a criação de um gabinete (dito de «acalmação»[39]) de composição heteróclita, presidido pelo almirante Ferreira do Amaral. O período histórico que se seguiu, compreendido entre Fevereiro de 1908 e Outubro de 1910, foi sobretudo marcado pelo progressivo apagamento dos agrupamentos partidários da área monárquica e pelo fortalecimento do Partido Republicano traduzido pelo número e importância das adesões entretanto registadas e pelos resultados obtidos em eleições para Câmaras Municipais e para o Parlamento. Com isso não foram afectados nas suas convicções aqueles que, dentro do partido, há muito vinham defendendo a acção revolucionária e que, justamente nesta fase, alcançaram, no seio do PRP, uma preponderância que veio a ser confirmada e ratificada pelo congresso de Setúbal de 1909, ainda que por vitória minguada. Paralelamente, corria a acção da Carbonária[40], visível sobretudo no aliciamento de militares de baixa patente para a causa da revolução. E, num misto de conspirata e de luta legal, os republicanos promoviam activíssima propaganda, graças à colaboração prestimosa de uma imprensa própria ou simpatizante, moldando assim a opinião pública no sentido profundo da ideia de que as mais lídimas aspirações dos portugueses teriam completa realização com o «inevitável» advento da República. Por outro lado, organizações afiliadas do PRP (centros, clubes, ligas, grémios) espalhadas pelo país promoviam espectáculos musicais e teatrais, criavam gabinetes de leitura e de informação eleitoral, organizavam excursões e abriam cantinas, tudo sob o impulso de uma forte acção doutrinária orientada para as camadas populares e para a pequena burguesia. Perante este fogo de barragem do armamento republicano, a coroa e os sucessivos governos a que deu posse – seis que foram – nunca estiveram senhores da situação. Como disse Raul Brandão: «[...] o que resta de pé não passa de ficção. Quem manda, quem governa, mesmo na oposição, são os republicanos [...] Sucedem-se os governos, mas a força é outra, que se sente por trás do cenário.»[41]

Engrossavam as águas da maré republicana e nelas acabamos por ver também Leonardo Coimbra que, a partir de 1909, passou a ombrear com vultos republicanos em comícios e sessões de propaganda da República. Nesta fase, as suas posições são mais anti-monárquicas do que convictamente republicanas, o mesmo acontecendo com os restantes membros do *Grupo dos Intransigentes* que, na sua maior parte, aderiram também à República. Era uma adesão que se mostrava rodeada de embaraços, posto que o grupo estava fortemente impregnado de ideologia libertária e esta casava mal com o positivismo dogmático sobre o qual se alicerçava o republicanismo português. Daí que, nesta fase, alguns dos comícios promovidos pelo Partido Republicano tinham mais a intenção de trazer os anarquistas à causa republicana do que propriamente promover

---

[39] Ver Amaral, Augusto Ferreira do, *A Acalmação e D. Manuel II*, Lisboa, 1966.

[40] Ver Brandão, José, *Carbonária, O Exército Secreto da República*, Lisboa, Perspectivas e Realidades, 1984.

[41] Brandão Raul, *Memórias*, Lisboa, Relógio D'Água, 1998, Vol. 1, Tomo I, p. 215.

a difusão de propaganda[42]. No entanto, Leonardo, se bem que lançado num combate sem tréguas à monarquia, pugnava ao mesmo tempo pelas suas próprias ideias, criticando asperamente os credos materialistas-positivistas defendidos acerrimamente por republicanos como, por exemplo, Teófilo Braga[43], Miguel Bombarda[44] ou António José de Almeida[45]. Na presença destas ou doutras figuras, o tribuno condena o materialismo e a valoração absolutizante da ciência e sustenta que o sentimento religioso jamais desaparecerá do íntimo do homem e da humanidade. São princípios que por toda a vida manterá, não obstante vir a aderir ao Partido Republicano (Partido Democrático) em 1914. E para sempre também, ficará apegado a um anarquismo romântico, com raízes em vários pensadores: de Kropotkine admira as propostas de cientificação de uma *Moral* generosa que dite aos homens os seus deveres e direitos; em Proudhon uma *Justiça* de inspiração quase divina; concorda com Rousseau que são as Instituições que estão na origem do *Egoísmo* e da *Desarmonia* entre os humanos; em Tolstoi enleva-se com a atitude pacifista e a valorização do *Amor*.

Quando o movimento anarquista português começa a subalternizar ideais filosóficos e a caminhar na senda do anarco-sindicalismo, Leonardo toma, quanto a esses novos rumos anarquistas, posições muito críticas. Escrevendo para o semanário *A Vida*, faz um ataque cerrado ao que ele próprio chama de *anarquismo vulgar*, expressão com a qual pretendia designar uma conduta política que pecaria por excessos de voluntarismo e pela ausência de uma ideia precisa cerca dos valores contra os quais lutava. O seu artigo com o título «Anarquismo de Escada»[46], publicado em *A Vida* de 28 de Março de 1909, representou um rompimento total nas relações que houvera mantido com os grupos anarquistas. O artigo faz fogo em duas direcções, ou seja, é tanto um comentário corrosivo à «duvidosa doutrina anarquista», quanto um forte libelo às «verdades eternas» do positivismo.

O imparável espírito crítico de Leonardo e a sua formidável oratória tiveram ocasião de manifestar-se a 30 de Maio, no Palácio de Cristal do Porto. Falando de improviso

---

[42] Cf. Dionísio, Sant'Anna, *Leonardo Coimbra, Testemunhos...*, p. 413.

[43] Joaquim Teófilo Fernandes Braga (1843-1924), Doutor em Direito e Professor Catedrático de Literaturas Modernas no Curso Superior de Letras de Lisboa. Militante do Partido Republicano, foi Presidente do Governo Provisório da República e, em 1915, Presidente da República. Tornou-se uma autoridade em história da literatura, sendo também considerado o principal apóstolo do positivismo, em Portugal. Ver Homem, Amadeu Carvalho, *A Ideia Republicana em Portugal: O Contributo de Teófilo Braga*, Coimbra, Minerva, 1989 e Idem, *Teófilo Braga: filosofia e pensamento político-social*, (tese de doutoramento em História apresentada à Faculdade de Letras da Universidade de Coimbra), Coimbra, 1988.

[44] Miguel Augusto Bombarda (1851-1910), médico psiquiatra, professor, escritor e político. Membro do *Comité Revolucionário* do 5 de Outubro de 1910, foi assassinado a 3 /10/1910 por um louco, no Hospital de Rilhafoles, de que era director. Ver Saraiva, Ricardo, "Acerca de algumas figuras republicanas", in *Seara Nova* n°s. 1264-1265, de Novembro de 1952.

[45] António José de Almeida (1866-1929), médico, jornalista, escritor e político, foi um dos grandes vultos da I República. Ministro do Interior do Governo Provisório, foi fundador e líder do Partido Evolucionista. Presidente do Ministério da *União Sagrada*, de 15 de Março de 1916 a 25 de Abril de 1917, onde acumulava a pasta das Colónias. Em 1919, o Congresso elegeu-o Presidente da República Portuguesa. Ver Torgal, Luís Reis, *António José de Almeida e a República: Discurso de uma vida ou vida de um discurso*, Lisboa, Círculo de Leitores, 2004.

[46] *Leonardo Coimbra, Dispersos, ...*, vol V, pp. 51-53.

após a actuação do Orfeão dos Estudantes de Coimbra, teceu um cerrado e violento ataque aos métodos do ensino superior e ao autoritarismo e formalismo dos seus lentes. No final do discurso a assistência estava dividida: por um lado vibrantes aplausos, por outro lado coléricas apostrofações. Presente, entre os assistentes, diz-nos Teixeira de Pascoaes: «Leonardo [...] pronunciou, perante o meu espanto e o do público, o mais tremendo discurso contra os professores, e na presença de alguns. Formaram-se imediatamente dois partidos: um, aplaudindo e o outro pateando e assobiando! [...] Houve um momento em que imaginei ir pelos ares, com o próprio Palácio de Cristal! Não me lembro de mais nada, que os terramotos abalam-nos a memória até à destruição!»[47]

Interessante para o conhecimento da personalidade do Leonardo Coimbra desse tempo foi a acesa polémica que, por esta altura, manteve com o advogado e colaborador de jornais, Alfredo Pimenta[48]. Este, grande seguidor e intérprete do positivismo, obcecado pela ordem social, publicou uns escritos acerca da pena de morte considerando-a legítima e mesmo condição necessária à saúde e estabilidade da sociedade, encarada esta, à boa maneira positivista, como um organismo. Na ideia de Pimenta, quando o organismo social se encontrasse seriamente ameaçado pelo crime, a pena de morte seria uma terapêutica não só aceitável como adequada. Em resposta, num artigo com o título *A Inquisição Positivista*, publicado em *A Vida* de 3 de Janeiro de 1909, Leonardo, ora usando uma linguagem metafórica, por vezes carregada de ironia, ora uma linguagem matemática em que tenta demonstrar o absurdo das teses contrárias, condenou, com veemência, as proposições de Pimenta. Acusando o toque, o positivista contra-atacou com uma série de artigos no jornal portuense *Voz Pública*, nos quais, cingindo-se menos à discussão da temática em questão, procurou denegrir a figura do seu oponente. A partir daqui os ânimos exaltaram-se, levando a que Leonardo escrevesse e publicasse um outro artigo duríssimo – *A Autópsia de Um Imbecil – O Sociólogo Alfredo Pimenta* – dividido em duas partes, publicadas em *A Vida*, em 30 de Maio e 13 de Junho de 1909. Aí critica com severidade as declarações do seu opositor e o teor do então recente livro deste, *Factos Sociais*. À argumentação de Pimenta de que os factos sociais estariam sujeitos a leis fixas e invariáveis e de que os homens deveriam abandonar a pretensão de se substituírem às leis naturais e invariáveis a que todos os fenómenos estão sujeitos, responde Leonardo que em sociologia há que contar com o indivíduo, dado real e espiritual, possuidor de uma liberdade incoercível às convenientes sujeições para onde o querem remeter as compendiadas soluções positivistas. Prossegue, diminuindo as afirmações de Pimenta, considerando-as subproduto pobre e embasbacado dos arrazoados de Augusto Comte. Mais adiante, sustenta que nos sistemas evolutivos como o biológico e o social, as leis são meras convenções advindas

---

[47] In Dionísio, Sant'Anna, *Leonardo Coimbra, o Filósofo e o Tribuno*, ..., p. 20.

[48] Alfredo Augusto Lopes Pimenta (1882-1950), militante anarquista, foi um dos estudantes «intransigentes» aquando da *Crise Académica* de 1907. Licenciado em direito, sócio da *Sociedade Positivista Internacional* e discípulo de Teófilo Braga. Foi professor de liceu e director do Arquivo da Torre do Tombo. Depois tornou-se monárquico e colunista do *Diário de Notícias* e de *A Voz*. Já tarde, com mais de cinquenta anos, fez-se historiador, publicando *História de Portugal, D. João III, Subsídios Para a História de Portugal* e *Estudos Históricos*. Ver *Dicionário de História de Portugal*, Coordenação de António Barreto e de Maria Filomena Mónica, ..., Vol. IX, Suplemento P/Z, pp. 80-82.

de um quadro nunca estático de hábitos e de relações estabelecidas. De onde conclui que as leis sociais não existem como realidade objectiva; se o sistema evolui, as leis mudam[49]. Anos mais tarde, uma especial conjuntura política e social fará de novo surgir com insistência o espectro da morte «justiceira». Coerente com anteriores atitudes, Leonardo de novo terçará armas em defesa das suas ideias.

Note-se que, a par de toda esta actividade, Leonardo continuava a estudar na Politécnica do Porto, vindo, finalmente, a acabar o seu curso de matemática nesse ano de 1909. Desejou então adquirir a preparação para a docência, facto que o levou a alugar uma casa em Lisboa junto ao Monte Olivete, perto da Imprensa Nacional, para onde se transferiu com a mulher e um filho, entretanto nascido. Nessa casa permaneceu alguns meses, completamente absorvido pela frequência e pelo estudo das cadeiras de preparação para docente do Curso Superior de Letras. Na sua nova residência era amiúde visitado por Jaime Cortesão que acabou por se tornar seu hóspede e comensal. A eles se juntava, por vezes, um outro estudante e companheiro dos tempos dos *Amigos do ABC*, Augusto Martins (Maia). Todos eles virão a obter a sua licenciatura em 1910. Cortesão retira-se para S. João do Campo, perto de Coimbra; Leonardo e Maia ingressam como professores no Liceu Central do Porto, que com a República virá a tomar o nome de Liceu Rodrigues de Freitas.

Ora, 1910 é o ano em que se produziu em Portugal o extraordinário, embora já esperado, acontecimento que foi a implantação da República. Pela acção dúplice da ofensiva republicana e do apagamento do regime monárquico, a revolução em marcha começou a tomar forma prática e visível na madrugada de 3 para 4 de Outubro de 1910, com tropas a sair de Campo de Ourique e de Campolide para a Rotunda, e com as guarnições amotinadas dos cruzadores *Adamastor* e *São Rafael* a prepararem-se para bombardear o Palácio das Necessidades. Ao raiar do dia 4, «contadas as espingardas», constatou-se que o número de insurrectos acantonados era muito escasso para levar com êxito o empreendimento; dispunham, no entanto, de 8 peças de artilharia. O evoluir da situação, com faltas de comparecimento de dirigentes comprometidos com o projecto, deserção de oficiais, falhas de informação e de ligação, trouxe incertezas, dúvidas e mesmo algum desânimo. Notícias de que, em terra, a revolução havia fracassado e que «estava tudo perdido»[50], levaram a que o vice-almirante Cândido dos Reis, tido e aceite como o supremo chefe revolucionário, pusesse termo à vida com um tiro de pistola, numa viela esconsa de Lisboa. Não obstante os percalços havidos, a vitória republicana acabou por ser um facto, sendo que, a esse respeito, quatro factores foram decisivos: a participação dos populares na Rotunda (ao lado de Machado Santos) e na defesa do quartel de marinheiros de Alcântara[51]; a obstinação do comissário naval Machado Santos em permanecer e fazer permanecer as forças sob seu comando (sargentos, soldados e civis) no campo fortificado da Rotunda; as

---

49 Cf. Leonardo Coimbra, *Dispersos...*, vol. V, pp. 36-39 e 56-67.

50 Cf. Silva, António Maria da, *O Meu Depoimento – Da Monarquia ao 5 de Outubro de 1910*, Lisboa, s.d.

51 Sobre o assunto, ver Valente, Vasco Pulido, *O Poder e o Povo – A Revolução de 1910*, Lisboa, Gradiva, 2004. Ver também *A Bomba Explosiva, Depoimentos de Diversos Revolucionários (28 de Janeiro de 1908 a 5 de Outubro de 1910)*, compilação e edição de José Maria Nunes, Lisboa, 1912.

acções de bombardeamento dos marinheiros revolucionários sediados nos vasos de guerra surtos no Tejo; e a desmoralização, apatia e ineficácia de comandos das forças monárquicas. Pelas nove horas da manhã do dia 5 de Outubro, os dirigentes republicanos José Relvas e Eusébio Leão faziam a proclamação do novo regime de uma das janelas da Câmara Municipal de Lisboa.

Caíra a *Monarquia da Carta!* Nascera a *República*, herdeira do liberalismo vintista!

CAPITULO II

VICISSITUDES E AMADURECIMENTO NO TEMPO DUMA JOVEM REPÚBLICA

Implantada a República, uma das primeiras medidas tomadas pelos novos senhores dos destinos do País foi a de distribuir prebendas e sinecuras por todos aqueles que, aos seus olhos e numa escala gradativa, haviam merecido e continuavam a merecer confiança política. Com todo esse significado, a Leonardo Coimbra foi oferecido o modestíssimo posto de administrador do concelho da Maia. Começou por aceitar mas, na prática, toda a sua participação pouco foi além do mero acto de tomada de posse. Consta que no decorrer de uma digressão que fez pelo rural e suburbano concelho de que era administrador, teria tido para um seu acompanhante, o jornalista Oldemiro César, as palavras seguintes: «Quer você substituir-me neste cargo público?»[1]. Não é de estranhar este relativo ostracismo votado à figura de Leonardo pelos novos poderes instituídos, sabendo-se que o tribuno, se bem que militante da causa da República e da propaganda e comícios do Partido Republicano, não se apartara das suas ideias libertárias (o anarquismo fora uma das correntes de pensamento que haviam contribuído para a queda da monarquia) e sempre se mostrara inflexível adversário da mentalidade positivista dos magnatas do novo regime.

Assim, ao tomar posições públicas contrárias às doutrinas que funcionavam como alicerce ideológico dos poderes estabelecidos, Leonardo iria, necessariamente, pagar um preço. Enquanto que outras personalidades encontravam cargos e empregos honrosos na República (foi o caso, por exemplo, de Guerra Junqueiro, nomeado ministro plenipotenciário de Portugal na Suiça), a ele, Leonardo Coimbra, homem que não abdicava duma visão crítica e não se encontrava filiado no Partido Republicano (somente em 1914 aderirá), apenas lhe eram oferecidos desempenhos obscuros e pouco compatíveis com o seu temperamento e a sua pujança intelectual. São exemplo disso, este modestíssimo lugar de administrador do concelho da Maia e, cerca de um ano mais tarde, em Outubro de 1911, o não menos apagado cargo de director de um internato para

---

[1] Cf. Dionísio, Sant'Anna, *Leonardo Coimbra*, O *Filósofo e o Tribuno...*, p. 37.

órfãos e desamparados, em Braga[2]. Esta última experiência foi-lhe particularmente desagradável, porquanto, logo à chegada ao Colégio dos Órfãos de Braga, Leonardo condenou e tentou suprimir os processos educativos tradicionais ali vigentes, os quais incluíam maus-tratos físicos, coacções morais e intimidações de cariz religioso, brutalidades achadas ou consideradas próprias nesses tempos e lugares. Contra tudo isso, o novo director tentou impor na instituição um tratamento de bondade e de carinho para com as crianças, exigindo para elas alimentação e vestuário dignos e uma educação e instrução mais livres, mais humanas e, acima de tudo, isentas de castigos corporais. Por mais de uma vez, Leonardo se viu obrigado a intervir fisicamente para libertar crianças das mãos dos seus algozes. Mas, bondade e humanitarismo não passavam de palavras demasiado vagas para as rotineiras e obtusas cabeças dos funcionários do orfanato e do burgo. Logo o provedor, o perfeito, os professores e até as autoridades locais começaram a mover-lhe uma guerra, ao princípio surda, com acusações veladas de «desordeiro» e «anarquista»; depois declarada, com grosserias, ameaças e calúnias. Não descortinando outra saída para a situação, Leonardo decidiu demitir-se.

Magoado com os acontecimentos, regressou ao Porto e ao seu lugar de professor de liceu. A tristeza e a amargura que lhe ficaram do incidente de Braga repassam da entrevista que sobre o assunto concedeu ao jornal *A Montanha*, em que produz afirmações como as seguintes: «Superstição, mesquinhez e espírito retrógrado foi o que vi [...] Ainda dentro do colégio, mas já demitido, recomeçaram as selvajarias. E foi pela força física, visto que para eles a moral tinha já desaparecido, que os obriguei a entrar na ordem»[3].

Por aqui se vê que os ecos de uma revolução feita sob as boas intenções de trazer progresso e civilização e benefícios aos mais desfavorecidos, ainda não haviam chegado a muitos locais do país e sobretudo não haviam entrado nas mentes estreitas das pessoas desses locais. Verdade era que a revolução fora feita na distante Lisboa e que à província chegara apenas por telégrafo. Para além disso, os revolucionários, afadigados com a consolidação do regime e com a distribuição de poderes, nada mais tinham feito. De resto, para promover os novos ideais seria preciso que afinassem e aprovassem uma estratégia comum e nela se empenhassem. Ora, nada disso acontecia e, decerto, não seria suposto que acontecesse, sabendo-se quanto, de há muito, era frágil a unidade dos republicanos. A seguir à *Proclamação*, acto solene e formal da inauguração do novo regime, foi constituído um Governo Provisório presidido por Teófilo Braga, professor catedrático de literaturas modernas e um dos principais (quiçá, o principal) apóstolos do positivismo em Portugal. No entanto, os homens que, nesta fase inicial, mais efectivamente conduziram os negócios políticos do país foram os ministros da Justiça, Afonso Costa; do Interior, António José de Almeida; e do Fomento, Brito Camacho[4]. Todos eles dirigentes do Partido Republicano Português, e nessa qualidade

---

[2] Cf. César, Oldemiro, «Leonardo Coimbra é nomeado Reitor do Colégio dos Órfãos», in *A Montanha*, n.º 202, de 24/10/1911, p. 1.

[3] «A Montanha» n.º 246 de 15 de Dezembro de 1911, in *Leonardo Coimbra, Testemunhos...*, p. 307.

[4] Manuel Brito Camacho (1862-1934), médico e jornalista, fundador do jornal *A Luta*, em 1906. Ministro do Fomento do *Governo Provisório*. Republicano conservador, funda o *Partido da União Republicana*. Apoia os inícios do movimento dezembrista que visa derrubar o governo de Afonso Costa em 1917, mas

líderes de diferentes correntes de pensamento que já claramente se desenhavam no seio do partido e que, constituindo factores de crise, haveriam de conduzir a cisões e à criação, no campo republicano, de três partidos distintos. O pecado original deste primeiro governo da República era o de que ele simplesmente aparecera, isto é, não fora investido nas suas funções por qualquer corpo ou entidade com legitimidade revolucionária, facto que não deixou de constituir para o próprio governo, para a revolução e para o país, uma permanente fragilidade.

No plano das realizações políticas, de imediato se colocava a necessidade de promover a existência de uma Constituição adaptada às novas realidades da nação portuguesa. Preparou-se então nova legislação eleitoral que veio a ser validada por Decreto de 14 de Março de 1911, o qual, em conjunto com outro decreto datado de 5 de Abril, revogava a *ignóbil porcaria* (só então) e concedia o direito de voto a todos os cidadãos maiores de 21 anos, alfabetizados ou chefes de família. Não era ainda o sufrágio universal, julgado então prematuro num país com uma percentagem de analfabetos a rondar os 80% e onde o fenómeno do caciquismo era uma realidade que permanecia forte. Perante tais condicionalismos, entendeu o governo provisório que do sufrágio universal adviria uma votação maioritariamente inconsciente, facto que se traduziria numa perversão da liberdade de escolha e num desvirtuamento dos fins e objectivos a alcançar. O acto eleitoral para a Assembleia Nacional Constituinte (ANC) decorreu a 28 de Maio desse ano de 1911, num sufrágio em que só houve eleições em cerca de metade dos círculos eleitorais, dado que, em muitas circunscrições, os candidatos foram declarados eleitos por o seu número não ser superior ao dos deputados a eleger. Reunida, pela primeira vez, a 19 de Junho, a ANC, como órgão de soberania eleito, formalizou e oficializou os actos de abolição da Monarquia e de instituição da República, confirmando ainda os poderes do Governo Provisório. O novo texto constitucional, aprovado e promulgado a 21 de Agosto de 1911, tinha como traços mais salientes a consagração da República como regime e forma única de governo; a assunção do sistema bicameralista; a tripartição dos poderes; e a amplitude dos direitos e garantias individuais. No dia 24 de Agosto, o Congresso da República (reunião das duas câmaras – Deputados e Senado) elegeu para o cargo de Presidente da República o Dr. Manuel de Arriaga[5], advogado e professor de liceu e velha e estimada figura de dirigente republicano. Em torno desta eleição agudizaram-se as clivagens existentes no seio do P.R.P., no contexto de uma luta que opôs dois candidatos: Bernardino Machado pelos afonsistas e Manuel de Arriaga por um então formado «bloco» de almeidistas e camachistas. Na eleição presidencial, Arriaga obteve 121 votos contra 86 de Bernardino. Esta correlação de forças foi transportada para a Câmara de Deputados e para o Senado, daí resultando que os parlamentares afonsistas, organizados sob a denominação

retira-se do processo nas vésperas da revolta de cinco de Dezembro de 1917. Alto-Comissário em Moçambique de 1921 a 1923. Ver *Dicionário de História de Portugal, Direcção de Joel Serrão*, ..., Vol. I, p. 440.

[5] Manuel José de Arriaga Brum da Silveira (1841-1917), advogado, político, escritor, foi deputado republicano antes de 1910. Presidente da República de 5 de Maio de 1911 a 27 de Maio de 1915. Sobre esta figura ver *O Diário de João Chagas*, vols. I e II, Lisboa, 1929 e *Dicionário de História de Portugal*, Direcção de Joel Serrão, ..., vol. I, p. 207. Sobre presidentes da República e sua acção no contexto político-institucional da I República, ver *Os Presidentes da República Portuguesa*, Coordenação de António da Costa Pinto, Lisboa, Temas e Debates, 2001.

de «Grupo Parlamentar Democrático», quer numa câmara quer na outra, ficassem em minoria. Mas o «bloco» era uma construção de circunstância, destinada a impedir a eleição de Bernardino Machado e, como tal, a breve trecho se desfaria.

Eleito um presidente da República, o Governo Provisório apresentou a sua demissão, a qual, de imediato, foi aceite. Para trás ficava uma obra legislativa e governativa com altos e baixos, mas que, numa apreciação de conjunto, se afirmaria como positiva, com destaque para pontos como a reforma da instrução pública (com especial incidência no ensino primário e no ensino superior) e a reforma religiosa – *Separação da Igreja do Estado* –, mau grado a insanável polémica que esta última levantou e ainda levanta. Neste contexto da governação exercida pelo Governo Provisório, dever-se-á realçar ainda o excelente trabalho feito pelo Ministro dos Negócios Estrangeiros, Dr. Bernardino Machado, que com inexcedível habilidade e tacto diplomático foi tranquilizando as nações estrangeiras quanto à natureza e intenções do regime saído da *Revolução da Rotunda*. Para além do indiscutível alcance social e político da obra legislativa e da actuação deste governo é visível, nesse esforço, uma intenção de apagar, tanto quanto possível, vestígios do regime deposto a 5 de Outubro de 1910 e de obter o reconhecimento do regime republicano português no contexto de uma Europa monárquica e conservadora, onde apenas dois países, a França e a Suiça, eram repúblicas.

O primeiro Governo Constitucional da República Portuguesa tomou posse a 4 de Setembro de 1911. Era presidido por João Chagas, homem de letras e jornalista, à data Ministro Plenipotenciário de Portugal, em Paris. Com um passado longo de luta contra a monarquia, a sua indigitação para chefe do executivo era, em grande parte, devida ao prestígio que gozava junto das camadas populares republicanas. Mas, neste passo de constituição de governo, Chagas apenas pôde contar com personalidades bloquistas, posto que os democráticos se mostraram, para tal, indisponíveis. Não obstante, no Parlamento declararam o seu apoio ao gabinete ministerial de Chagas se fosse feita «obra de eficácia e oportunidade política». Portugal entrava assim numa fase de normalidade constitucional, facto que favorecia o reconhecimento do regime por parte das nações estrangeiras, isso apesar de alguma instabilidade política.

No primeiro aniversário da República, a 5 de Outubro de 1911, Paiva Couceiro[6], um outro herói da Rotunda, neste caso por banda dos monárquicos, fez a sua primeira incursão contra-revolucionária, entrando por Bragança à frente de uma coluna de cerca de 1000 homens mal armados. Apoderou-se da vila de Vinhais onde proclamou a monarquia e hasteou a bandeira azul e branca. Somente a 9 de Outubro, o governo da República enviou uma força de cerca de 400 marinheiros para combater os guerrilheiros de Couceiro. O confronto armado limitou-se a algumas escaramuças, após o que, desgastados, os invasores retiraram para Espanha. A responsabilidade pela frouxa resposta dada pelo Governo à ofensiva monárquica foi imputada ao Ministro da Guerra, general Pimenta de Castro, que no contexto dos acontecimentos teve um

---

[6] Henrique Mitchell de Paiva Couceiro (1861-1944), militar e político, destacou-se nas campanhas de ocupação do território de Angola e de dominação dos povos indígenas. Em 1907, D. Carlos nomeou-o Governador-Geral de Angola. De profundas convicções monárquicas, bateu-se valorosamente contra a Revolução Republicana de Outubro de 1910. Combateu as tropas de Machado Santos, na Rotunda e depois comandou as chamadas «incursões monárquicas». Ver *Dicionário de História de Portugal*, Coordenação de António Barreto e de Maria Filomena Mónica, ..., vol. VII, suplemento A/E, pp. 457-458.

comportamento dúbio e vacilante, de tal forma que criou junto dos meios republicanos a ideia de que pactuava com o inimigo, sendo, por isso, exonerado das suas funções e substituído por outro militar, o tenente-coronel Alberto da Silveira.

Um Congresso do Partido Republicano Português, realizado em Lisboa, de 27 a 30 de Outubro de 1911, teve o dom de aprofundar ainda mais as já muito cavadas divisões entre os republicanos. Nesse campo de acção, os democráticos conseguiram eleger um novo Directório cujos membros lhes eram, maioritariamente, afectos. Logo Brito Camacho veio a público no seu jornal, *A Luta*, para dizer que estava definitivamente desfeita a unidade do Partido, enquanto que, contrariamente, Bernardino Machado em *O Mundo* fazia um apelo à unidade de todos os republicanos. Todavia, as desinteligências, obedecendo a diferenças de ideologia e de praxis políticas, configuravam já a existência de partidos no seio da família republicana. Uma tal situação levou João Chagas a considerar que não existiam mais os pressupostos de unidade republicana que tinham presidido à formação do seu Ministério e assim sendo, o mesmo já não era representativo das forças em presença. A sete de Novembro, o executivo demitia-se em bloco. Seguiu-se o governo do professor Augusto de Vasconcelos[7] que, para além da figura do presidente, integrava, como ministros, três democráticos e quatro bloquistas. Feita a sua apresentação no Parlamento a 16 de Novembro foi ali bem recebido e apoiado.

Com este novo governo reacendeu-se a chamada *Questão Religiosa*[8], posto que na Justiça estava agora António Macieira, advogado que durante a fase do Governo Provisório tinha sido o mais precioso auxiliar de Afonso Costa na feitura das leis do Registo Civil e da Separação da Igreja do Estado. Sendo então estas leis da República desrespeitadas por alguns hierarcas da igreja, o Ministro mandou instaurar processos judiciais aos Bispos da Guarda e do Algarve e ao próprio Cardeal Patriarca de Lisboa, D. António Mendes Belo. Em Janeiro de 1912, foram aqueles dignitários da igreja católica condenados à pena de desterro, especificadamente ficaram interditos de entrarem nos seus distritos e dioceses por um período de dois anos.

Factores de crise governamental começaram entretanto a desenhar-se em torno do chamado «Caso Ambaca» (Companhia de Caminhos de Ferro de Angola), com os ministros bloquistas a divergirem da actuação do seu colega democrático Freitas Ribeiro, que detinha a pasta das Colónias. Por outro lado, um incidente parlamentar levava, em Março, a Câmara de Deputados ao rubro: numa intervenção em que anunciava a fundação do Partido Evolucionista (o seu partido), António José de Almeida fez, concomitantemente, uma proposta para concessão de uma amnistia aos conspiradores implicados na intentona monárquica de 5 de Outubro de 1911. Aos múltiplos protes-

---

[7] Augusto César de Almeida Vasconcelos Correia (1867-1951), professor de medicina, republicano independente, próximo de Brito Camacho e amigo pessoal de Afonso Costa. Embaixador em Madrid. Ministro dos Negócios Estrangeiros do I Governo Constitucional; Presidente do Ministério de 12 de Novembro de 1911 a 16 de Junho de 1912, acumulando com a pasta dos Negócios Estrangeiros; Ainda Ministro dos Negócios Estrangeiros em 16 de Junho de 1912, até 9 de Janeiro de 1913, no governo de Duarte Leite; Delegado português à *Sociedade das Nações* em 1934-1935.

[8] Sobre o assunto ver Moura, Maria Lúcia de Brito, *A Guerra Religiosa Sob A I República – O Impacto da Lei da Separação*, Dissertação de Doutoramento apresentada à Faculdade de Letras da Universidade de Coimbra, em 2004.

tos vindos de todas as bancadas, juntaram-se os gritos do público que nas galerias se manifestava. A proposta foi recusada, com nítido prejuízo para o prestígio de António José e para a credibilidade do seu anunciado partido.

Em 24 e 26 de Fevereiro de 1912 tiveram fundação oficial, respectivamente, os Partidos Evolucionista e Unionista. Foram somente actos de oficialização de uma situação já de facto vivida. O espectro político-partidário passou assim a apresentar, à esquerda, o Partido Democrático, herdeiro das estruturas e das tradições do velho Partido Republicano Português; à direita deste ficavam o Partido Evolucionista, liderado por António José de Almeida e que se colocava num centro-direita de cariz ruralista e o Partido da União Republicana ou Partido Unionista, grémio de intelectuais conservadores liderado por Brito Camacho. Entrementes, o Partido Democrático reunido de novo em Congresso em Braga, a 26 de Abril desse ano de 1912, confirmou a hegemonia de Afonso Costa, reelegendo o Directório. Nesse Congresso foi decidido manter a denominação de Partido Republicano Português, símbolo, só por si, da tão almejada mas para sempre perdida unidade. Facto notável é o de não se ter gerado, nestes primeiros anos da República, nem, diferentemente, nos seguintes, uma bipolarização partidária que conduzisse a um rotativismo. Isso deveu-se, em primeiro lugar, à posição maioritária do Partido Democrático continuadamente demonstrada nas urnas e, em segundo lugar, às divergências profundas existentes entre Almeida e Camacho, factor que sempre se revelou impeditivo de coligações ou acordos eleitorais.

Totalmente arredado destas convulsões políticas encontrava-se Leonardo Coimbra que, por esta altura, decidira concorrer a uma vaga de professor assistente de Filosofia na recém-criada Faculdade de Letras da Universidade de Lisboa[9]. Para o efeito dedicou-se afincadamente ao trabalho de preparação e elaboração de uma tese, na qual o autor faz o esboço de uma metafísica de liberdade e de superação de determinismos e onde coloca e defende, como base fundamental da formação do conhecimento, a dialéctica que se gera entre a realidade e a actividade do pensamento. Foi com esta tese, escrita em mês e meio (de 5 de Maio a 20 de Junho de 1912), que se apresentou ao júri que integrava, como principal arguente, o professor Silva Cordeiro, o qual fora seu mestre no Curso Superior de Letras aquando da sua formação para professor do liceu. Este homem, que anteriormente distinguira Leonardo com a sua amizade e apoio, agora, no decorrer do exame, mostrou-se um inflexível inimigo do candidato. Consta que o professor Cordeiro estaria preventivamente animado contra o examinando, pois teria recebido a informação (porventura intencionalmente difundida) de que este chegaria acompanhado duma claque de amigos que viriam assistir à derrota das ideias e postulados positivistas defendidos pelo arguente. Nessa disposição, sentou-se numa das doutorais mais perto do público para que, palavras suas, «eles o ouvissem melhor». Segundo o testemunho de Hernâni Cidade,[10] «o candidato não mais pôde alinhar um

[9] Instituição criada pela República e que substituía o Curso Superior de Letras fundado pelo rei D. Pedro V, a expensas, em parte, da sua lista civil (compare-se tal com o perdularismo de D. Carlos).

[10] Hernâni António Cidade (1887-1975), professor universitário, jornalista e escritor. Foi autor de numerosas obras, especialmente em história da literatura. Grande estudioso de Luís de Camões, de Bocage e de Antero de Quental. Colaborou na Revista *A Águia* e na *Renascença Portuguesa*. Republicano e democrata, participou na luta contra o *Estado Novo*. Ver *Dicionário de História de Portugal*, Coordenação de António Barreto e Maria Filomena Mónica, ..., Vol. VII, suplemento A/E, p. 314.

argumento nem quase uma frase até ao fim. O arguente interrompia-o para lhe notar o que inculcava como erros ou contradições»[11]. Forçado a desistir, Leonardo lavrou um protesto que fez assinar por algumas testemunhas. Mais tarde, avistando-se com Hernâni Cidade, diria: – «Acompanhado de *claque?!...* Eu nem de mim próprio ia acompanhado. Tinha-me falecido um filho havia pouco...»[12]. Era verdade! Poucos dias antes do concurso, a 29 de Junho de 1912, o seu primogénito morrera subitamente, após curto período de doença.

Ainda hoje os estudiosos da figura de Leonardo Coimbra se interrogam sobre a possibilidade (por muitos aventada, com base neste e noutros episódios) de o professor Cordeiro não estar de plena posse das suas faculdades mentais e também sobre a eventualidade de haver qualquer fundo de verdade quanto à propalada notícia da claque ou roda de amigos que acompanharia Leonardo para assistir à derrota do positivismo e do examinador. Quanto à primeira questão, havendo ou lendo-se no comportamento de Silva Cordeiro somente meros e subjectivos sinais, torna-se óbvia a sua incomprovabilidade; já no que respeita à segunda, afigura-se-nos muito inverosímil que um espírito leal e frontal como o era Leonardo Coimbra arquitectasse e pusesse em prática um tal plano, para mais desalentado que estava pela morte recente de um filho. A dar força a este raciocínio existe o facto de no acto não ter estado presente claque alguma.

O facto é que da tese rejeitada nasceu um livro, editado pela *Renascença Portuguesa* em 1912, com o título *O Criacionismo – Esboço de Um Sistema Filosófico* e com uma segunda parte com o subtítulo *Síntese Filosófica.* É uma obra central no pensamento de Leonardo Coimbra, mas que ao tempo foi incompreendida por grande parte dos filósofos e dos estudiosos de Filosofia. Por um lado, porque densa e pouco inteligível em certas passagens, por outro lado, porque remava contra a maré, ou seja, consubstanciava, nas diversas questões e problemas abordados, uma visão idealista, manifestamente contrária aos credos materialistas que então marcavam culturalmente a sociedade portuguesa. Recusando quaisquer determinismos, propõe, quanto à ideia de construção do conhecimento e da ciência, uma doutrina e um *modus operandi* diametralmente opostos ao do positivismo[13], isto porque, na filosofia criacionista, a ciência é construída não sobre coisas mas sobre noções, figurando estas como um momento de um processo dialéctico que envolve, por um lado, a realidade e, por outro lado, essa capacidade da mente humana que é o pensamento. Neste processo, a realidade é ideada e construída a partir da ciência, tomada esta provisoriamente como realidade que se basta. Asserções como «o espírito humano é criador e tem a liberdade

[11] Cidade, Hernâni, «Depoimento Dum Companheiro de Trabalho», *in L. Coimbra, Testemunhos...*, p. 47.

[12] Idem, *Ibidem*, p. 48.

[13] Todavia, o pensamento sempre aberto de Leonardo Coimbra não se terá mostrado insensível à possibilidade de uma síntese entre o positivismo e o idealismo, numa perspectiva em que o positivismo, em posição de subalternidade perante o idealismo, fosse por este temperado e humanizado. Ademais, Leonardo, enquanto filósofo e homem de ciência, não desvalorizava a hierarquização comtiana das ciências. Sobre esta questão ver Ribeiro, Henrique Carlos Jales, *Experiência e Filosofia em Leonardo Coimbra* (Tese de Mestrado apresentada à FLUC), Coimbra 1989, pp. 14-17.

de opor ao fluxo sensual, afirmações ideais»[14] e «o homem não é uma inutilidade num mundo feito, mas o obreiro dum mundo a fazer»[15] constituem um *leitmotiv* na movimentação do pensamento leonardino. O próprio problema da existência de Deus é, em Leonardo Coimbra, não uma questão de fé, mas antes um acto de intensa racionalidade, uma vez que é pelo exercício continuado e laborioso do pensamento que se chega à percepção da presença do absoluto, do transcendente, do eterno, ou, nas palavras de Pedro Calafate, «o movimento dialéctico do pensamento vai culminar no engolfamento no Absoluto, que é Deus.»[16] Completamente identificado com a actividade do pensamento surge o método dialéctico que Leonardo classifica como «método pedagógico». E, acrescenta: «Chega às últimas e supremas ideias, mas por um progressivo esforço; ergue-se ao céu, mas sem deixar o contacto da terra; chega a Deus, mas sem abandonar o mundo e o homem»[17]. Uma das originalidades da obra é a de o nosso filósofo pensar em português ou, por outras palavras, dar nascimento a uma filosofia de expressão portuguesa que, merecidamente, pode emparelhar com outras expressões filosóficas ou escolas, designadamente a francesa ou a alemã. Neste mesmo sentido de uma forma de pensar portuguesa, *O Criacionismo* é percorrido pela ideia da *Saudade*, entendida esta na sua acepção pascoaliana, ou seja, como elemento identificador do modo de ser português. Outra originalidade resulta do facto de, em todo o panorama filosófico português, Leonardo ser a excepção que criou um sistema próprio, posto ser verdade que todos os outros pensadores portugueses pouco além foram da interpretação e comentário de obras de outros autores, mormente estrangeiros. Da circunstância de o livro ter sido escrito de rajada (300 páginas em 45 dias) e de se tratar de uma tese a apresentar a um concurso, resultaram alguns condicionamentos, sobretudo uma linguagem e um estilo menos cuidados e um conteúdo nem sempre suficientemente claro. Muitas destas insuficiências encontram-se resolvidas em obras posteriores, nas quais se dá, também, uma maior precisão e desenvolvimento aos temas tratados neste seu primeiro e importante livro.

Verdade é, porém, que, quer o esforço, quer o valor da obra, não foram apreciados pelo professor Silva Cordeiro. A história dos homens está cheia de exemplos de espíritos brilhantes incompreendidos no seu tempo e, por isso mesmo, malqueridos e injustiçados. Todavia, uma mente poderosa como era a de Leonardo não sentiu nem considerou o incidente havido como uma derrota pessoal. De volta ao Porto, entregou-se com o mesmo ânimo à actividade de professor, de educador e de escritor, dirigindo a revista *A Águia* e leccionando na Universidade Popular do Porto, ao mesmo tempo que, qual Sócrates dos tempos modernos, ia exercendo um magistério de rua pelas artérias que levam até aos cafés da baixa, em encontros esporádicos com amigos, alunos, discípulos,

---

[14] «O Criacionismo», p. 5, citado por Marinho, José, *O Pensamento Filosófico de Leonardo Coimbra e outros textos*, Edição de Jorge Croce de Rivera, Lisboa, Imprensa Nacional Casa da Moeda, 2001, p. 132.

[15] Idem, *Ibidem*, p. 2.

[16] Calafate, Pedro, *História do Pensamento Filosófico Português*, Lisboa, Editorial Caminho, 2000, vol. V, T. 2, p. 85.

[17] Leonardo Coimbra, «O Criacionismo, Esboço de Um Sistema Filosófico», in Obras de Leonardo Coimbra, coordenação e revisão de Sant'Anna Dionísio, vol. I, Porto Lello, 1983, pp. 10/11, citado por Caeiro, Francisco da Gama, «Os Fundamento da Educação na Filosofia de Leonardo Coimbra», in *Didaskália*, vol. XVII..., p. 146.

operários, admiradores, nisso se comprazendo em conversas e em tertúlias, discutindo, palestrando, ensinando, sempre com deslumbre por parte de quem o ouvia.

As Universidades Populares foram uma criação da *Renascença Portuguesa*, movimento cultural e político de que Leonardo fez parte desde a primeira reunião preparatória, ocorrida em 1911, no Choupal, em Coimbra. A partir das propostas de Jaime Cortesão, que tinha estudado a origem e a fundação das Universidades Populares Francesas, os renascentes lançaram-se na concretização desse projecto em Portugal, tendo em conta, naturalmente, as especificidades do nosso meio social. A primeira destas Universidades surgiu no Porto, em Junho de 1912, seguindo-se Coimbra em Novembro de 1912 e depois Vila Real em Dezembro de 1913. Os propósitos da *Renascença Portuguesa* eram fomentar a cultura junto do povo português por meio de manifestos, revistas, conferências e também através de bibliotecas e escolas. Tratava-se de uma luta pela liberdade e pela identidade cultural de um povo, a coberto das expectativas de aperfeiçoamento da sociedade portuguesa trazidas pelo 5 de Outubro de 1910. Das afirmações que produziram e das iniciativas que tomaram, infere-se que os intelectuais que compunham a *Renascença* haviam chamado a si próprios o ambicioso papel de principais educadores e formadores da consciência cívica do povo português, ao mesmo tempo que pretendiam exercer a sua influência junto dos poderes políticos, no sentido de serem empreendidas as reformas que, em seu entender, eram necessárias para a concretização dos mais puros ideais republicanos, ou, por outros dizeres, «o propósito destes jovens era dar um conteúdo renovador e fecundo à revolução republicana»[18]. Apesar de ter havido a preocupação de adaptar os cursos à realidade cultural do Portugal de então e de se ter procurado atrair o interesse dos operários, a frequência das aulas por parte destes foi diminuta, vindo a Universidade Popular do Porto a registar uma grande afluência de alunos oriundos da classe média. No entanto, às lições de Cristiano de Carvalho[19] sobre a *Comuna de Paris*, os operários assistiram em grande número. No empreendimento cultural e educativo que foi a criação da Universidade Popular do Porto, Leonardo participou em conferências preparatórias, preparou e ministrou lições inaugurais, fez parte de comissões e regeu as cadeiras de *Filosofia* e de *História da Filosofia*. Muito aplaudido e elogiado foi o discurso que proferiu em 24 de Novembro de 1912, na inauguração da Universidade Popular de Coimbra, projecto em que estiveram envolvidos, entre outras personalidades coimbrãs, os professores Mendes dos Remédios e Joaquim de Carvalho[20].

Leonardo Coimbra, a par de outros grandes vultos como Jaime Cortesão, Teixeira de Pascoaes, Raul Proença[21], foi um dos espíritos mais influentes da *Renascença* e,

[18] Alves, Ângelo, «Da Paixão da Verdade à Conversão ao Catolicismo», in *L. Coimbra, Filósofo do Real e do Ideal, Colectânea de Estudos*, Instituto Amaro da Costa, Lisboa, 1985, p. 224.

[19] Talentoso desenhador, nascido no Porto em 1874. Os seus trabalhos espalharam-se por uma profusão de revistas e por muitos cartazes. Figura de boémio, muito popular no Porto, transportava uma aura de um passado revolucionário em que, exilado em Paris, aí travara relações de amizade com Kropotkine. Diz-se que, mais tarde, terá dado abrigo a Leon Trotsky, na sua casa de Matosinhos.

[20] Ver *A Montanha* de 28 de Novembro de 1912.

[21] Raul Sangreman Proença (1884-1941), natural de Caldas da Rainha, era diplomado pelo Instituto Superior de Comércio. Publicista de renome, colaborou intensamente em jornais regionais durante a fase da propaganda republicana. Funcionário da Biblioteca Nacional, tornou-se a maior autoridade portuguesa

reconhecidamente, o seu filósofo. Publicou dezenas de artigos sobre politica e educação e sobre problemas religiosos e filosóficos nas duas revistas ligadas ao movimento – *A Águia* e a *Vida Portuguesa*. Igualmente foram publicadas nestes periódicos muitas das conferências e palestras que proferiu. Os seus escritos e os seus discursos evidenciam uma linha de pensamento cujas primeiras cristalizações se encontram em Sampaio Bruno e que consubstancia um conjunto de proposições filosóficas manifestamente anti-materialistas e anti-positivistas.

Pouco tempo após o seu regresso ao Porto, depois do desagradável incidente havido em torno da sua candidatura à docência de uma cadeira de filosofia da Faculdade de Letras de Lisboa, o professor de liceu, Leonardo Coimbra, viu-se envolvido em outro dissabor, originado pelas visões curtas de alguns espíritos mesquinhos. Homem pouco dado a convenções, tinha para com os seus alunos um relacionamento muito aberto, acamaradando com eles em conversas de rua e de café. Era uma conduta que aos olhos dos reitores dos dois liceus da cidade do Porto se mostrava, de todo, intolerável, porque não consentânea com as normas que, em seus juízos, deviam reger as relações entre professores e alunos. Assim, da mesma forma como Sócrates se tornou inimigo da ***pólis*** por, alegadamente, corromper a juventude, Leonardo, por razões similares, tornou-se um alvo a abater por essas duas arcaicas eminências. Animadas desse propósito, aproveitaram a emergência de um tumulto de estudantes para atribuírem a Leonardo Coimbra a responsabilidade pela ocorrência do mesmo. E, se bem que as provas ou argumentos apresentados fossem meramente presuntivos e de extrema subjectividade, a verdade é que prevaleceram as suas acusações junto das autoridades com alçada sobre o assunto.

Suspenso das suas funções de professor do Liceu Rodrigues de Freitas, encontrou-se de repente numa apertada situação económica. Para garantir a sua subsistência e a dos seus, viu-se forçado a afastar-se do Porto e a procurar um lugar de professor no liceu da Póvoa de Varzim. O grande problema é que na ida para aquela vila piscatória foi precedido pela sua fama de anarquista e de dissolvente da tradição e da sociedade, o que, naturalmente, alarmou as autoridades locais e os pais dos alunos, predispondo-os a impedir a entrada, no seu meio, de uma tal personagem. Valeu-lhe, na circunstância, uma amizade antiga que o ligava a António dos Santos Graça, republicano democrático que na Póvoa era presidente do Partido Republicano Português e pessoa muito influente. Santos Graça conseguiu acalmar o espírito dos poveiros quanto à pessoa de Leonardo Coimbra, tornando assim possível a sua tomada de posse como professor do liceu local, ainda que com algumas reticências e reservas. Mas, passados poucos dias, foi Leonardo convidado a discursar numa festa de beneficência, o que fez, e de tal modo o fez que o numeroso auditório, empolgado com as suas palavras, o aplaudiu e felicitou vivamente. Foi essa a chave que abriu o coração das pessoas do burgo poveiro, que a partir de então passaram a admirá-lo e a acarinhá-lo, quer enquanto

---

em biblioteconomia. Republicano e democrata, combateu generosamente pela causa da República. Sobre a vida e a obra desta importante figura política e intelectual, ver Santos, Fernando Piteira, *Raul Proença e a Alma Nacional; Da colaboração com António José de Almeida à ruptura*, Lisboa, Publicações Europa-América, 1979. Ver também Reis, António, *Raul Proença, Antologia – 1 e Antologia – 2*, Lisboa, Ministério da Cultura, 1985.

professor do liceu, quer pelos seus dotes de grande orador, quer ainda pela abundante prosa com que encheu a imprensa local[22].

Orador já muito conhecido e requestado, a 23 de Julho de 1913, dissertando sobre o tema *A Morte*, proferiu uma memorável conferência no Centro Comercial do Porto. Reduzida a escrito, a conferência deu um pequeno livro editado pela *Renascença Portuguesa*, nesse mesmo ano. O problema da morte, angústia ancestral dos homens, sendo algo que sempre fez parte das reflexões do nosso pensador, começou a revelar-se com mais intensidade após a morte do seu primeiro filho em 1912. Neste seu primeiro livro sobre o tema, patenteia a ideia de que os pavores da morte se apagam face a uma concepção dialéctica do ser e de que a natureza não faria sentido sem a existência de uma transnatureza. A memória é um factor essencial da natureza e é, justamente, na conservação das memórias pessoais que reside a possibilidade da sobrevivência. É este um assunto que fará parte de posteriores livros seus como A *Luta pela Imortalidade* (1918) e *Do Amor e da Morte* (1922), fechando este último a trilogia que, especificamente, dedicou a esta temática[23]. No seu trajecto literário, o seu pensamento tem desenvolvimentos em que se registam mudanças qualitativas. Segundo António Quadros, paralelamente a esse trajecto foi-se desenhando o caminho que conduziu o autor à conversão ao catolicismo[24].

Como atrás se disse, Leonardo Coimbra fez parte importante daquele grupo de jovens renascentes que, generosamente e com sentido patriótico, haviam chamado a si a colossal mas apaixonante tarefa de instruir e educar os portugueses, num quadro político de uma revolução ainda em marcha. Nisso se substituíram aos poderes instituídos, cujos principais intérpretes, dessas atribuições se haviam desviado, enleados que estavam em diferendos entre si e em assegurar a ordem pública e a consolidação do novo regime. Neste quadro, o Partido Democrático, com grande peso representativo e político dentro e fora do Parlamento, condicionava governações e governantes. Em Junho de 1912, os democráticos provocaram a queda do governo do professor Augusto de Vasconcelos, por manifesta desconfiança em relação à figura do Ministro do Interior, o unionista Silvestre Falcão. O encargo de formar novo governo foi cometido ao professor da Politécnica do Porto, Duarte Leite[25] que, após uma primeira desistência, conseguiu formar um ministério de concentração partidária. Sendo a tomada de posse a 16 de Junho, passados poucos dias, a 6 de Julho, teve o novo executivo de se defrontar com uma segunda incursão monárquica, de novo capitaneada por Paiva Couceiro. De imediato, o governo mandou seguir tropas para o norte a fim de reforçar as guarnições locais. Entrados mais uma vez pela Galiza, os assaltantes, desta feita em maior número e melhor armados, vieram com a intenção firme de restaurar

---

22 Sobre este período da vida do filósofo ver Gomes, Josué Pinharanda, *Leonardo Coimbra na Póvoa de Varzim (1912-1914)*, Separata do Boletim Cultural da Póvoa de Varzim, vol. XXVII, n. 1, 1990.

23 Ver Pimentel, Manuel Cândido, *Filosofia Criacionista da Morte – Meditação Sobre o Problema da Morte No Pensamento Filosófico de Leonardo Coimbra*, Ponta Delgada, Universidade dos Açores, 1994.

24 Cf. Quadros, António, «A Obra de Leonardo Coimbra no Contexto Cultural da sua Época», in *Leonardo Coimbra, Filósofo do Real e do Ideal*, ..., p. 58.

25 Duarte Leite Pereira da Silva, (1864-1950). Lente de Matemática, Ministro das Finanças do Governo de João Chagas de 3 de Setembro a 12 de Novembro de 1911. Presidente do Ministério de 16 de Junho de 1912 a 9 de Janeiro de 1913.

a monarquia. Em três colunas dirigiram-se, separadamente, a Valença, a Vila Verde da Raia e a Chaves. Em todos estes locais, os seus ataques acabaram por ser repelidos pelas forças da República. Após três dias de combates, com baixas de pequena monta, de parte a parte, terminaram os monarquistas por se retirarem, cruzando de novo a fronteira a caminho de Espanha. Os julgamentos dos implicados na conjura decorreram por todo o resto do ano de 1912 e esse foi o assunto que, por igual tempo, animou e acalorou as sessões das Câmaras, com os parlamentares divididos entre os indultos e as condenações.

A derrota monárquica desfizera as ilusões dos que, porventura, ainda esperavam uma mudança de regime. Nessa ambiência, os influentes políticos locais, de norte a sul do país, sempre arrivistas e desejosos de manter os seus poderes, começaram a aderir ao Partido Democrático, pela simples razão de ser este o partido que mais garantias lhes dava de vir a dominar a vida política da Nação e, nesse sentido, de vir também a contemplar a suas expectativas de manutenção dos seus estatutos de pessoas influentes. Ora se o partido de Afonso Costa era já forte, mais forte ficou com essas adesões, de tal forma assim que passou a ser entendimento dos seus dirigentes que deveriam assumir o poder executivo e governar sem parcerias. Ademais, a conjuntura era-lhes propícia, uma vez que o bicéfalo «bloco» almeidista-camachista só ocasionalmente dava apoio parlamentar ao Governo de Duarte Leite e este, naturalmente, vinha-se ressentindo de tal situação. E, muito embora António José de Almeida viesse afirmando que estava pronto a assumir responsabilidades governativas, a verdade é que para tal não reunia quaisquer hipóteses, posto que o seu partido, comparado que fosse com o poderoso Partido Democrático não passaria de mera patrulha política, sendo também certo que num lance de natureza governativa não poderia contar com o apoio incondicional e permanente dos unionistas. Não é pois de estranhar que, em Janeiro de 1913, na sequência do abandono do poder por Duarte Leite, o presidente Arriaga se visse compelido a chamar Afonso Costa para constituir ministério.

Chegado ao poder, à frente do primeiro governo monopartidário da República, a grande preocupação de Afonso Costa foi a de pôr ordem na caótica e sempre deficitária situação financeira do país. Por essa razão acumulou a Presidência do Conselho de Ministros com a pasta das Finanças, encetando uma política de rigorosa contenção orçamental. Para o efeito, criou mecanismos legais adequados, designadamente a famosa *Lei-Travão* que impedia quaisquer gastos fora das condições e especificações de um quadro de despesas previamente definidas e tidas como indispensáveis. Por outro lado, aumentou a receita, instituindo o princípio do imposto progressivo, com isso fazendo os ricos pagarem mais que os pobres. Nos dois exercícios orçamentais que se seguiram à sua tomada de posse como chefe de governo, as Contas do Estado saldaram-se – situações únicas na República – com *superavit*. Naturalmente que a oposição e os inimigos políticos apressaram-se a apoucar e mesmo a denegar o facto.

A 27 de Abril de 1913, eclodiu uma revolta contra o governo, logo prontamente sufocada. Conluiados estavam monárquicos, sindicalistas e republicanos radicais. Pela primeira vez, facto inquietante a indiciar autodilaceração, assistia-se a uma revolta de republicanos contra republicanos. Por detrás do golpe, agindo na sombra, estava o republicano Machado Santos, o herói da Rotunda, declaradamente inimigo público de Afonso Costa. Por todo o mês de Abril se registaram manifestações e atentados bombistas. Afonso Costa prosseguiu, com firmeza, a sua obra governativa, enfrentando greves e atentados à bomba e praticando reformas com produção de nova legislação em matérias como instrução pública, finanças, fiscalidade e direito administrativo. Em 20 de Outubro o Governo neutralizou mais uma tentativa de revolta, desta vez monárquica e que ficou historicamente conhecida por *Primeira Outubrada*. A 16 de Novembro realizaram-se eleições suplementares para preenchimento de lugares vagos na Câmara de Deputados. Arrecadando maior número de votos, os democráticos reforçaram a sua representação parlamentar, passando a dispor de maioria absoluta na Câmara de Deputados. Até então, tinham governado em concertação com os unionistas, ao abrigo de um entendimento táctico entre Afonso Costa e Brito Camacho. Pouco depois, a 30 de Novembro, o Partido Democrático coleccionava outra vitória eleitoral, a das eleições municipais. A partir daí, os unionistas passaram a fazer uma oposição cerrada ao Governo, o que, de resto, favorecia Afonso Costa, posto que, desta forma, ficavam tranquilizados alguns sectores do seu partido que não viam com bons olhos o entendimento com Camacho.

A 4 de Fevereiro de 1914, de novo sob impulso de Machado Santos e de sectores radicais que o apoiavam, grupos de populares (sobretudo operários desagradados com a política anti-sindical do governo) marcharam do Largo de Camões em direcção ao Palácio de Belém, exigindo ao presidente da República a demissão do governo de Afonso Costa. Ouvidos os líderes partidários (note-se que tanto Almeida como Camacho haviam recusado participar na manifestação), Manuel de Arriaga defendeu publicamente uma amnistia para presos e proscritos políticos, a revisão da Lei de Separação e a cessação das hostilidades entre os republicanos. Face à complexa e delicada situação, Afonso Costa apresentou o pedido de demissão colectiva do seu governo. Foi então chamado a formar ministério o Professor Bernardino Machado, independente próximo do Partido Democrático, entretanto regressado do Brasil onde exercera o cargo de Ministro de Portugal no Rio de Janeiro. O seu Governo, constituído por três democráticos e cinco independentes, tomou posse a 9 de Fevereiro, dando início a uma política de apaziguamento (pedida pelo presidente da República) que conseguiu atenuar o clima de exacerbadas paixões políticas em que o país mergulhara: concedeu amnistias, autorizou o regresso de prelados às suas dioceses e prometeu rever a *Lei da Separação da Igreja do Estado*.

Desta forma, chegou o Portugal Republicano às vésperas do primeiro conflito armado à escala mundial, a *Grande Guerra*. Há muito adivinhada, por questões de mercados e de partilhas coloniais, o rastilho que incendiou o barril de pólvora foi a morte do grão-duque Francisco Fernando, herdeiro do Império Austro-Húngaro, assassinado a tiro por um independentista sérvio, em Sarajevo, a 28 de Junho de 1914. Uma guerra que os participantes de um lado e de outro supunham estar resolvida pelo Natal e que acabou afinal por tomar proporções inimagináveis e prolongar-se por quatro longos anos, com um saldo assustador em feridos, mortos e estropiados.

Uma comoção de tal envergadura tinha, necessariamente, de condicionar a política e a economia dos países, directa ou indirectamente envolvidos nas hostilidades. Em Portugal, país de facto beligerante, primeiro em África e depois também na Europa, os efeitos da formidável contenda foram transversais, atingindo, a todos os níveis, o funcionamento das instituições e a vida dos portugueses, com consequências de monta. A história da República passou a confundir-se com a história da guerra e nisso se projectaram também as distintas posições dos grandes chefes políticos: Afonso Costa de resolução pronta pela entrada de Portugal ao lado da Inglaterra; António José de Almeida a pender para aí, inicialmente porém, hesitante; Brito Camacho, tenazmente contra. O pomo da discórdia era, ao momento, a nossa participação nos campos de batalha na Europa, visto que em África a luta armada pela defesa dos territórios de Angola e de Moçambique[26], face aos ataques alemães, era uma realidade que vinha desde o início do conflito. Enquanto uns pensavam que para a defesa do património colonial seria suficiente o esforço militar em África, outros, porventura mais atinadamente, julgavam que, para tanto, era necessária a participação directa no teatro de guerra europeu, posto que somente com uma reconhecida qualidade de país beligerante, Portugal poderia vir a sentar-se à mesa das negociações de paz. Este divisionismo cresceu com o surgimento, à escala nacional, de facções guerristas e facções anti-guerristas[27], epifenómeno de uma teia complexa que ligava sentimentos germanófilos ou anglófilos a motivações políticas, a comodismos e a interesses económicos.

Nesse mar agitado da opinião pública e das opções políticas, Leonardo Coimbra sempre se bateu pela entrada de Portugal na guerra ao lado da Inglaterra, em defesa do que ele chamou «os valores da civilização de aquém-Reno». O filósofo manifesta-se como um entranhado admirador da cultura francesa, em seu entender a paladina estrénua da liberdade. Dele é a frase: «A Alemanha tem o que se gasta, a França o que se renova. Dispondo de tempo é certa a vitória francesa»[28]. Por outro lado, são sobejamente conhecidas as suas públicas tomadas de posição contra o pangermanismo, em artigos e conferências onde também defende a entrada de Portugal no conflito, ao lado dos aliados[29]. Uma posição coincidente com a do Partido Democrático e que poderá ter determinado a adesão oficial ao mesmo, como corolário de aproximações que já se vinham desenhando, publicamente. Um primeiro sintoma dessa aproximação fora já dado com o seu artigo, publicado igualmente no jornal *O Norte*, de Dezembro de 1913. Escrito no contexto de uma campanha eleitoral, foi seu intuito criticar a oposição, a propósito de no seio desta o músico e católico Josué Trocado ter apelidado o Partido Democrático de «Partido dos Esfarrapados». Agarrando na expressão para título e tema da sua crónica, Leonardo, citando Nietzsche acerca de o «homem não ser um termo mas uma ponte para o super-homem», conclui que a aristocracia poderá vestir bem e usar de boas maneiras mas é um estrato social inerte e politicamente improdutivo e será sempre do povo, dos *esfarrapados*, que sairão os heróis. Finaliza, dizendo o seguinte: «A *massa-mãe* é a dos esfarrapados que anseiam, amam, sofrem; e, do seu amor

---

[26] Sobre a Guerra nas Colónias, ver Arrifes, Marco Fortunato, *A Primeira Grande Guerra Na África Portuguesa – Angola e Moçambique (1914-1918)*, Lisboa, Edições Cosmos e Instituto de Defesa Nacional, 2004.

[27] Ver AAVV, *Guerristas e Antiguerristas*, apresentação de João Medina, Lisboa, Centro de História da Universidade de Lisboa e INIC, 1986.

[28] Cf. Dionísio, Sant'Anna, *Ob. Cit.*, p. 83.

[29] Ver artigo em *O Norte, Diário Democrático da Tarde*, de 4 de Agosto de 1914; Casimiro, Augusto, «Para o *In Memoriam* de Leonardo Coimbra», in Leonardo Coimbra, *Testemunhos...*, pp. 169-174 (sessão de propaganda de defesa da intervenção de Portugal na Guerra); Coimbra, Leonardo, «O Sentido da Guerra», *in A Águia*, n.os 52-54, pp. 143-152, Porto, 1916; Coimbra, Leonardo,«Le Génie de La France et son rôle», in *A Águia*, n.os 52-54, pp. 170-174, Porto, 1916.

e do seu sofrimento, erguem novas pátrias e novas humanidades.»[30] É, da parte de Leonardo, uma visão optimista e de amor para com os mais desfavorecidos, ao ponto de lhes outorgar uma superioridade moral e de os fazer protagonistas únicos de uma odisseia histórico-sociológica, portadora de liberdade e de redenção. Alguns marxistas (tenha-se em conta as várias leituras feitas à doutrina de Marx) subscreveriam estas suas afirmações e, no entanto, muito longe esteve Leonardo Coimbra do marxismo, verberando sempre as concepções materialistas e a visão igualitária e anónima dos homens. De acordo com Pinharanda Gomes, é o próprio António dos Santos Graça que o introduz no Partido Democrático, em 1914[31]. O ingresso nas hostes democráticas, constituindo acontecimento público, veio noticiado no *Comércio da Póvoa de Varzim* de 10 de Janeiro de 1914. Concomitantemente, Leonardo fez-se mação, iniciando-se na *Loja Luz e Caridade* da Póvoa de Varzim com o nome simbólico de Kant; pertencerá depois às lojas *Madrugada* e *Renascença* (1919) de Lisboa, acabando por ser irradiado em 1930 por falta de pagamento das quotizações[32].

Na Póvoa de Varzim nasceu o seu segundo filho, em 1914, acontecimento que, naturalmente, o encheu de alegria. Por sua iniciativa, foi fundada, na terra que tão bem o acolheu em um momento difícil da vida, uma secção da Universidade Popular do Porto, onde, para além de pontuais conferências sobre temas diversos, acessíveis a não eruditos, como, por exemplo, «As Virtudes Populares» ou «Portugal e o Mar», haviam as aulas e palestras científicas do Professor Leonardo Coimbra, sempre às quartas-feiras e aos sábados.

---

[30] Coimbra, Leonardo, «Os Esfarrapados» in *Leonardo Coimbra, Dispersos ...*, Vol. V, p. 108.

[31] Cf. Gomes, J. Pinharanda, *A Política Cultural de Leonardo Coimbra*, Separata do Boletim n.º 28/2001 da Academia Internacional da Cultura Portuguesa, Lisboa, 2001, p. 117.

[32] Informação da *Loja Madrugada* em http://madrugada.no.sapo.pt/os_principios.htm, *on-line* em 24/10/04.

CAPITULO III

OS ANOS DE GUERRA

A deflagração da *Primeira Guerra Mundial* e o assassinato de Jean Jaurès[1], acontecimentos coincidentes no tempo, foram profundamente sentidos por Leonardo Coimbra. Escrevendo para *O Comércio da Póvoa de Varzim*, de 2 de Agosto e para *O Norte*, diário democrático da tarde, de 4 de Agosto, do ano de 1914, Leonardo dá uma nota comovida da morte absurda do grande filósofo francês e faz algumas reflexões explicativas do seu pensamento. Em simultâneo, expressa o seu alinhamento pela causa dos aliados e verbera o pangermanismo, manifestando a sua crença no espírito francês, ao qual atribui um papel libertador e civilizacional.

O tema da guerra e a própria guerra passaram, a partir desta altura, a marcar o andamento da vida política e social do país. Uma primeira e grande questão se colocava a Portugal, a de saber da posição oficial a assumir perante o gigantesco conflito. Entre os chefes republicanos, o que maioritariamente se mostrava mais conveniente para a defesa do nosso património colonial, era a participação directa dos portugueses no teatro de guerra da Europa, ao lado dos aliados e sob o enquadramento da velha aliança anglo-lusa. Esta orientação era defendida tanto por democráticos como por evolucionistas. A 1 de Agosto de 1914, dia do começo oficial da guerra, a questão da nossa singular posição foi colocada, por via diplomática, à Inglaterra. Respondeu a velha aliada que, por ora, nos abstivéssemos de quaisquer declarações oficiais, fossem elas de beligerância ou de neutralidade. Era uma resposta que nos deixava numa situação ambígua e desconfortável, tanto mais que se adivinhava como certa e para breve uma guerra que teríamos de travar em África contra os apetites, já sobejamente exibidos pela Alemanha, pelos nossos territórios coloniais. De todo o modo, havia que reconhecer que sem o apoio logístico da Inglaterra em transportes e equipamentos, não dispúnhamos de um mínimo de condições que nos permitisse avançar para a

[1] Jean Jaurès (1859-1914), filósofo e político francês, professor catedrático de filosofia da Universidade de Toulouse. Membro eleito da Câmara de Deputados desde 1885. Colaborou na *Histoire Socialiste* e em numerosas publicações e foi fundador da Partido Socialista Francês Unificado (socialismo reformista) e do jornal *L' Humanité*. Pacifista acérrimo, foi assassinado por um fanático nacionalista.

frente europeia. No Congresso da República, reunido a 7 de Agosto, foi aprovado um documento que dava corpo escrito a um conjunto de intenções sobre política externa portuguesa. O documento previa, de forma implícita, a entrada da nação portuguesa no teatro de guerra europeu em função dos seus compromissos internacionais, designadamente a aliança com a Inglaterra.

A confirmar as suspeitas quanto às intenções alemãs em África, logo a 25 desse mês de Agosto se registavam escaramuças entre tropas portuguesas e germânicas na fronteira norte de Moçambique e pouco depois, a 19 de Outubro, na fronteira sul de Angola. Estávamos assim iniciando uma guerra que era, afinal, a mesma que se travava na Europa, com a diferença de as nossas frentes de batalha se situarem em outro continente. A forçada neutralidade não oficial para que fôramos remetidos era fomentadora de grande animosidade contra os ingleses mas também de quezílias entre os portugueses. A este respeito, o líder unionista, Brito Camacho, defendia a tese de que para os nossos interesses era melhor a nossa obediência aos desígnios e visão estratégica da Inglaterra e respeito pelo que no *Tratado da Aliança* se encontrava estipulado. Não pensavam assim, porém, os outros chefes políticos que não confiavam nas intenções da *Pérfida Albion* quanto a um efectivo auxílio na defesa das colónias portuguesas, e suspeitavam até que ela quisesse utilizar as nossas possessões africanas como moeda de troca, no contexto de um eventual acordo entre as duas principais potências bélicas, tendente a acabar com o conflito. Neste sentido, entendia a forte corrente intervencionista e os seus principais mentores que somente a participação directa de Portugal no *front* garantiria os nossos históricos direitos aos territórios ultramarinos, e, por outro lado, nos traria a legitimidade de nos sentarmos, de pleno direito, à mesa dos vencedores, reclamando indemnizações ou compensações de guerra.

Entre o fogo cruzado de guerristas e não-guerristas, o governo, sob a batuta conciliadora de Bernardino Machado, tentava gerir a difícil situação, procurando não criar qualquer desaguisado com a Inglaterra. Prevendo-se para o país um estado permanente de conflitualidade, foram adiadas, *sine die*, as eleições legislativas. A 20 de Outubro houve que sufocar uma rebelião monárquica com epicentros em Bragança e em Mafra; presos os rebeldes, estes afirmaram-se contra a entrada de Portugal na guerra, sendo esse o motivo da sua revolta. Entretanto, por nota escrita, enviada a Teixeira Gomes[2], com data de 10 de Outubro, o governo inglês convidava Portugal a sair da sua situação de neutralidade oficiosa e a alinhar de forma activa ao lado da Inglaterra e dos aliados, não significando isso, contudo, que pudesse, a partir daí, adoptar ou invocar o estatuto de país beligerante; se tal quisesse, teria de invocar razões próprias e não obrigações advindas da aliança. Feito nestes termos, o convite contrariava as propostas dos intervencionistas portugueses e parecia oferecer argumentos aos que advogavam

---

[2] Manuel Teixeira Gomes (1860-1941), homem de letras culto e viajado, jornalista e diplomata de grande renome. Ministro de Portugal em Londres, desde a implantação da República, apenas viu o seu mandato interrompido pela ditadura de Sidónio Pais. Eleito Presidente da República em 1923, renunciou a esse cargo em Dezembro de 1925. Viajou então pelo mundo, acabando por fixar-se em Bougie, na Argélia onde morreu. Sobre esta curiosíssima personagem da nossa história, ver Lopes, Norberto, *O Exilado de* Bougie, Lisboa, Parceria A.M. Pereira, 1942; Rodrigues, Urbano Tavares, *A Vida Romanesca de Teixeira Gomes, Notas para o Estudo da Sua Personalidade e da Sua Obra*, Lisboa, Editora Marítimo-Colonial, 1946.

a não entrada do país na cena de guerra europeia, tendo assim o efeito de complicar ainda mais a conturbada situação política portuguesa. Em todo o caso, sob prévia aprovação do Congresso da República, começaram os preparativos para a formação da *Divisão Auxiliar*, ou seja, um corpo de tropas português com destino à frente de guerra na Europa, se bem que houvesse totais indefinições quando a destinos e datas de partida. Em Dezembro, o governo, alvo de hostilidades vindas de todos os quadrantes políticos e sociais, pediu a demissão. O presidente da Câmara de Deputados, Vítor Hugo de Azevedo Coutinho, formou novo executivo que logo a veia anedotística portuguesa apodou de «os miseráveis», em clara alusão ao nome do seu chefe. Logo os unionistas renunciaram aos seus mandatos no Parlamento em sinal de protesto contra um governo que consideravam de forte influência do Partido Democrático e reputavam de «o maior perigo para a República»[3]. Foram então marcadas eleições legislativas para 7 de Março de 1915.

Precisamente no ano de 1915, Leonardo Coimbra foi transferido do Liceu da Póvoa de Varzim para o Liceu Gil Vicente, em Lisboa, onde leccionará Matemática e Filosofia até 1919. Também neste passo o precedeu uma fama não merecida. A esse respeito, ouçamos as interessantes palavras do professor Francisco Torrinha: «[...]antes de o conhecer pessoalmente, formava eu de Leonardo Coimbra o pior dos conceitos. Pelo que me diziam, devia ser um ateu, um inimigo da sociedade constituída, um demolidor, a verdadeira pessoa do Anticristo [...] pessoa magra, macilenta, roída de inveja e ódio [...]. Fui apresentado pelo reitor ao Leonardo. [...] quase não queria acreditar no que via! Em vez da figura mirrada e macilenta que esperava, surge-me a figura bonacheirona, ridente e insinuante que todos lhe conhecíamos [...] passou a ser para mim um amigo, um verdadeiro amigo.»[4]

Por esta altura, morreu o ilustre publicista, pensador e homem de letras que foi José Pereira de Sampaio (Bruno)[5], percursor de Leonardo Coimbra como hipercrítico do positivismo. Num artigo com o título *Bruno, Filósofo*[6], Leonardo expressou a sua profunda admiração pelo grande pensador portuense e pela sua obra, prestando especial preito à sua coragem intelectual, na luta travada contra o positivismo. Continuando a escrever para *A Águia*, passa também a colaborar na revista *Atlântida*, mensário luso-brasileiro de cultura. A par de escritos filosóficos e literários, produz artigos em que analisa as raízes do pangermanismo, fundando-as nos pensamentos de Hegel, Fichte, e especialmente de Nietzsche. Entretanto, das notas que vai tirando das suas lições e reflexões pessoais surge o seu terceiro livro, *O Pensamento Criacionista*, editado pela *Renascença Portuguesa*, em 1915. Neste livro, propõe-se Leonardo dar continuidade e desenvolvimento às ideias já expostas em *O Criacionismo*, agora simplificando o

---

[3] Cf. *A Luta* de 1 de Janeiro de 1915, p. 1.

[4] Torrinha, Francisco, "Testemunho" in *Leonardo Coimbra, Testemunhos ...*, pp. 175-176.

[5] José Pereira de Sampaio (Bruno) (1857-1915), jornalista e pensador heterodoxo, autor de vasta obra política, religiosa e filosófica. Escreveu sob o pseudónimo de Bruno, ficando literária e historicamente conhecido por Sampaio Bruno. Foi membro do Partido Republicano e teve importante participação na *Revolta do 31 de Janeiro de 1891*. Consulte-se *Dicionário de História de Portugal de Direcção de Joel Serrão...*, vol. I, pp. 389-390.

[6] Coimbra, Leonardo, *A Águia* n.º 48, 1915, vol. VIII, pp. 179-183.

fraseado e a exposição. Com uma nova linguagem, trata as matérias já anteriormente abordadas, colocando a tónica no problema da formação do conhecimento. Aí retoma e aprofunda a tese da construção dos saberes com base no diálogo entre a realidade sempre provisória que é a ciência e a capacidade nocional e criativa do pensamento.

Enquanto isso, na cena política nacional, desenrolavam-se os acontecimentos que deram configuração ao facto histórico que veio a ficar conhecido por «Movimento das Espadas». Em sinal de protesto contra a prisão e transferência de alguns camaradas de armas, reputadamente monárquicos, grande número de oficiais das guarnições de Lisboa e de outras praças militares no país, fez a entrega das suas espadas aos seus superiores hierárquicos. Machado Santos acompanhou o gesto, entregando a sua espada (a mesma que usara na Rotunda) ao presidente da República, Manuel de Arriaga. Também a oposição unionista apoiou o movimento, fazendo coro com estes descontentes. Arriaga forçou então a demissão do governo de Vítor Hugo Coutinho e encarregou um seu particular amigo, o general Pimenta de Castro, de formar novo ministério e governar em ditadura. O governo saído deste golpe semi-militar, semi-palaciano, era, na sua maior parte, composto por militares de confiança do velho general. As eleições legislativas, marcadas para 7 de Março, foram adiadas *sine die*. Depois, a 4 de Março de 1915, forças policiais a mando do Governo impediram a entrada dos deputados democráticos no Parlamento. Estes, conjuntamente com os seus colegas senadores, reuniram então no Palácio da Mitra, em Loures, aprovando aí uma moção na qual o ministério presidido por Pimenta de Castro era qualificado como fora-da-lei.

O governo da ditadura deu então início a uma política de perseguição aos republicanos, sobretudo democráticos, e de acolhimento a católicos e monárquicos. Lançou uma amnistia geral para presos e exilados políticos, logrando com isso a presença provocatória de Paiva Couceiro em Lisboa. Entretanto, procedeu à dissolução da Câmara Municipal de Lisboa e de várias outras pelo país, substituindo as edilidades por comissões administrativas. Quanto ao problema da guerra, Pimenta de Castro era claramente um germanófilo e um inimigo declarado dos intervencionistas e daí o boicote aos trabalhos de preparação da *Divisão Auxiliar*, com desmobilizações ou concessões de licenças aos militares já convocados para essa missão especial. Com todas essas medidas e arranjos conseguiu Pimenta a proeza de unir de novo os republicanos, porém contra si próprio. Em Maio, manifestações anti-monárquicas ocorreram em Lisboa, em Coimbra e em outras cidades. Logo o Governo proibiu todas as manifestações susceptíveis de «alterar a ordem pública e o bom-nome das instituições». A situação tornou-se tão complicada que até o próprio presidente Arriaga, grande mentor da ditadura, começou a ter dúvidas quanto à conveniência para a República e para o país, da governação exercida por Pimenta de Castro.

Por fim, uma madrugada libertadora veio pôr termo ao pesadelo: na antemanhã do dia 14 de Maio de 1915, cerca das quatro horas, os holofotes dos couraçados *Vasco da Gama* e *Almirante Reis*, fundeados no Tejo, iluminaram a cidade. Era o sinal para o começo de uma revolta preparada por oficiais da Marinha e do Exército, muitos deles maçons e politicamente próximos de Afonso Costa. Pouco tempo depois, marinheiros secundados por numerosos civis, controlavam não só os navios de guerra no Tejo como ainda o Quartel de Marinheiros em Alcântara e os Arsenais da Marinha e do Exército. Tal como no 5 de Outubro, também agora o poder de fogo dos vasos de guerra se revelou decisivo para a vitória dos revoltosos, só que nesta refrega o derramamento de sangue foi muito superior. Tal como no 5 de Outubro, também agora a República foi proclamada das janelas dos Paços do Concelho, acto simbólico repleto de significado e estrondosamente aplaudido pelo povo de Lisboa.

Reposta assim a normalidade constitucional, foi chamado a formar governo João Chagas, Embaixador de Portugal em Paris e que à data do 14 de Maio de 1915 se encontrava em Lisboa. Mas, alvejado a tiro pelo professor e membro do Senado, João de Freitas, na estação do Entroncamento, Chagas ficou cego de um olho e desfigurado, sendo-lhe assim roubada a oportunidade de exercer o honroso cargo, nesse momento histórico. Assumiu então a chefia do governo, José Augusto Soares Ribeiro de Castro, advogado e escritor e pai do então «jovem turco» Álvaro de Castro[7]. Na sequência dos acontecimentos, Manuel de Arriaga renunciou ao seu mandato de Presidente da República, sendo eleito para o cargo Teófilo Braga, que, constitucionalmente, desempenhará essas funções até 5 de Outubro de 1915. A governação de José de Castro retomou e intensificou os trabalhos de constituição da *Divisão Auxiliar*, procurando recuperar o atraso provocado pelo atribulado governo de Pimenta de Castro. Nas eleições legislativas, realizadas a 13 de Junho, o Partido Democrático obteve maioria absoluta nas duas câmaras do Parlamento. Os democráticos voltavam assim ao poder, porém, a 3 de Julho, Afonso Costa precipitou-se de um eléctrico numa tentativa de escapar ao que julgou ser um atentado contra a sua pessoa. A aparatosa queda causou-lhe um traumatismo craniano que o reteve em casa, em convalescença prolongada. Recuperado ao fim de alguns meses, um governo composto só por democráticos e por si chefiado, iniciou funções em 29 de Novembro desse ano de 1915. A posse foi-lhe conferida por Bernardino Machado, entretanto eleito presidente da República para o quadriénio 1915-1919, nos termos da Constituição, e efectivamente a exercer esse mandato desde 5 de Outubro.

Entrado o ano de 1916, a *Renascença Portuguesa* deu a lume o quarto livro de Leonardo Coimbra, *A Dor, A Alegria e a Graça*. De acordo com José Marinho que distingue por fases a obra literária e filosófica de Leonardo, este livro é o primeiro de uma fase de transição entre as fases primeira e segunda. É uma obra diferente das anteriores, quer no conteúdo, quer na forma. Marinho chama-lhe poema metafísico, querendo com isso realçar, por um lado, uma linguagem estética com efeitos sinestésicos e, por outro lado, um substancial fundo metafísico[8]. Para António Quadros, esta «obra única na história da filosofia ocidental» é um livro «simultaneamente poético e filosófico»[9]. Em Álvaro Ribeiro, a obra reflecte o que se pode chamar «um estilo português de filosofar»[10]. A tríade de que se compõe o título do livro é uma representação da passagem humana pela vida, balizada por aquilo que Leonardo chama «núcleos de realidade», ou seja,

---

[7] Álvaro Xavier de Castro (1878-1928), licenciado em direito e oficial de infantaria, fez parte do grupo de jovens oficiais afectos ao Partido Democrático, conhecido por grupo dos «Jovens Turcos». Foi Governador-Geral de Moçambique, Ministro e Chefe de Governo. Após o 28 de Maio de 1926, exilou-se em Paris de onde regressou já muito doente, vindo a falecer, em Coimbra.

[8] Cf. Marinho, José, O *Pensamento Filosófico de Leonardo Coimbra...*, vol. IV, pp. 157/158.

[9] Quadros, António, «A Obra de Leonardo Coimbra no Contexto Cultural da sua Época», in *Leonardo Coimbra, Filósofo do Real e do Ideal...*, p. 37.

[10] Ribeiro, Álvaro, «A Arte de Filosofar», citado por Quadros, António, *Ob. Cit.*, p. 37.

momentos da existência assim chamados porque saem fora do invólucro da rotina e monotonia das vidas automatizadas por hábitos e por convencionalismos sociais. A *Alegria* pertence ao homem ingénuo e é o símbolo da infância, época de admiração e de deleite pela beleza e pela bondade do mundo; a *Dor* é o homem consciente de si próprio e colocado perante a necessidade do conhecimento, processo doloroso porque implica uma ruptura e porque obriga a esforços de procura, a uma divisão múltipla da atenção por várias direcções e a uma subtracção ao repouso; a *Graça* é como que a síntese obtida do diálogo entre a *Alegria* e a *Dor*, é a plenitude, a perfeição a que se chegou, o reencontro com a *Alegria*, desta feita plena, porque a *Dor* foi vencida. Mas, enquanto a *Alegria* e a *Dor* são realidades, a *Graça* situa-se já no plano do ideal. Tudo representativo de uma caminhada dialéctica ascensional: da inconsciência para a consciência e desta para o domínio do espiritual; subida em três tempos, ao reino da liberdade e do amor. Avulta uma intenção de conferir sentido e valor a uma existência humana limitada e finita, proposição que se situa numa dimensão imanente e racional, não recusando a ideologia cristã, mas indo até ao edifício e à essência da tragédia grega. É um canto à vida onde floresce e toma lugar de destaque o lirismo do filósofo, afinal também poeta. O livro teve uma segunda edição, feita no Brasil, em 1920, e uma tradução para castelhano.

Por esta altura, conhece-se, em Leonardo Coimbra, uma curiosa inclinação para experiências paranormais, envolvendo espiritismo, telepatia, premonição e transmissão de pensamento. Em artigo para o *In Memoriam* de Leonardo Coimbra, o coronel Faure da Rosa, figura do movimento espírita português, refere vários casos de exteriorização de fenómenos deste tipo relatados por Leonardo Coimbra, e outros em que ele teve mesmo participação directa[11]. Segundo Manuel Ferreira Patrício, da Universidade de Évora, Leonardo começou a interessar-se por assuntos desta natureza logo em 1912, facto que vem dar aparente razão aos que, como Sant'Anna Dionísio, pensam que a morte do primeiro filho foi em Leonardo Coimbra um problema nunca resolvido. Na verdade, em *A Luta Pela Imortalidade*, seu quinto livro, saído em 1918 (seis anos após o falecimento desse filho), obra em que o problema da Morte é profusamente tratado, ainda o filósofo escreve o seguinte: «Névoa de sombra e mistério, hora crepuscular em que os traços perdem o vigor e as máscaras se esbatem em luz duvidosa e incerta, hora em que vejo sobre o dorso dos meus montes, na orla do Seixoso, o espectro de mim mesmo e do meu filho errante, perdendo-se no longe das brumas da Saudade ...»[12]. A par do efeito estético das palavras, ressalta a angústia e a incompreensão pela morte do ente querido, ou mesmo a necessidade de denegação dessa morte. Sentimentos bem expressos também na dedicatória que, neste mesmo livro, Leonardo faz a sua esposa, nomeadamente quando a ela se dirige, dizendo: *«Lembro o teu abraço, promessa de ressurreição – é o nosso filho que agora mesmo te está beijando!»*[13]

O filósofo quer acreditar que a morte não é um fim absoluto, mas apenas uma ausência ao nível do sensível. Daí o ter-se entregue a experiências telepáticas e de co-

---

[11] Cf. Rosa, Faure da, «As Experiências Metapsíquicas de Leonardo Coimbra», in *Leonardo Coimbra, Testemunhos...*, pp. 163-168.

[12] Coimbra, Leonardo, *A Luta Pela Imortalidade*, Renascença Portuguesa, Porto, 1918, p. 182.

[13] Idem, *Ibidem*, p. 11.

municação espírita. Ainda segundo Sant'Anna Dionísio, o pensador, com base nas suas próprias experiências, afirmaria estar absolutamente convicto de que «a morte não é a queda ao poço pavoroso do Nada»[14]. A este respeito, sabe-se que se deixou impressionar fortemente pelas experiências de fenomenologia espírita feitas por Sir Oliver Lodge, célebre físico inglês e professor da Universidade Birmingham. A elas faz referência no seu escrito intitulado «Uma Nova Arma de Guerra» sob a forma de carta dirigida «aos soldados da minha pátria», publicada no jornal *A Capital*. Aí afirma que o livro intitulado *Raymond or Life and Death*, escrito por Lodge, é uma «nova arma contra a morte» porque menciona comunicações do *Outro Lado* feitas por Raymond[15] através de pessoas com faculdades mediúnicas, facto, em seu entender, comprovante de que a morte «não é mais que uma catástrofe aparente»[16]. Ainda em *A Luta Pela Imortalidade* se refere a estas experiências e a outras por si vividas, buscando sempre explicações científicas e interrogando-se, em simultâneo, quanto aos poderes da ciência contra a Morte. Uma longa análise de experiências havidas, com abundância de citações de filósofos e de outros homens de ciência, percorre as páginas deste seu livro. O filósofo, matemático e homem de ciência, embrenhava-se assim em saberes que a ciência oficial não reconhecia e que os meios académicos menosprezavam. Acontece, porém, que em Leonardo Coimbra o irracional não é uma barreira intransponível, noção já presente em *O Criacionismo*, onde se avança a ideia de que o processo de formação do conhecimento não tem fronteiras ou, se as tem, elas são sempre provisórias. Assim sendo, ousou Leonardo especular sobre matérias não abrangidas pela epistemologia das ciências e, de alguma forma, consideradas tabu. A esse respeito, afirma: «Aqui, como nos limites rochosos de uma costa, fiquem as ondas do meu desejo e fome de consciência, da minha *luta pela imortalidade* [...]»[17].

É de crer que o problema da guerra e da mortandade em massa tenha potenciado em Leonardo uma predisposição para se debruçar sobre a questão da morte, num plano em que não a dissocia da problemática científica nem do campo religioso, mas onde, extravasando as fronteiras da religião e ciência oficiais, se aventura no desconhecido. Conquanto, sobre este aspecto da morte, Leonardo considerasse a guerra europeia uma tragédia, a entrada de Portugal na frente de combate na Europa, aos seus olhos, justificava-se plenamente pela necessidade de defesa dos interesses pátrios e da liberdade e civilização ocidentais. Neste particular, o seu pensamento ajustava-se aos objectivos que a política guerrista definira como nacionais e patrióticos e que, como se sabe, se encontravam tolhidos pela actuação dúbia e asfixiante da diplomacia inglesa.

Mas, em Fevereiro de 1916, Portugal logrou finalmente sair da situação de beligerância encoberta em que se encontrara. Necessitada que estava de navios mercantes, face às baixas infligidas à sua frota pela guerra submarina alemã, a Inglaterra solicitou ao governo português que procedesse à requisição de todos os navios inimigos que se encontrassem em portos portugueses. O governo de Afonso Costa dispôs-se a aceder ao pedido da Inglaterra, pondo, no entanto, a condição de o mesmo ser oficialmente

[14] Dionísio, Sant'Anna, Leonardo Coimbra, *O Filósofo e o Tribuno...*, p. 79.

[15] Filho de Lodge morto na frente de batalha em França, em Setembro de 1915.

[16] Coimbra, Leonardo, «Uma Nova Arma de Guerra», in *Dispersos ...*, vol. V, p. 251.

[17] Coimbra, Leonardo, *A Luta Pela Imortalidade ...*, p. 266.

formulado ao abrigo da aliança anglo-portuguesa, no que, os ingleses concordaram, não sem alguma surpresa por parte dos governantes portugueses[18]. A 24 de Fevereiro foi publicado o decreto de confisco dos barcos e, alguns dias depois, a 9 de Março, a Alemanha declarou guerra a Portugal. Por seu turno, a Grã-Bretanha manifestou publicamente a intenção de assumir todas as obrigações da aliança, dando a Portugal todo o auxílio possível ou considerado necessário, quer na Europa, quer em África. Os dados estavam lançados e Portugal adquiria assim, *jure et facto*, o estatuto de país beligerante.

O Congresso da República, reunido a 10 de Março proclamou o estado de guerra e pronunciou-se pela necessidade da constituição de um ministério mais amplamente representativo da realidade política nacional. Desta posição do Congresso, nasceu a formação de um ministério, chamado de *União Sagrada* (decalque de *L'Union Sacrée*, francesa). União que, todavia, se restringiu a democráticos e evolucionistas, dado que, apesar dos esforços feitos pelo presidente Bernardino Machado, tanto Brito Camacho como Machado Santos se recusaram a participar em tal projecto. O Partido Socialista Português negou também a sua participação e os monárquicos não foram sequer convidados. Sendo o divisionismo no campo republicano um facto insofismável, esperava-se, no entanto, que em torno de um empreendimento desta dimensão e importância se pudessem estabelecer consensos. Tal não aconteceu e isso não deixaria de ter reflexos negativos.

António José de Almeida foi o nome escolhido para chefiar o novo governo, ficando Afonso Costa com a pasta das Finanças. Sob o impulso forte e empreendedor do Ministro da Guerra, major Norton de Matos, foi realizado, em cerca de três meses, o chamado *Milagre de Tancos*, ou seja, a constituição do Corpo Expedicionário Português (CEP), composto por trinta mil homens razoavelmente preparados e equipados. Enfrentando dificuldades políticas e económicas de monta e uma tentativa de revolta em Tomar, encabeçada por Machado Santos, o governo conseguiu levar a efeito a participação das tropas portuguesas nas frentes de batalha europeias e ainda incrementar o esforço de guerra nas colónias. O primeiro contingente do CEP largou do Tejo a 30 de Janeiro de 1917, a bordo de três navios britânicos e chegou à Flandres a 8 de Fevereiro. O segundo contingente embarcaria a 23 desse mês de Fevereiro.

Entretanto, intensificavam-se os ataques internos das oposições, com destaque para os monárquicos germanófilos que, com apoio dos alemães, conspiravam contra a República e envenenavam a opinião pública, voltando-a contra os poderes instituídos. Aproveitando o ambiente de descontentamento provocado pela grande escassez de géneros de primeira necessidade, as suas atoardas acabavam, acolá e além, por produzir os efeitos desejados. A isto se somavam as incoerências políticas de um Brito Camacho e os comportamentos inconsequentes de um Machado Santos. Por motivações ideológicas, também os sectores sindicais, dominados pelo anarco-sindicalismo, se pronunciavam contra a política guerrista do governo da União Sagrada. Por estas razões, foi-se instalando, pouco a pouco, na sociedade portuguesa, um clima de mal-estar que acabou por chegar ao próprio governo e por afectar negativamente alguns

---

[18] Cf. Teixeira, Nuno Severiano, *O Poder e a Guerra 1914-1918, Objectivos e Estratégias Políticas na Entrada de Portugal na Grande Guerra,* Lisboa, Estampa, 1996, pp. 358-372.

dos seus membros. Apesar da firmeza de propósitos dos principais chefes – António José de Almeida e Afonso Costa – em levar por diante o programa da União Sagrada, o Governo veio a cair, face à defecção de alguns evolucionistas.

Constituiu-se então novo Ministério, presidido por Afonso Costa, o seu terceiro governo constitucional. Eram inúmeras as dificuldades com que a acção governativa se defrontava, podendo afirmar-se que existiam duas frentes: a externa, compreendendo a questão da guerra e todos os problemas dela decorrentes e a interna em que a complicação maior era a das subsistências, aí se filiando um cortejo extenso de males – falta de géneros alimentícios e energéticos, alta de preços, contrabando, açambarcamentos, mercado negro, novo-riquismo. Mas também não faltavam adversidades de outra natureza, tais como a existência de elementos activos no interior das forças armadas a provocar estados latentes de insurreição e minorias politicamente organizadas a desenvolver acções de propaganda anti-governamentais. Assacando todas as culpas ao Governo, visavam contabilizar a seu favor todo o natural descontentamento das populações, face às condições de vida extremamente penosas, impostas pela economia de guerra. As misérias experimentadas pelos soldados na linha da frente e o elevado número de mortos, feridos e estropiados concorriam também para que as famílias portuguesas passassem a odiar uma guerra cuja razão de ser nunca fora, de resto, suficientemente entendida pelo povo, sobretudo o povo da província. Tudo isto constituía um caldeirão de ingredientes perigosos, fervendo num lume brando que a propaganda germanófila e anti-guerrista se esforçava por atear.

Entre Maio e Setembro de 1917, o país viveu um ambiente continuado de greves e tumultos e assaltos a padarias, mercearias e armazéns. A repressão, por parte das polícias, a esses actos de pilhagem, causava, invariavelmente, mortos. Degradava-se a imagem do Governo e a de Afonso Costa e eram constantes os rumores de golpe de estado. O jornal *A Montanha*, órgão democrático do Porto, abandonava o Partido e tornava-se independente. Em outro importante jornal democrático, *O Mundo*, um grupo de redactores, com Mayer Garção à frente, retirava-se para fundar *A Manhã*, diário independente. Nas eleições municipais de 4 de Novembro de 1917, os democráticos conquistaram apenas 92 dos 300 municípios conquistados em 1913. A nação portuguesa afundava-se e com ela o Partido Democrático em cujo interior se começavam a instalar desinteligências graves.

Em Novembro, Afonso Costa ausentou-se para Paris para aí participar numa conferência promovida pelos aliados. Aproveitando a sua ausência, a insurreição militar pôs-se em marcha. À sua frente aparecia uma personagem politicamente desconhecida, de seu nome Sidónio Bernardino Cardoso da Silva Pais. Militar de artilharia e lente de matemática, exercera até Março de 1916 as funções de ministro de Portugal em Berlim. Desde o seu regresso, conspirara activamente contra a *União Sagrada* e contra a política intervencionista, tentando assumir o papel de chefe e guia de todos os descontentes. No trabalho desenvolvido ao longo de todo esse tempo, logrou obter o apoio de grandes proprietários agrícolas e da alta burguesia que se dispuseram a financiar a causa. O próprio Sidónio Pais, discursando em Évora, referir-se-á a António Miguel Fernandes, lavrador rico de Beja (depois guindado ao cargo de Governador Civil de Lisboa), como «o homem que mais ajudou a revolução»[19]. O projecto envolvia unio-

[19] Cf. França, José Augusto, *Os Anos Vinte em Portugal*, Editorial Presença, Lisboa, 1992, p.19.

nistas, centristas, machadistas, monárquicos, católicos e, no sector militar, oficiais de baixa patente, cadetes da Escola de Guerra e alguns sargentos que se opunham com mais determinação à participação no *front*. Os próprios sindicalistas, ideologicamente antiguerristas e fartos que estavam de deterioradas condições de vida e de repressão, concediam a Sidónio senão apoio, pelo menos benefício da dúvida. Assim, todos esses empenhos conseguiram insurreccionar algumas unidades militares da guarnição de Lisboa – artilharia, cavalaria e infantaria – que conjuntamente com os referidos cadetes e alguns populares (poucos) saíram à rua, ao anoitecer do dia 5 de Dezembro de 1917, e assentaram arraiais no alto do Parque Eduardo VII.

A resposta do governo foi frouxa, própria de um executivo que se encontrava num estado de grande debilidade. No entanto, a luta tornou-se acesa durante o dia 7, com duelos de artilharia e combates no Largo do Rato e na Avenida da Liberdade. Numa atitude timorata que contrastava com a firmeza que anteriormente demonstrara possuir, o Ministro da Guerra, Norton de Matos, apresentou o seu pedido de demissão ao Presidente Bernardino Machado. O desânimo e a desorientação instalados no Governo, estando Afonso Costa ausente, acabaram por oferecer a vitória aos revoltosos. A postura eternamente conciliadora de Bernardino Machado levou-o a considerar a possibilidade de fazer um entendimento com os mentores da revolução. Nesse sentido, pediu a comparência junto de si do chefe unionista, Brito Camacho, o qual, pura e simplesmente, ignorou o pedido. Bernardino Machado ostentava assim um desconhecimento ingénuo quanto ao que realmente se estava a passar, não se apercebendo do que representava a revolta e das intenções que a mesma comportava, facto tanto mais indesculpável quanto era verdade que a insurreição havia sido tramada quase às claras. As declarações e proclamações iniciais dos vencedores, feitas a 8 de Dezembro, em nome da Liberdade e da República e defensoras da presença de Portugal na guerra, ao lado dos aliados, não escondiam o cariz germanófilo, conservador e revanchista do movimento. Contavam, no entanto, com o apoio dos eternos conspiradores, Brito Camacho e Machado Santos, campeões do ódio a Afonso Costa. E tinham também o assentimento do médico e cientista Egas Moniz que, entretanto, desenvolvia esforços para formar um novo clube político, o *Partido Centrista Republicano*.

Regressando de Paris, sem ter noção exacta do que se estava passando em Portugal, Afonso Costa foi preso no Porto. Por seu turno, o Presidente da República, Bernardino Machado, instado a renunciar ao cargo, recusou fazê-lo, sendo por isso demitido por decreto e forçado a exilar-se. Após quatro meses de prisão, também Afonso Costa partirá para o exílio em Paris, cidade onde virá a fixar residência permanente. O movimento dezembrista, assim chamado por ocorrer em Dezembro, dará lugar a uma ditadura personificada pela figura de Sidónio Pais, regime que rapidamente desaparecerá após a morte do ditador, na noite de 14 de Dezembro de 1918, data do seu assassinato na Estação do Rossio, em Lisboa.

Dezembrismo, Sidonismo, República Nova! Todos estes nomes têm servido para designar um período curto mas controverso da nossa história e, todavia, são palavras que encerram conteúdos diversos e até contraditórios: *Dezembrismo*, o movimento revolucionário em si e os seus valores, opostos aos da *União Sagrada*; *Sidonismo*, a dinâmica política que se gerou, fortemente centrada na figura do chefe e englobando o culto a ele prestado; *República Nova*, a expressão tão cara a Sidónio e que servia para nominar as suas intenções de destruir o regime anterior ao qual chamava, por antítese pejorativa, República Velha. Reclamando-se sempre republicano, Sidónio queria, no entanto, uma República afeiçoada à sua pessoa e ao seu projecto pessoal de poder. Daí que, no governo saído da Junta Revolucionária, Sidónio tivesse abocanhado uma grossa fatia de poderes, acumulando a presidência com as pastas da Guerra e dos Negócios Estrangeiros. Nesse primeiro executivo, Machado dos Santos foi Ministro do Interior. Pouco tempo volvido, o Presidente do Ministério acumulou as suas funções com as de Presidente da República, isso até à eleição de um Chefe de Estado, tudo nos termos de um decreto governamental com data de 27 de Dezembro. Estavam dados os primeiros passos para a instauração de um presidencialismo que viria a ser uma das marcas fortes do regime sidonista e que mereceria a Sidónio o apodo de *Presidente-Rei*, concedido pelo génio de Fernando Pessoa. Faltará institucionalizar o sistema, o que será tentado, porém de forma incipiente, através de decretos, sem que uma nova constituição venha a ser consagrada.

À revolução dezembrista ou, melhor, ao sidonismo, colaram-se os católicos e os monárquicos. A primeira motivação era o profundo ódio que ambos votavam à República e, acima de tudo, ao afonsismo. Mas, naturalmente, havia segundas intenções: por parte dos católicos havia a expectativa, entretanto criada, de recuperarem antigos privilégios; por banda dos monárquicos havia o entendimento de que, no âmbito da nova situação política, a estratégia da luta pela restauração da monarquia, passaria, numa fase inicial, pela solidariedade com o regime de Sidónio Pais. Sendo esta uma estratégia que obedecia às ordens do rei no exílio, D. Manuel II, não era, no entanto, consensual entre os monárquicos.

A governação foi sendo feita sem programa político, com recurso a medidas avulsas ditadas por necessidades pontuais, do que resultou uma produção imensa de legislação de quase 2000 decretos em um ano. Essa acção político-administrativa esteve muito longe das «facilidades» que a fraqueza dos adversários e os consensos estabelecidos na fase conspiratória e nos inícios da revolução pareciam prometer, até porque o movimento estava hipotecado, desde o princípio, a alguns desses consensos. Na verdade, não fora em troca de nada que os proprietários e a alta burguesia se tinham decidido a apoiar Sidónio Pais. Assim sendo, quando este chegou ao poder, logo se assistiu à liberalização dos preços dos produtos agrícolas e de outros bens e a uma repressão generalizada sobre os trabalhadores e sobre as suas organizações, como forma de impedir lutas e reivindicações. Em breve, os sindicalistas chegaram à conclusão amarga de que em nada os tinha beneficiado a troca do afonsismo pelo sidonismo. Agravava-se entretanto a já calamitosa situação económica do país, com relevo para o candente problema dos abastecimentos dos bens essenciais e dos combustíveis. A fome grassava pelas casas e pelas ruas: era o tempo da «sopa do Sidónio», rejeitada dignamente por muitos que reclamavam, não esmolas, mas condições de existência com um mínimo de dignidade. Sobretudo nas principais cidades, um povo esfomeado continuava a assaltar as tulhas dos armazéns e dos estabelecimentos comerciais. Quanto ao problema do conflito mundial, parecia que a palavra de ordem de «abaixo a guerra», gritada no decorrer da revolução, havia tido pleno cabimento e aceitação junto do Executivo de Sidónio, visivelmente na redução drástica dos efectivos de rendição das tropas no *front*. Sucediam-se as desmobilizações, os prolongamentos de licenças, as deserções, tudo isso explicado com base em alegadas dificuldades de transportes, face à falta dos navios que Portugal não tinha e de que a Inglaterra não dispunha. Desculpas que nunca serão suficientes para eximir a ditadura da responsabilidade moral pelo desastre português de *La Lys*, a 9 de Abril de 1918, acontecimento infausto convenientemente ocultado pela imprensa sidonista e censurado em outros jornais.

Estreitamente relacionado com a questão da Guerra na Europa e com a censura sidonista, surge um episódio protagonizado por Leonardo Coimbra na noite de 4 de Julho desse ano de 1918 e que ficou célebre pelo significado político, pelo aparato de repressão policial que envolveu e pelos rios de tinta que fez correr na imprensa. Estava-se então em plena ditadura, com instauração de vigilância apertada e severa sobre a oposição democrática e sobre os seus órgãos de comunicação. A política de guerra de Sidónio Pais concretizava-se sobretudo na recusa de envio de tropas para a Flandres e na condenação de toda e qualquer propaganda contra os impérios centrais. Consciente da situação e das implicações dela decorrentes, Leonardo nem por um momento hesitou nas suas tomadas públicas de posição a favor da causa dos aliados. Foi com esse ânimo que aceitou o convite da *Liga Nacional da Mocidade Republicana* para proferir uma conferência sob o título *Significado Espiritual da Guerra Europeia*, no Centro Evolucionista do Largo da Trindade, em Lisboa. Tendo a conferência um conteúdo essencialmente filosófico, várias passagens eram, contudo, muito concretas e copiosas em elogios à «gloriosa e humilde França» e ao seu soldado («o *poilu* com as botas enlameadas da miséria dolorosa das trincheiras e a fronte a rasar o firmamento, constelada e radiosa!»[20]) bem assim como ao soldado inglês («o homem que melhor sabe pisar o planeta, que entre a balança e a Bíblia vai seguro de si mesmo e do seu destino!»[21]) e ao soldado português («Cristo que se ignora, resgatando na dor os erros seculares e os pecados contra Deus e contra a Pátria que neste recanto do mundo tantos têm sido!»[22]). Quanto ao mote que deu título à conferência, disse Leonardo que a guerra europeia é consequência de uma sobreposição dos valores naturais perante um adormecimento dos valores espirituais e, neste sentido, uma «grandiosa experiência moral» que a «prontidão moral dos franceses salvou para a vitória dos valores de compreensão amorosa». Termina afirmando que «Satanás impele os alemães em manhas e vilanias» mas que, um dia, acordados desse sonho hipnótico, «eles, os alemães irão com os outros à grande festa da fraternidade humana reencontrada»[23].

A menos que Leonardo Coimbra tenha projectado este seu juízo para um horizonte temporal muito mais distante, é forçoso notar que os factos não lhe deram razão. É que, acordados os alemães, eles não só não foram a festa alguma (dever-se-á dizer que não foram convidados) como, ruminando vinganças (porventura justificadas face às humilhações impostas), passados vinte anos, acolheram de novo «Satanás» e mergulharam em renovado «sonho hipnótico». E depois, às mãos de outros diabos, divididos permaneceram, o que também não foi uma festa. Ainda hoje, reencontrados que estão os alemães e, aparentemente, de relações cortadas com Satanás, há muitos outros reencontros para fazer, restando a humanidade muito longe de se reunir e de

---

[20] Coimbra, Leonardo, «Significado da Guerra Europeia (Portugal na Guerra)» in *Leonardo Coimbra, Dispersos...*, vol. V, p. 259.

[21] Idem, *Ibidem*.

[22] Idem, *Ibidem*, pp. 259-260.

[23] Cf. Idem, *Ibidem*, p. 261.

confraternizar. Quanto a utopia está longe! A concepção de uma Europa unida – a «Europa dos cidadãos»[24] – e os passos iniciais dados neste sentido, logo em 1946, finda a Segunda Guerra Mundial, integraram-se naqueles raros momentos em que, de acordo com Leonardo, esquecidos os valores naturalistas, os outros – os espiritualistas – absolutizam-se e então «temos um ascetismo místico aspirando um Nirvana». A construção desse ideal, restasse ele na sua pureza, poderia ter sido um importante passo para a concretização dessa profecia leonardina de um dia os humanos se sentarem à mesa farta da prosperidade e do amor fraterno. Não foi, porém, nesse sentido que se caminhou desde o Tratado de Paris (1951) até Maastricht (1992) e aos euro-cépticos, passando pelo Tratado de Paris (1957)[25]. E porquê assim? Decerto porque os «valores naturalistas», a que Leonardo se refere, tomaram conta da situação, desvirtuando todas as iniciais boas intenções. Parece pois ser por aí que, mais constantemente passam os caminhos dos homens, restando aos outros valores (espiritualistas) um tempo de fogo-fátuo! Não temos intenção de retirar mérito à visão optimista de Leonardo, mas somente dizer que, perante a realidade, somos forçados a dela não compartilhar, nem mesmo ao som das sinestésicas notas do *Hino À Alegria* de Beethoven, composição musical que, como se sabe, funciona idealisticamente como apelo à fraternidade entre os povos, e por isso transformada em Hino da ambicionada União Europeia, ou Hino da Europa.

Perdoe-se o parêntesis e volte-se à conferência para dizer que acabava Leonardo de a proferir e ainda se ouvia no ar os aplausos do público, soou grosso ruído no exterior, ao que se seguiu a entrada na sala de ruidosa turbamulta, à frente da qual se viam agentes da polícia e da guarda republicana. Instalou-se então uma indescritível confusão com cenas de pancadaria, correrias, fugas e tiros; muitos dos circunstantes ficaram feridos e no chão jaziam duas pessoas. Calmamente, atrás da mesa que lhe servira de pequena tribuna e agora de anteparo, Leonardo aguardou o desfecho dos acontecimentos. As forças da ordem (no caso, da desordem) prenderam então o tribuno e todo os assistentes, formando assim um grupo de 206 pessoas que marchou sob escolta para os calabouços do Governo Civil. Nesse grupo, para além de Leonardo Coimbra, estavam figuras públicas como Augusto Soares, ex-ministro dos Negócios Estrangeiros, o reitor do liceu Gil Vicente, Prof. Gastão Correia Mendes, o escritor Raul Proença, o tenente da armada, Agatão Lança, o poeta Afonso Duarte, o político e futuro ministro da Instrução, João Camoesas (virá, neste cargo, a substituir Leonardo Coimbra, em 1922), estudantes e pessoal da tipografia e redacção do jornal *República*.

Não havendo no Governo Civil celas para tanta gente, muitos desses presos caminhariam depois para os cárceres de Monsanto. Avisada e tranquilizada a família por intermédio de amigos, Leonardo suportou com boa disposição e até com ironia as duas noites que passou na prisão (é esse o testemunho de Raul Proença). Ao fim desse tempo, os presos foram libertados por, no dizer das autoridades, um gesto gracioso de Sidónio Pais. Os ecos dos acontecimentos prolongaram-se na imprensa pelos dias seguintes, em destaques de primeira página que, como era da praxe, sofreram cortes

[24] Ver AAVV, *A Citizens' Europe – In Search of a New Order*, edited by Allan Rosas and Esko Antola, London, Sage Publications, 1995.

[25] Ver AAVV, *A União Europeia na Encruzilhada*, Coimbra, Almedina, 1996.

da censura. O jornal *A Manhã* deu ampla cobertura ao caso e teceu ásperas críticas à actuação da polícia, dos censores e do governo, em extensos artigos escritos por Mayer Garção[26]. Volvidos quinze dias, voltou o jornalista ao assunto, começando por relatar um episódio duma agressão feita por um polícia a duas mulheres que estavam numa bicha para o açúcar, junto de uma mercearia, acontecendo que, no momento do incidente, apareceu Sidónio Pais que ia a passar de automóvel. Presenciando a agressão, o ditador saltou do automóvel e dirigiu-se ao polícia que admoestou e mandou prender, no que foi muito aplaudido pelos circunstantes. Mayer Garção tece elogios à actuação do Chefe do Estado, mas estabelece uma analogia entre este episódio e o que passou no Centro Evolucionista durante a conferência do professor Leonardo Coimbra, sublinhando a atitude provocatória e violenta da polícia e sobretudo o facto de, quanto às mortes ali registadas, não se terem apurado quaisquer responsabilidades[27].

Sabe-se que o regime de Sidónio nunca respondeu nem directa nem indirectamente às justas interrogações de Mayer Garção, nem o poderia fazer um regime autoritário e populista, estranho à verdade e à essência das pessoas, das coisas e dos factos. Aliás, o ano de 1918 mostrou-se funesto para o sidonismo e para Portugal, configurando uma situação de um país em estado de guerra interna: revoltas militares; greves e confrontos com sindicalistas; sabotagens; assaltos a jornais e a sedes de organizações políticas; tumultos de toda a ordem; estados de sítio; repressão feroz da parte das polícias; as cadeias a abarrotarem de presos políticos; uma epidemia, a *pneumónica*, que matou mais de cem mil portugueses; e, a culminar, dois atentados contra o ditador, o segundo dos quais, fatal. O regime desintegrava-se no meio das suas próprias contradições e de acontecimentos que já não dominava. Uma situação que, em editorial, o jornal *O Século* classificava de «anarquia mansa», dizendo que «[...] não faltando quem mande, só não manda quem pode»[28].

Abandonado pelos republicanos e pressionado e condicionado por monárquicos, particularmente por monárquicos militares, o ditador voltava-se para uma engalanada vida pública, sempre envergando a sua vistosa farda, recamada de estrelas. Daí a sua presença constante em paradas militares, recepções de soldados vindos do *front*, visitas a centros de assistência e hospitais e cerimónias religiosas em que o irmão Carlyle (nome maçónico de Sidónio), ajoelhado nas igrejas, adoptava uma postura mística que tanto fascinava as senhoras. Não desprezando uma oportunidade para promover a sua imagem, o populista Sidónio cultivava a sua relação com o povo, tentando, também por essa via, manter-se no poder. Mas também entre o povo ele tinha inimigos, e eram afinal do povo os homens que se dispuseram a pôr termo à sua vida e à ditadura. A 5 de Dezembro, durante uma daquelas acções de rua em que se pretendia mostrar, foi alvo de um primeiro atentado de que saiu ileso. Passados poucos dias não teve, porém, tal sorte e teimando contra todos os avisos e conselhos em viajar de comboio para o Porto, marcou encontro com a morte, a qual lhe apareceu sob a forma de uma pistola empunhada pelo ex-combatente das campanhas de África e alentejano de Garvão,

---

[26] Cf. em *A Manhã* de 6, 7 e 8 de Julho de 1918, os artigos de primeira página, intitulados «Novas Violências», «O que se Passa» e «Para Averiguar».

[27] Cf. *Idem* de 21 de Julho de 1918, o artigo denominado «A Polícia».

[28] *O Século* de 24/8/18, 1.ª página.

José Júlio da Costa. Estava colocado um ponto final ao cidadão Sidónio Pais e à sua torrentosa irrupção na vida política portuguesa. Uma passagem que, apesar de breve, deixou marcas, e que, de alguma forma, pode considerar-se como um ponto charneira entre duas fases da história da *Primeira República*: o afonsismo e o pós-afonsismo.

Em jeito de síntese, diríamos que o sidonismo aparece como uma mistura estranha de poder pessoal com o exercício de uma governação confusa, imediatista e com governantes de ocasião e ao sabor das necessidades. Sem um suporte ideológico consistente, sem um programa, a sua única directriz era uma reacção à política de guerra e os seus grandes objectivos resumiam-se, afinal, ao combate a essa política e à busca de soluções para uma sequente e generalizada situação de crise, para isso deitando mão ao uso de medidas de excepção. O projecto vago de construção de uma nova ordem institucional, denominado *República Nova* ou *Ideia Nova*, baseado no carisma do chefe e pretensamente legitimado pela ligação deste ao povo não teve oportunidade de vingar em tempo de Sidónio. Teve, porém, contornos que anteciparam as linhas mestras dos regimes fascistas que após os anos vinte proliferaram por alguma Europa e por outros lugares do mundo. E, designadamente, foi, como muito bem diz Amadeu Carvalho Homem, uma «prefiguração» da conjuntura política que se instalou em Portugal após o golpe militar de 28 de Maio de 1926 e que veio a ficar conhecida por Estado Novo. Uma retórica de cariz nacionalista, o culto do chefe, um populismo demagógico levado ao extremo e o messianismo português, sempre exacerbado em tempo de crise, foram ingredientes que, devidamente misturados, produziram ou ajudaram a produzir a irracionalidade colectiva, a crença e a atracção pela figura do «salvador» milagrosamente aparecido para salvar a Pátria das garras dos seus inimigos. Uma recorrência sebastianista que chegou a afectar cabeças bem pensantes como, por exemplo, a de Fernando Pessoa, ainda que por pouco tempo. Em outro registo temporal, mas dando provas da sua arguta e singular percepção da realidade e da sua finíssima e certeira ironia, Guerra Junqueiro em entrevista a um jornal, qualificará Sidónio Pais de «fabricante de tragédias»[29]. Veremos que para maior desgraça de Portugal e dos portugueses, os momentos mais patéticos desta «tragédia» fabricada em vida do *fabricante*, tiveram lugar após a trágica morte deste.

---

[29] Cf. *A Pátria* de 1 de Julho de 1920, artigo de 1.ª página intitulado "Uma Voz de Profeta".

CAPITULO IV

O PÓS-GUERRA

Morto Sidónio Pais, o sidonismo começou de imediato a morrer. A assunção, por parte do Governo, do pleno exercício dos poderes executivos e a eleição de um novo presidente da República foram actos realizados nos termos da Constituição de 1911, então reposta em vigor. Com isso se fazia letra morta dos rudimentos constitucionais sidonistas, os quais não conferiam ao Congresso da República poderes electivos. E no entanto foi este órgão que, a 16 de Dezembro de 1918, elegeu para a presidência da República o vice-almirante João do Canto e Castro Silva Antunes, um monárquico que desempenhava o cargo de Secretário de Estado da Marinha, desde Outubro desse ano. O novo Chefe de Estado encarregou o anterior Secretário de Estado das Finanças, tenente-coronel João Tamagnini da Silva Barbosa, de formar governo. Este assim o fez, recorrendo, em boa parte, a elementos do anterior ministério. De acordo com disposições governamentais, ora tomadas, ficavam também repostas as figuras institucionais do presidente de ministério, bem assim como dos ministros (recorde-se que em tempo de Sidónio Pais, após a sua eleição para Presidente da República, os ministros haviam passado a secretários de Estado).

Agitavam-se, porém, os militares, organizados nos chamados *Núcleos de Guarnição* e depois nas proclamadas *Juntas Militares*[1]. Os Núcleos tinham surgido, ainda em tempo de Sidónio Pais, como mais uma consequência da sua desatinada política de se rodear de monárquicos, provendo com estes as chefias e os mais altos e estratégicos cargos do sector militar. O resultado foi o aparecimento dum exército fortemente politizado e extremado em duas facções principais: de um lado uma oficialidade monarcófila que se havia mostrado fortemente antiguerrista e que temia o avanço dos democráticos (a quem apelidavam de «seita demagógica») e o retorno a uma situação política igual ou parecida com a que se vivera antes da revolução dezembrista; do outro lado, oficiais de fundadas convicções republicanas e que viam, com razão, nas acções e movimentações dos primeiros, o perigo de uma tentativa de restauração monárquica.

---

[1] Sobre a instituição militar, suas relações com o regime e com políticos e intelectuais, ver Ferreira, José Medeiros, *O Comportamento Político dos Militares; forças armadas e regimes políticos em Portugal no século XX*, Lisboa, Estampa, 1992.

Na verdade, em articulação com alguns dirigentes monárquicos[2], mais ligados a Paiva Couceiro, o verdadeiro e superior objectivo das Juntas Militares era a restauração da monarquia em Portugal. Ao momento mostravam apenas os seus intentos de tomar conta da situação política, intervindo nas composições governamentais ou promovendo a formação de um governo militar que «jugulasse de vez a fúria revolucionária»[3]. Num primeiro ensaio de força e sob o pretexto de desconfiança política quanto a algumas personalidades governamentais como Egas Moniz[4] e Afonso de Melo[5], saíram de quartéis na madrugada de 24 de Dezembro de 1918 os regimentos de cavalaria de Lisboa, acompanhados por elementos das baterias de Queluz e por alunos da Escola de Guerra. Sob o comando do general Jaime de Castro foram acampar no Parque Eduardo VII, de onde enviaram delegados seus a conferenciar em Belém com Canto e Castro e com Tamagnini Barbosa. Da conferência resultou que continuaria em funções o Governo de Tamagnini, tal como estava constituído, aguardando-se melhor oportunidade para introduzir alterações que, de alguma forma, satisfizessem as pretensões das Juntas Militares. Após estas conversações, os sublevados, sob uma chuva contínua que se fazia sentir, levantaram arraiais e retiraram para Queluz.

Para Canto e Castro e Tamagnini Barbosa que, a todo o transe, queriam evitar derramamentos de sangue, a retirada dos militares constituía uma pequena vitória, uma vez que não só não houvera confrontos, como ainda no difícil plano negocial haviam ganho tempo, não se obrigando, pelo menos no imediato, a satisfazer qualquer das reivindicações das Juntas. De resto, o movimento golpista era condenado publicamente por muitos sectores e membros das Forças Armadas e pela quase totalidade da imprensa. Junto da opinião pública lisboeta, e duma forma geral em todo o país, as Juntas não gozavam de apoios, bem pelo contrário, eram vigorosamente verberadas. Todavia, ainda nessa manhã de 24 de Dezembro, os insurrectos fizeram chegar a Tamagnini Barbosa uma comunicação na qual colocavam uma série de condições para uma retirada definitiva para quartéis. Designadamente, pretendiam a queda do Ministério e a constituição de outro, integrando pessoas por si indicadas, e reclamavam a prerrogativa de serem eles (militares) a escolher os comandos para os corpos de tropas

---

[2] Ver Santos, Miguel Dias, *Os Monárquicos e a República Nova*, Coimbra, Quarteto, 2003, pp. 107-151.

[3] "Proclamação da Junta Militar do Norte", datada de 18/12/18, in *Diário de Notícias* de 21/12/18, 1.ª página.

[4] António Caetano de Abreu Freire Egas Moniz (1874-1955), médico, cientista e político. Fundador do Partido Centrista foi Ministro dos Negócios Estrangeiros de Sidónio Pais, de 8 de Outubro a 23 de Dezembro de 1918. Sobraçou esta pasta nos ministérios de Tamagnini Barbosa de 23 de Dezembro de 1918 a 27 de Janeiro de 1919 e de José Relvas, em 26 e 27 de Janeiro de 1919. Participou nas primeiras sessões da *Conferência de Paz de Versalhes*. A partir de 1920 dedica-se inteiramente à investigação científica, criando a angiografia em 1926 e o processo da leucotomia, o que lhe valeu o Prémio Nobel em 1949. Assume-se como oposicionista ao regime salazarista, chegando a ser proposto pela oposição socialista e republicana para candidato à presidência, em 1951. Ver Moniz, Egas, *Um Ano de Política*, Lisboa, Portugal-Brasil Editora, 1919.

[5] Afonso de Melo Pinto Veloso (1878-1968) magistrado e político. Monárquico do partido progressista, adere ao sidonismo e depois torna-se militante dos liberais e dos nacionalistas. Ministro da justiça de Tamagnini Barbosa de 23 de Dezembro de 1918 a 7 de Janeiro de 1919. Deputado de 1919 a 1926 e Presidente da Câmara Municipal de Lamego em 1922. Adere ao Estado Novo, sendo procurador à Câmara Corporativa.

no país. Tamagnini de imediato taxou as reivindicações de inaceitáveis. A guerra civil, opondo realistas a republicanos, avizinhava-se, perigosamente. Porém, na sequência de esforços mediados por Canto e Castro, o Governo e as Juntas chegaram aparentemente a um entendimento, à luz do qual se procedeu a uma recomposição ministerial que afeiçoava o Executivo um pouco mais às exigências dos militares. Apresentado no Parlamento a 9 de Janeiro, o novo Governo mereceu críticas da parte dos vários grupos parlamentares, com excepção da minoria católica, sendo Tamagnini acusado de andar às ordens das Juntas. No Senado, também Machado Santos não se eximiu a proferir opiniões cáusticas quanto à actuação do Chefe do Executivo, chamando-lhe «comerciante de secos e molhados»[6]. Em todo o caso, o remodelado Governo não foi inviabilizado.

Todavia, as cedências feitas aos monárquicos das Juntas Militares tiveram o efeito de exaltarem os ânimos dos republicanos. Não tardou muito para que essa exaltação desse lugar a uma revolta republicana com epicentro em Santarém e com focos de rebelião em Lisboa e na Covilhã. As tropas enviadas pelo Governo dominaram as insurreições em pouco tempo e sem dificuldades de maior, excepção feita para Santarém que continuava a resistir. Da cidade, o comandante das forças amotinadas, coronel Jaime de Figueiredo, enviou ao Presidente da República um telegrama, reconhecendo a sua autoridade de Chefe de Estado e justificando a revolta como um meio para libertar o país e os órgãos de soberania da coacção das Juntas Militares. No documento, propõe a organização de um governo «retintamente republicano»[7]. Decidido a não contemporizar, o Governo fez deslocar tropas de Lisboa e do Alentejo e de Coimbra, pondo cerco a Santarém. A estas tropas juntaram-se outras, vindas do norte, enviadas pela Junta Militar e comandadas pelo coronel Silva Ramos, acto que, decerto, obedeceu à dúplice intenção de, por um lado, combater os republicanos (inimigos de sempre) e, por outro lado, afirmar a ideia da existência da Junta como centro de poder, alternativo ao Governo. Também a famosa *Coluna Negra*[8], franco-atiradora e comandada por Teófilo Duarte, um dos cadetes de Sidónio, se pôs a caminho da cidade ribatejana. Cercados por efectivos poderosos e sujeitados a aturado fogo de artilharia, os sitiados, ao meio-dia de 15 de Janeiro de 1919, mostraram sinais de quererem negociar uma rendição e acabaram por depor as armas ao fim da tarde, não perante o comandante geral das forças militares atacantes, general Tamagnini de Abreu, mas ante a figura de Teófilo Duarte, que era apenas tenente. Na sua declaração de rendição, os revoltosos justificaram tão insólita atitude com o reconhecimento na pessoa de Teófilo Duarte da sua dignidade de Governador de Cabo-Verde (investido nesse cargo por Sidónio Pais), facto que o transformava no interlocutor mais importante. Não é difícil adivinhar-se outras motivações por parte dos revoltosos, designadamente a intenção de apoucarem o Governo, uma vez que em todo aquele contexto, Teófilo Duarte agira sempre por conta própria, não estando mandatado para quaisquer dos actos que cometera.

---

[6] Cf. *O Século* de 10/1/19, 1.ª página.

[7] Cf. *O Século* de 12/1/19, 1.ª página.

[8] Agrupamento armado com peças de artilharia e composto por guardas-fiscais, guardas-republicanos e soldados de uma companhia de obuses, arregimentados por Teófilo Duarte em Castelo Branco e na Guarda e que, sob o seu comando, dominaram os revoltosos da Covilhã. Agindo por conta própria, deambularão depois pelas Beiras, numa táctica de movimento nunca antes ensaiada em Portugal por tropas sublevadas.

Esta aventura republicana, em si própria, e a benignidade com que os seus autores foram julgados pôs de sobreaviso os próceres das Juntas Militares. Suspeitavam, aliás com fundamento, de cumplicidades entre insurrectos e membros do Governo para a criação de um facto (a revolta) que se mostrasse como uma contraposição forte às actividades das Juntas Militares, com isso se visando a subvalorização do peso e influência destas no xadrez da política nacional. Certas afirmações produzidas mais tarde pelo deputado dezembrista, Cunha Leal[9], implicado no movimento, dão alguma consistência à suspeição das Juntas. Com efeito, Cunha Leal declarará na Câmara de Deputados que, por amigos do Presidente do Ministério, lhes foi dito, a eles, revoltosos, o seguinte: "Nós não temos forças para combater as Juntas Militares, mas revoltem-se vocês provando ao Governo que essa força existe, pois assim o Governo em lugar de os combater, dar-lhes-á as mãos"[10].

O conhecimento dessa situação terá levado os responsáveis máximos pelas Juntas Militares a apressar os seus desígnios. Com efeito, a 19 de Janeiro, na cidade do Porto, reunida toda a guarnição militar no largo do Monte Pedral, deu-se o acto formal de restauração da monarquia. Presidiu às cerimónias, Henrique Mitchell de Paiva Couceiro (o cabecilha das incursões monárquicas) que a partir de então passou a intitular-se *Regente do Reino de Portugal*, em nome de D. Manuel II. No seguimento, várias outras cidades do norte hastearam a bandeira azul e branca, ficando a nação portuguesa dividida em dois regimes, com o rio Vouga por fronteira. Estava implantada a chamada «Monarquia do Norte». Em Trás-os-Montes permanecia, porém, como um baluarte republicano, a cidade de Chaves.

Na sequência dos acontecimentos, o Presidente Canto e Castro decretou o estado de sítio, para vigorar em todo o país por trinta dias. A 21 de Janeiro, o Chefe do Governo, perante uma enorme manifestação republicana que se concentrava junto às portas do Ministério do Interior, fez um apelo para que se pegasse em armas e se combatesse os monárquicos, inimigos da República. O povo de Lisboa, fiel aos ideais da República, respondeu maciçamente. Viva expressão dessa entrega generosa é o episódio seguinte: "[...] O Sr. Alferes Sá avisa um popular que vem descalço de que não lhe será dado calçado e não poderá combater assim, mas ele replica com energia: - Não faz mal; arranjarei umas botas. O que eu quero é defender a República!"[11].

Vendo assim uma hoste grossa e animosa de civis a ser armada, e disso tomando fundados receios, a Junta do Sul e os dirigentes monárquicos de Lisboa, até aí expectantes, decidiram que era chegado o momento de agir. No âmbito dessa decisão, várias unidades do Exército, acompanhadas de alguns civis, na tarde de 22 de Janeiro subiram ao Monsanto e daí fizeram fogo sobre a cidade, declarando-se em estado de pronunciamento pela monarquia. Comandavam as forças realistas, o lugar-tenente

[9] Francisco Pinto da Cunha Leal (1888-1970), militar, director de jornais e homem da política. Antigo apoiante de Sidónio Pais, destacou-se pela oposição que fez aos governos de Tamagnini Barbosa e de José Relvas em 1919. Foi ministro duas vezes e chefe de um governo de concentração partidária de Dezembro de 1921 a Fevereiro de 1922. Apoiante do golpe militar do 28 de Maio de 1926, tornou-se depois um opositor de direita a Salazar e ao Estado-Novo. Ver *Dicionário de História de Portugal*, Coordenação de António Barreto e Maria Filomena Mónica, ..., vol. VIII, Suplemento F/O, pp. 354-359.

[10] *Diário da Câmara de Deputados* de 11/02/1919, p. 6 (grafia actualizada).

[11] *O Século* de 23/1/19, 1.ª página (grafia actualizada).

de D. Manuel II, conselheiro Aires de Ornelas e o tenente-coronel Álvaro César de Mendonça, que fora Ministro da Guerra do último Governo de Sidónio Pais. No início, a situação por banda dos republicanos mostrou-se muito difícil, dado que, persistindo as mais importantes unidades militares de Lisboa em manter-se neutrais, o Governo não sabia de que armas ou forças poderia dispor para dar combate aos insurrectos. O Parque Eduardo VII foi então designado como local de concentração de todos os que quisessem lutar contra a sedição monárquica e para lá foram afluindo civis e militares, fazendo-se estes acompanhar de algum armamento. No dia 23, não sendo ainda as forças republicanas em número suficiente para se tentar um assalto, o comandante das operações, tenente-coronel Vieira da Rocha, decidiu pôr cerco a toda a serra do Monsanto, cortando todas as estradas e caminhos que possibilitassem uma saída dos revoltosos. No duelo de artilharia que se travou durante o dia 23, a vantagem pendeu ainda para o lado dos monárquicos, vantagem que pouco a pouco se foi estreitando, face aos constantes reforços que chegavam às hostes republicanas. Durante todo o dia de 24 de Janeiro, sitiantes e sitiados combateram-se encarniçadamente, até que ao fim da tarde, os republicanos encetaram um ataque geral, que em pouco tempo levou ao desbaratamento e rendição dos monárquicos, constatando-se então que estes se encontravam esvaídos pelo longo esforço e já sem munições para as peças de artilharia.

Esta importante vitória sobre os monárquicos teve, como não poderia deixar de ter, repercussões no plano político. Porque entre os republicanos que tal feito haviam cometido estavam, em maioria, partidários da *República Velha*, o acontecimento representava mais um firme passo na morte, já anunciada, do dezembrismo e do sidonismo. A nova situação política exigia um governo representativo dos interesses dos partidos históricos da República e bem depressa foi esse o entendimento do executivo de Tamagnini Barbosa, levando este a pedir a demissão a Canto e Castro, que a aceitou.

O Presidente da República incumbiu então o republicano histórico e conservador, José Relvas, de formar governo. Este, movimentando-se com rapidez, apresentou logo a 28 de Janeiro, um ministério de concentração republicana, composto por quatro republicanos independentes, dois sidonistas, dois democráticos, dois unionistas, um evolucionista e um socialista. Assim formado, o Governo foi tido como representante de todas as correntes republicanas e teve nas Câmaras uma recepção muito favorável, colhendo aí intenções de incondicional apoio. No entanto, persistia uma dificuldade de monta, a qual era a necessária convivência com um Parlamento sidonista que já não tinha razão de existir, extinta que estava a conjuntura que lhe dera existência. E este era um problema que afectava também o Presidente da República, uma vez que o monárquico Canto e Castro devia a sua eleição a esse Parlamento, agora desadequado à nova realidade política.

Entrementes, na luta travada contra os monárquicos, as tropas da República, ultrapassando a linha do Vouga, progrediam em direcção a Viseu e a Lamego, tomando esta cidade a 10 de Fevereiro. Numa outra frente mais a oeste, também Estarreja e a seguir Ovar caíam em poder dos republicanos. Atacadas pelo mar, Viana do Castelo, Vila Praia de Âncora e Caminha resistiam mal às arremetidas que lhe eram lançadas. Por força de todas estas ofensivas encolhiam drasticamente as fronteiras da Monarquia do Norte. A derrocada final chegou no dia 13 de Fevereiro, vinda de dentro da própria cidade do Porto, numa acção conjunta de elementos da Guarda Republicana (à data,

Guarda Real, posto que os monárquicos lhe haviam mudado o nome) e da artilharia da Serra do Pilar. Esta conjugação de esforços logrou uma fácil e rápida dominação das tropas realistas que restavam na cidade. Abriram-se as portas das prisões, a bandeira azul e branca foi arriada e o regime republicano foi oficialmente reposto. Na semana que se seguiu, caíram praças importantes como Vila Real e Mirandela, sendo ainda debelados focos de resistência que perduravam em outras localidades.

Chegava ao fim a aventura da efémera *Monarquia do Norte* ou *Reino da Traulitânia*, também assim chamada pelo facto de alguns dos seus sequazes, armados de cacetes (traulitos), exercerem perseguições e sevícias sobre os seus adversários políticos. Um *Reino* de 25 dias, durante os quais Leonardo Coimbra se retirou para uma recôndita estância de saúde na Serra do Seixoso, aí permanecendo a instâncias dos seus familiares e amigos, receosos de que, no Porto, o filósofo pudesse ser molestado, tendo em conta as suas conhecidas posições anti-monárquicas e o seu feitio sempre expansivo e, por vezes, pouco prudente.

A completa derrota dos monárquicos, desfazendo por inteiro quaisquer ilusões acerca da *restauração*, veio reforçar a posição dos partidos históricos da República. Daí que começassem a soar, mais insistentemente e com mais força, as vozes que pediam a extinção do Parlamento. O Presidente Canto e Castro via-se cada vez mais perto da desconfortável contingência de ter de ser ele a promulgar o decreto de exoneração de um Parlamento que o havia eleito para o alto cargo que ocupava. Seria subtrair a si próprio a legitimidade que lhe fora conferida para o exercício do seu mandato presidencial. A herança de Sidónio continuava a gerar incongruências. Consciente da delicadeza do problema, José Relvas convidou o Parlamento, na pessoa do presidente do Congresso, Zeferino Falcão, a ponderar a hipótese de votar a sua própria dissolução. Todavia e como escreveu o próprio José Relvas " [...] foram tão desencontradas as opiniões que foi de todo impossível chegar a um acordo"[12]. E no entanto, na nova realidade política, um tal Parlamento era uma excrescência anormal que não poderia durar muito mais tempo. Relvas acabou por se convencer da inevitabilidade de pôr termo à situação por decreto e nesse sentido promoveu a elaboração de um projecto-lei que, para além de dissolver as Câmaras, marcava eleições legislativas para 13 de Abril de 1919. A apresentação desse diploma na Câmara de Deputados gerou uma tão forte discussão e uma tal desordem que obrigou ao encerramento da sessão. Relvas foi então a Belém conferenciar com o Presidente da República, ficando decidida a promulgação do decreto de exoneração. No seguimento, logo Canto e Castro fez notar a sua vontade de abandonar a Presidência da República. Significava isto que o remédio para a solução de uma crise era, em si próprio e potencialmente, fautor de uma outra crise, porventura de não menor gravidade.

Com a dissolução do Parlamento, de imediato os ministros sidonistas se declararam demissionários, facto que era esperado. O Governo e o próprio Relvas estavam agora na incómoda situação de, por um lado, serem ainda acusados de albergar sidonistas no seu seio e, por outro lado, terem de se defrontar com a deserção e até com os ataques políticos destes mesmos sidonistas. Para além disto, a opinião pública republicana julgava como timorata e comprometida a acção do Ministério quanto à

---

[12] Relvas, José, *Memórias Políticas*, Lisboa, Terra Livre, 1978, vol. 2, p. 98.

questão de um saneamento político do exército e do funcionalismo público. Em defesa do gabinete ministerial e do seu chefe, só se faziam sentir as vozes de alguns jornais como *A Manhã*, *A Capital* ou *O Século*. Esperando poder tirar deste imbróglio alguns dividendos políticos, os partidos não intervinham. Em Março, Relvas, já desiludido do seu acalentado sonho de formar à direita um grande partido conservador que contrabalançasse o poder do Partido Democrático, afirmava sentir que estava «num ponto morto da acção do Governo»[13].

Na verdade, desgastado pelo ambiente hostil que se gerara e pelas demissões verificadas que, entretanto, já não se restringiam aos sidonistas, o Governo já mal cumpria as suas funções. A 27 de Março, Relvas apresentou a Canto e Castro o pedido de demissão colectiva do seu gabinete. A sua passagem pelo poder durara apenas dois meses, facto que os bons auspícios dos seus primeiros dias contrariavam. Tal circunstância, não sendo inédita e justamente por o não ser, transporta-nos para a conclusão de que a história do país que era então Portugal, ditada pelo jogo de forças das paixões políticas, corria vertiginosamente. Comentando a queda do ministério Relvas, dizia um jornal: "Enquanto os governos em Portugal, não tiverem senão missões políticas a realizar e não viverem senão de efémeros apoios políticos e partidários, a sua instabilidade será constante"[14].

Algo de profético estas palavras continham, mas não deixa de causar alguma estranheza que, numa altura em que com facilidade se encarava o recurso à violência como um meio legítimo para fazer vingar ideais e até como meio de assalto ao poder, face a uma hegemonia eleitoral detida por um partido, o Democrático, se viesse à praça pública falar de *estabilidade*. A afirmação feita, sendo justa e verdadeira, abordava porém o problema pela rama. É que não se ia ao fundo da questão, reconhecendo que, para haver estabilidade era necessário que ela passasse pelo Partido Democrático. Sem ele ou contra ele, o país não era governável. A sua preponderância era tão grande que mesmo quando não estava no governo era ele, afinal, que governava. O seu monopólio eleitoral e político residia no facto de ter herdado toda a rede clientelar e caciqueira do PRP e mesmo parte da dos velhos partidos monárquicos. À luz desses condicionamentos não pode afirmar-se, com segurança, que os resultados eleitorais fossem o produto da vontade livre e espontânea dos eleitores e esse era o verdadeiro «pomo da discórdia». Era isso que concitava contra os democráticos a inimizade assanhada das outras agremiações políticas, desejosas, também elas, de abocanhar uma fatia de poder e considerando-se ilegitimamente espoliadas nos pleitos eleitorais. O fenómeno revelou-se, porém, uma faca de dois gumes porque, enquanto poder, o Partido Democrático, arrostando com essa luta encarniçada dos seus adversários republicanos e com as arremetidas dos monárquicos e de outros conspiradores, teve, na maior parte do tempo, de se limitar a gerir situações de crise, dispondo de poucas ocasiões para promover uma efectiva governação. E, na verdade, nunca reuniu condições para executar com eficácia as reformas que poderiam dar consistência e estabilidade ao regime. Não houve estratégia a longo prazo que resistisse a um tal contexto político de dúvidas, de suspeições, de recusas, de fraccionamento partidário, de ameaças, de

[13] Cf. Relvas, José, *Ob. Cit.*, p. 127.

[14] *O Século* de 27 de Março de 1919, 1.ª página.

quedas de governo, de revoltas. Face a este permanente cenário, as soluções de fundo sempre foram adiadas.

O problema, tal e qual assim colocado, terá sido bem compreendido e avaliado pelos dirigentes partidários republicanos, que, no entanto, enleados em sectarismos e antagonismos nunca resolvidos, jamais se empenharam na construção de soluções alternativas, duradouras e eficazes, nem mesmo quando a elas foram directamente chamados. Esta foi uma insanável contradição que permaneceu, com pequenas *nuances*, por todo o tempo da República, vindo a ser uma das causas principais, senão a principal, da sua queda, podendo quanto a isso afirmar-se que os grandes inimigos da República não foram, afinal, os monárquicos, mas sim, os republicanos.

Voltando aos factos, após a queda do Governo Relvas assistiu-se à formação de um ministério, igualmente de concentração republicana, mas agora completamente liberto de resquícios sidonistas. À frente do novo elenco ministerial estava o democrático Domingos Pereira[15] e como titular da pasta da Instrução um outro democrático, Leonardo José Coimbra. Era verdade! O cidadão Leonardo Coimbra, até então politicamente proscrito, era agora, numa fase angulosa da política nacional, chamado a desempenhar um alto cargo na governação do país. A República, reconhecendo, por fim, as suas altas capacidades, convocava-o para colaborar directamente na enorme e patriótica tarefa de reconstruir uma nação arrasada por anos de devastadoras lutas políticas e por guerras externas e internas. No *Século* de 31 de Março, lia-se: " O Dr. Leonardo Coimbra é um professor distintíssimo e um dos nossos mais notáveis escritores novos, filósofo; com uma rara cultura e o espírito aberto a todas as ideias modernas. Foi entre nós um dos mais activos propagandistas da participação de Portugal na Guerra"[16]. No dia da sua tomada de posse como ministro, Leonardo encontrou-se de manhã, na Brasileira do Rossio, com o poeta José Gomes Ferreira. Este, no seu livro *Imitação dos Dias* descreveu, em coloridas palavras, o divertidíssimo encontro[17].

Teve o Governo de Domingos Pereira uma vida curta de apenas três meses (31/3/19 a 29/6/19). Esse foi, porém, o tempo suficiente para o novo Ministro da Instrução proceder a reformas importantes. No campo cultural, destacam-se as reorganizações feitas no Teatro Nacional de Almeida Garrett e no Conservatório de Música de Lisboa. Esta última instituição passou a chamar-se Conservatório Nacional de Música e, sob o impulso da reforma e da direcção de Viana da Mota[18], conheceu até 1938 um período de grande vitalidade. Para a Biblioteca Nacional, o Ministro Leonardo Coimbra nomeou director o seu amigo de muitas lutas e empreendimentos, Jaime Cortesão. Em estreita colaboração com o escritor Raul Proença (o primeiro perito português em biblioteconomia), Cortesão traçou com grande eficiência o rumo da

---

[15] Domingos Leite Pereira (1882-1956), Ministro da Instrução do Governo José Relvas, advogado, professor e jornalista, natural de Braga. Foi deputado à Constituinte de 1911.

[16] *O Século* de 31 de Março de 1919, p. 1 (grafia actualizada).

[17] Ver Anexo 2.

[18] José Viana da Motta (1868-1948), Pianista virtuoso, compositor, filósofo, pedagogo, nascido em S. Tomé. Personalidade multifacetada, marcou a vida artística e cultural portuguesa durante a primeira metade do século XX. Foi Director do Conservatório Nacional de Música de 1918 a 1938. Contribuiu valiosamente, em conjunto com outro musicólogo, Luís de Freitas Branco, para a reforma de 1919 efectuada sob a governação do Ministro Leonardo Coimbra.

instituição, conferindo-lhe grande prestígio e um papel influente na vida cultural do país. Até 1927, ano em que foram destituídos por razões políticas, Proença e Cortesão transformaram o que era um simples depósito de livros numa instituição viva, fazedora de cultura e de saberes[19]. As medidas tomadas pelo Ministro quanto à Biblioteca Nacional viria a ter repercussões à partida insuspeitas. É que, por força da colaboração que se gerou entre aquelas duas personalidades do mundo das letras e das artes - Cortesão e Proença - formou-se o conhecido «Grupo da Biblioteca Nacional», a que se juntaria, posteriormente, Aquilino Ribeiro, Raul Brandão e António Sérgio, vindo assim a constituir-se um notável núcleo de intelectuais que, a partir de 1921, fundaria e daria corpo e curso à revista *Seara Nova*[20], publicação com grande impacto social e político. Um pouco mais tarde, Cortesão referir-se-á acção de Leonardo Coimbra como governante e à lei de 10 de Maio de 1919, considerando que o nome do Ministro ficaria para sempre ligado a este importante documento por meio do qual foi possível a reforma da Biblioteca Nacional[21].

Num outro campo, Leonardo Coimbra, reconhecendo no poeta Afonso Lopes Vieira (retinto monárquico) competência ímpar em assuntos de literatura medieval, encarregou-o de proceder a investigações acerca da autoria do romance de cavalaria *Amadis de Gaula*, pretendida por portugueses, espanhóis e franceses. Por ter tomado tal decisão teve de enfrentar vários protestos, muitos vindos do interior do seu próprio partido. Feita a investigação a mesma não foi conclusiva, muito embora tivessem sido alinhados importantes argumentos a favor da tese portuguesa. Como retribuição da honra que lhe fora concedida, Afonso Lopes Vieira reconstituiu a versão portuguesa do *Amadis de Gaula*, atribuída a Vasco de Lobeira, reconstituição que ainda hoje é elemento fundamental de trabalho para os estudiosos do assunto.

Na área da educação, o Ministro renovou os *Serviços do Ensino Primário*, introduziu importantes alterações no *Regulamento do Ensino Secundário*, dignificou o estatuto do professor primário e criou as *Escolas Primárias Superiores*. O ensino primário obrigatório de três anos e o ensino primário complementar não obrigatório, até então regulados pelas leis de 1911, fundem-se então num só, passando a chamar-se *Ensino Primário Geral*, em regime de obrigatoriedade por um quinquénio, dos 7 aos 12 anos. Na fase seguinte surgia o *Ensino Primário Superior*, com a duração de três anos e com um programa de matérias semelhante ao do primeiro ciclo liceal. Era um ensino destinado às classes populares, com a intenção de proporcionar a esses portugueses os rudimentos de saber e de cultura necessários para o exercício de uma cidadania responsável e republicana, visando também a elevação do grau espiritual e cultural da Pátria. Correspondia tudo isto a um sonho sempre acalentado por Leonardo, desde os seus tempos de anarquista, e com expressão visível nas iniciativas da Renascença

---

[19] Cf. *Raul Proença, O Caso da Biblioteca Nacional*, organização, estudos e notas de Daniel Pires e José Carlos González, Lisboa, Biblioteca Nacional, 1988, p. 33.

[20] Sobre Seara *Nova*, o grupo, o idealismo e a acção política, ver Amaro, António Rafael, *A Seara Nova Nos Anos Vinte e Trinta (1921-1939, Memória, Cultura e Poder*, Viseu, Universidade Católica Portuguesa, 1995. Ver também AAVV, *Seara Nova, Democracia/Razão/Europa – Textos e Contextos*, Coordenação de Maria Luísa Fernandes, Porto, Campo das Letras – Editores, S.A., 2001.

[21] Ver Cortesão, Jaime, "Relatório", in *Anais das Bibliotecas e Arquivos*, Lisboa, Julho – Setembro de 1920, vol. I, n.º 3, pp. 117.

Portuguesa, mormente as Universidades Livres e Populares. No *Livro de Visitantes* da Escola Superior de Aveiro lê-se, escrito pelo punho de Leonardo Coimbra, o seguinte apontamento: "Para a frente! A vida só existe crescendo – sem isso é inércia a fingir de vida. Estas escolas foram a melhor obra do meu amor pelo povo, são mesmo a minha única obra de político que consinto se ponha ao lado da minha obra de homem de letras." O grande problema quanto a estas escolas era o recrutamento de pessoal docente. António Sérgio, Ministro da Instrução em 1924, sem visão do seu antecessor para admitir docentes sem concurso, porém de reconhecida competência (como, de resto, o admitia o preâmbulo do decreto fundador da iniciativa), considerará essa dificuldade inultrapassável e, com base nessa presunção, decidirá o encerramento das Escolas Primárias Superiores, destruindo assim uma obra de que tanto se orgulhava Leonardo Coimbra, muito embora ele próprio nela admitisse imperfeições que só o tempo poderia corrigir. A extinção das escolas seria, contudo e na sua opinião, «uma verdadeira monstruosidade»[22]. Não obstante, pela mão de Sérgio, seriam mesmo encerradas as cerca de trinta escolas existentes no país, cortando-se cerce uma aspiração que vinha de 1911 e isso apesar de Sérgio reconhecer, publicamente, a necessidade de um ensino primário complementar.

Mas terá sido no Ensino Superior que se tornou mais visível e mais discutida a acção governativa de Leonardo Coimbra, designadamente as suas iniciativas de reestruturação dos Cursos de Ciências Filosóficas nas Faculdades de Letras, de criação de novos cursos na Faculdade de Ciências da Universidade de Coimbra e nas Escolas Normais do Porto e de Coimbra. E a culminar toda esta obra, uma medida que se tornou uma questão altamente polémica e convenientemente dramatizada. Foi essa a desanexação da Faculdade de Letras da Universidade de Coimbra e a sua transferência para a Universidade do Porto. É possível afirmar que a intenção de operar mudanças na Universidade de Coimbra estaria, de há muito, radicada no espírito de Leonardo Coimbra, posto que tal intenção ressalta já das palavras proferidas, embora em tom jocoso, no já referido encontro com o poeta José Gomes Ferreira, na Brasileira do Rossio[23]. Já ministro, Leonardo concede uma entrevista ao jornal O *Mundo* onde, referindo-se à Universidade, critica alguns dos seus elementos, acusando-os de serem «propagandistas duma neutralidade impossível e até de puro germanofilismo», adiantando ser seu intento formar uma comissão para estudar «um programa de remodelação da Universidade»[24].

O assunto, pelos aspectos político e ideológico de que se revestiu, pela tinta que fez correr e pelo impacto que obteve junto da opinião pública, merece algum aprofundamento. Neste sentido há a notar que, dum ponto de vista formal, o diferendo que opôs a Universidade de Coimbra ao Ministro da Instrução Pública nasceu com a publicação de dois decretos governamentais, datados de 2 de Maio de 1919. O primeiro alterava o plano de disciplinas dos cursos de Filosofia das Faculdades de Letras de Lis-

---

[22] Palavras de uma entrevista concedida por Leonardo Coimbra a um jornalista do Porto que no entanto só foi publicada em 1 de Julho de 1960. Sobre o assunto cf. Dionísio, Sant'Anna, *Leonardo Coimbra, O Filósofo e o Tribuno...*, p. 196.

[23] Ver Anexo 2.

[24] Cf. *O Mundo* de 27/4/19, p. 1.

boa e de Coimbra, aumentava para mais dois o número de professores destes cursos e outorgava ao Governo competência para nomear esses professores. O segundo decreto nomeava, para essas vagas de professores recém-criadas, personalidades escolhidas pelo Ministro. Ora, considerando-se ferida nos seus direitos e no seu prestígio por não ter sido consultada quanto à alteração dos cursos e quanto à nomeação dos professores, a Faculdade de Letras de Coimbra enviou ao Ministério uma representação[25], datada de 15 de Maio de 1919, na qual protestava contra os decretos e requeria a suspensão dos mesmos. Em resposta, a 19 de Maio é publicado um novo decreto em cujos considerandos se diz que a acta do Conselho de Faculdade que aprovou a representação dirigida ao Ministro foi redigida em «termos desrespeitosos e ofensivos» para com os professores recentemente nomeados. E mais diz que essa atitude dos professores terá instigado os alunos da Faculdade de Letras a dirigirem, também eles, uma representação ao Ministro da Instrução Pública, redigida «em termos inconvenientes». Face a essa atitude de indisciplina em que incorreu também o reitor, Dr. Joaquim Mendes dos Remédios[26], conclui o decreto por exonerá-lo e nomear, para o cargo, o então reitor interino e bacharel em Direito, Joaquim José Coelho de Carvalho. Poucos dias depois era publicado o Decreto n.º 5770 que desanexava a Faculdade de Letras da Universidade de Coimbra e a transferia para a Universidade do Porto. Nos considerandos do decreto apontam-se como razões principais da transferência, para além da conveniência de dotar o Porto de uma Faculdade de Letras, haver, por parte da Faculdade de Letras de Coimbra, uma prática intelectual completamente apartada do meio social em que a Universidade se insere e um ensino restringido a «uma erudição livresca» e a uma «orientação tomista de forma escolástica». O mesmo decreto que desanexava a Faculdade Letras, criava, na Universidade de Coimbra, uma Faculdade Técnica e, sob a tutela desta, uma Escola de Belas Artes.

A notícia caiu na cidade do Mondego como se de uma bomba se tratasse. Os habitantes manifestaram-se contra o que era para muitos deles uma quebra de proveitos, face a uma não vinda à cidade de substancial número de pensionistas estudantes. Por sua vez, a Universidade utilizou todos os meios ao seu alcance para fazer frente ao que classificava como um «grave ataque à integridade universitária»[27]. O Senado aprova moções de repúdio e de discordância quanto às medidas governamentais e em um extenso manifesto intitulado *A Faculdade de Letras da Universidade de Coimbra ao País* (Coimbra, 1919) refutam-se as acusações feitas pelo Ministério, afirma-se que a «Universidade está como o espírito da Nação» e exige-se desagravo. E, colectiva ou

[25] Nome então dado ao que hoje se designa, genericamente, por abaixo-assinado.

[26] Joaquim Mendes dos Remédios, professor da Faculdade de Letras e reitor da Universidade de Coimbra eleito pelos professores, encontrava-se, à data e a seu pedido, em suspensão de funções por não concordar com uma sindicância ordenada em Março de 1919 pelo Governo Relvas contra os professores da Faculdade de Direito, Oliveira Salazar, Fezas Vital, Magalhães Colaço e Carneiro Pacheco, suspeitos de actividades contra a República. A sindicância conduzida pelo juiz Vieira Lisboa concluiu pela não confirmação das suspeições levantadas e, nos primeiros dias do mês de Maio foram reintegrados nas suas funções, Oliveira Salazar e Fezas Vital, não o sendo Carneiro Pacheco e Mendes dos Remédios por se encontrarem ausentes no estrangeiro, em missão de estudo.

[27] Cf. "Moção do Senado da Universidade de Coimbra, de 24 de Maio de 1919", in *A Faculdade de Letras da Universidade de Letras ao País*, Coimbra, Tipografia França Amado 1919, Apêndices, pp. 41-42.

individualmente, os professores prosseguiram com acções, enviando telegramas e cartas abertas ao Presidente da República e protestos e exposições ao Parlamento. Joaquim de Carvalho, à data professor assistente da Faculdade de Letras, na área de Filosofia, escreve um pequeno folheto, no qual pessoaliza as acusações feitas pelo Ministério da Instrução e, nessa perspectiva, faz um contra-ataque cerrado, chegando a acusar o Ministro de traidor, isso quanto ao espírito que, de início, animava os fundadores da «Renascença Portuguesa»[28]. Também o Conselho da Academia de Ciências de Portugal, a que presidia Teófilo Braga, vem entretanto a público manifestar solidariedade para com os docentes da Faculdade de Letras e requerer, ao Governo e à Câmara de Deputados, a sua reintegração na Universidade de Coimbra. No Parlamento, a questão foi vivamente debatida por várias sessões, de 20 a 25 de Junho, sendo principais intérpretes dos debates, por um lado, o Ministro da Instrução e, por outro lado, o lente coimbrão e deputado, Alves dos Santos. A 26 de Julho, não sendo já ministro, Leonardo proferiu, na Câmara, um memorável discurso, sob o título *A Universidade e a Liberdade*, discurso que encerrou o debate sobre a desanexação da Faculdade de Letras de Coimbra. O texto dessa peça oratória, constituindo um libelo acusatório de falta de liberdade e de existência de vícios anti-pedagógicos na Academia de Coimbra, foi depois publicado pelo autor em um opúsculo com o título *A Questão Universitária*[29].

O resultado mais visível de toda esta contenda foi o de a Faculdade de Letras de Coimbra não ser transferida para o Porto, e, como contrapartida no sentido de não desfeitear por completo o Ministro da Instrução, Leonardo Coimbra, esta última cidade ganhar uma Faculdade Letras, da qual Leonardo foi mestre e director. O Parlamento quedava-se assim por uma benta solução de apaziguamento que, se por um lado concedia uma satisfação ao Ministro, por outro lado dava provimento aos protestos da comunidade universitária de Coimbra. Em todo o caso, no auge da vida, com 36 anos de idade, Leonardo Coimbra viu-se assim investido das funções de director da *Faculdade de Letras da Universidade do Porto*, criada por decreto de 27 de Agosto de 1919. E isto era algo que dava resposta à vocação, muito forte em Leonardo, de formador e de educador. Apostado em construir uma escola diferente, contornou normas e burocracias e fez convites a pessoas suas conhecidas para integrarem o quadro de professores. Desse modo, arrostando com as imprecações da Universidade, formou um corpo docente com pessoas por si escolhidas junto da Renascença Portuguesa e entre professores do Liceu e estagiários das Escolas Normais Superiores. Escândalo dos escândalos foi, porém, a ousadia de convidar para professor, José Ramalho Teixeira Rêgo, um autodidacta sem graus académicos, conceituado elemento da Renascença e especialista em Filologia e Literatura Portuguesas. A nova Faculdade, funcionando inicialmente em salas da Faculdade de Ciências, mudou-se depois para um edifício próprio, a chamada *Quinta Amarela*, na Rua Oliveira Monteiro, ao Carvalhido. Até à sua efectiva extinção, a Faculdade de Letras do Porto licenciou 167 alunos, sendo um desses licenciados Adolfo Casais Monteiro, futuro professor universitário e insigne poeta. Ouçamos as suas afirmações: "[...] a Universidade que conheci não era uma

---

[28] Ver Carvalho, Joaquim de, *A Minha Resposta ao último considerando do decreto que desanexou a Faculdade de Letras de Coimbra*, Coimbra, Tipografia França Amado, 1919, p. 6, nota de rodapé.

[29] Ver resumo do discurso in *Leonardo Coimbra, Testemunhos ...*, pp. 347-348.

continuação rotineira do rotineiro liceu; os seus professores eram, pela maior parte, homens de verdadeiro espírito universitário – talvez porque nenhum deles tivesse sido jamais abafado pela borla e pelo capelo [...] e a menor justiça a fazer a Leonardo Coimbra [...] é de se reconhecer que, sem ele, tal verdadeiro espírito universitário não teria presidido à formação de dezenas de rapazes e raparigas que por ali passaram [...]"[30].

A Faculdade de Letras do Porto era de facto uma escola diferente, no método de ensino e no ambiente caloroso que envolvia alunos e professores. A pedagogia oficial[31] só formalmente era cumprida, sendo o diálogo a didáctica preferida. No corpo docente pontificava a figura do professor Leonardo Coimbra em cujas aulas os alunos ora ficavam quedados das palavras do mestre, ora, por acção condutora deste, se envolviam em discussão colectiva e intensamente participada acerca das várias questões levantadas e das opiniões emitidas. Leonardo sabia o nome de todos os seus alunos e também conhecia as suas pessoalidades, aptidões e dificuldades. Acerca dessa extraordinária experiência educativa, registe-se o testemunho de um aluno que veio a ser figura grada no quadro filosófico nacional: "A movimentação peripatética nas instalações da Quinta Amarela permitia-nos ouvir os mestres fora das aulas e conferia-nos a alegria de estudar intelectualmente, sem estorvo de manuscritos, cadernos ou livros. Depois de escutarmos com atenção passional a retórica de Leonardo Coimbra, Teixeira Rêgo ou Newton de Macedo, procedíamos a exercícios de dialéctica, comparando e contrastando as nossas ingénuas opiniões com as verdades recebidas de sucessivos actos de graça"[32].

Após as aulas, continuava essa comunicação fácil entre o Mestre e o grupo de alunos que o seguia pelas ruas, a caminho da sede da Renascença Portuguesa ou para os cafés da baixa – Majestic, Excelsior, Sport. Aí, libertados dos ademanes académicos, permaneciam em animadas sessões de convívio e de tertúlia. Pôr as pessoas a falar e a falar bem, pensando as palavras e transmitindo saber, era esse o verdadeiro magistério de Leonardo Coimbra. Alguns dos discípulos, em cujas mentes o mestre abriu as portas para o mundo do pensamento abstracto e para a vontade de se exercitarem no dom da palavra, revelar-se-iam no futuro eminentes homens de ciência e de cultura, fiéis à escola leonardina. Citem-se a propósito, entre outros: Álvaro Ribeiro, José Marinho, José Sant'Anna Dionísio, Adolfo Casais Monteiro, Lúcio Pinheiro dos Santos, Agostinho da Silva.

Leonardo ganhara a aposta de construir a Faculdade por si ideada, mas essa vitória não se faria sem sobressaltos. A simples existência duma tal escola, configurando um projecto pedagógico pessoal, completamente ao arrepio do figurino oficial e com um corpo docente que não havia prestado provas de concurso, era algo que outras escolas sentiam como uma crítica e até como um insulto. Logo na sessão inaugural, a 24 de

---

30 Monteiro, Adolfo Casais, "O Meu Mestre Leonardo Coimbra", in *Leonardo Coimbra, Testemunhos...* pp. 253-254.

31 Estava oficialmente estabelecido que nas Universidades o método de ensino seria composto por lições magistrais ministradas pelos professores, limitando-se os alunos a ouvirem e a escreverem. Os parâmetros oficiais de avaliação atribuíam à prova escrita um peso muito superior à prova oral. Esta metodologia estava nos antípodas das concepções pedagógicas de Leonardo Coimbra.

32 Ribeiro, Álvaro, *Memórias de um Letrado,* Lisboa, Guimarães Editores, vol. III, p. 15.

Novembro de 1919, essas forças contrárias se manifestaram com a presença, entre a assistência estudantil, de veteranos da antiga Escola Médico-Cirúrgica do Porto e da Universidade de Coimbra, os quais, após a prelecção feita por Leonardo, se envolveram em confrontos físicos com os adeptos deste. Com efeito, desde o seu primeiro momento de existência até ao seu completo encerramento em 1931, a Faculdade de Letras do Porto seria alvo de uma campanha de agressões e de maledicências, vinda da parte de adversários políticos, mas também e principalmente, de instâncias e elementos dos círculos universitários.

Em simultaneidade com a sua acção de professor e de educador, Leonardo Coimbra desdobra-se então em outras actividades, designadamente dirige a *Revista da Faculdade de Letras*[33], ocupa-se da *Renascença Portuguesa* (coordenando toda a 3.ª série de *A Águia*, 1922-1928), escreve para jornais, concede entrevistas e cede sempre às solicitações que lhe são dirigidas para discursar aqui e além, a propósito dos mais variados assuntos. E nisso de discursar, Leonardo surpreendia sempre pelo seu saber enciclopédico e pela sua capacidade inusitada de improvisar sobre qualquer tema, mesmo os mais incomuns. A esse respeito, os seus críticos e biógrafos são unânimes em afirmar que ele era muito melhor a falar que a escrever, afirmando mesmo que havendo por vezes, da parte de Leonardo, um maior cuidado na preparação dos seus discursos (os que tinham a ver com o exercício de funções políticas), estes não tinham a mesma fulguração e beleza plástica de outros, proferidos de improviso: "Leonardo, o autêntico Leonardo, era o Leonardo a falar"[34]. De destacar o discurso que produziu no dia 14 de Maio de 1920, no Centro Republicano Democrático do Porto (comemoração da Revolução de 14 de Maio de 1915) em que enaltece o povo republicano e a sua fé na democracia e na República. Considera gloriosa, mesmo épica, a participação desse humilde povo no assalto ao Monsanto e, citando Bruno, afirma «não é republicano quem quer, mas quem o pode ser». Lembra aos governantes a necessidade de se educar e instruir o povo, pois que não haverá República sem uma educação republicana[35]. Esta última questão, que havia tido uma presença forte no discurso político e ideológico dos primórdios da República, tinha especial oportunidade num tempo em que, apagados da cena política os últimos resíduos do sidonismo, a República se afirmava de novo e, em tese, com os mesmos princípios de 1910.

Mas esta propalada afirmação de regresso ao passado pouco tinha a ver com a realidade do presente. Muito embora no entendimento de muitos e influentes republicanos florescesse a ideia de regenerar o regime, devolvendo-lhe a pureza inicial do *5 de Outubro*, a verdade é que em tempos tão mudados, tais expectativas não passavam de conjecturas procedentes de bem intencionadas vontades. Um retorno ao passado não seria viável num tempo em que a experiência da guerra, agente acelerador de mudanças, havia

---

[33] Criada em 1920, tinha na Comissão de redacção os professores Leonardo Coimbra, Hernâni Cidade e Mendes Correia. De modesta apresentação gráfica, foram publicados seis números. No ano seguinte também os alunos da mesma Faculdade criam um mensário denominado *A Nossa Revista*.

[34] Morais, Pina de, "Leonardo", in *Leonardo Coimbra, Testemunhos...*, p. 34.

[35] Cf. "A Tribuna" de 15 de Maio de 1920, p. 1-2, in *Leonardo Coimbra, Cartas, Conferências, Discursos, Entrevistas*, compilação e notas de Pinharanda Gomes e Paulo Samuel, Lisboa, Fundação Lusíada, 1994, pp. 83-85.

operado transformações nas pessoas, no seu modo de pensar e ver o mundo e nos seus comportamentos sociais. E se, no plano das instituições político-partidárias, se assistia ao regresso do domínio eleitoral do Partido Democrático, havia que registar, porém, a circunstância de este partido já não ser exactamente o mesmo que Afonso Costa liderara. Nele se delineavam agora sensibilidades e clivagens ideológicas, encabeçadas por líderes espontâneos e não oficiais, clivagens essas que iriam dar origem a cisões, com formação à direita e à esquerda de outros agrupamentos partidários. Um outro indício de mudança, com incidência importante na sociedade portuguesa, residia no facto de a Guarda Nacional Republicana (GNR) ter substituído a Armada no papel de força militar defensora do regime. Sob auspícios do Partido Democrático e pela mão de um dos seus proeminentes membros, o tenente-coronel Liberato Pinto, a GNR foi sendo reestruturada no sentido de poder cumprir estas novas atribuições, vindo os seus efectivos e armamento a aumentar de forma exponencial[36]. Daí resultará o efeito perverso de, ao invés de a Guarda se submeter às ordens e decisões governamentais, ser afinal, ela própria, porque detentora do poder das armas, a ter uma palavra de peso na constituição ou destituição de governos ou a influenciar a acção destes. Natural era, pelo menos segundo a lógica e a ética políticas de então, que o Partido Democrático, como promotor desta nova realidade, detivesse algum poder dentro daquela corporação militar, podendo nela determinar atitudes ou movimentações. Não era esse um poder muito claro e objectivo, mas em todo o caso, a sua pressuposta existência constituía um factor adicional de instabilidade política, pelas reacções que desencadeava da parte dos outros partidos. Também os protagonistas da acção política já não eram os mesmos: Brito Camacho, remetido para o cargo de Alto Comissário da República, em Moçambique, durante os anos de 1921 e 1922, desinteressar-se-á pouco a pouco da política, acabando por se devotar às literaturas; António José de Almeida, que tinha andado a monte durante o sidonismo, viu-se, pouco tempo depois, eleito para a Presidência da República; Afonso Costa, exilado em Paris e chefe da Delegação Portuguesa à Conferência de Paz e à Sociedade das Nações, jamais regressará do seu dourado exílio, adquirindo a auréola de um «encoberto» no panorama nevoento da política e da sociedade portuguesas.

Tudo ou quase tudo mudara! E quase tudo porque algo havia que teimava em persistir, porventura diferentemente em alguns aspectos, mas igual na sua essência e nas suas consequências. Referimo-nos ao sectarismo político e à intransigência que regia as relações entre partidos e pessoas, tantas vezes a descambar para o ataque baixo e gratuito, mais ou menos violento, precisamente aquilo que Amadeu Carvalho Homem, em frase feliz, classifica de «intolerância fratricida, mesmo dramática» quando alude à forma como os «alternativos modelos de organização social foram defendidos entre nós»[37]. Num tal ambiente, os governos foram-se sucedendo a uma cadência indesejável, não dispondo de condições políticas ou tempo suficiente para cumprir os seus programas e vendo, comummente, a sua obra não continuada ou destruída por

[36] Cf. Santos, António Pedro Ribeiro dos, *O Estado e a Ordem Pública – As Instituições Militares Portuguesas*, Lisboa, Instituto Superior de Ciências Sociais e Políticas, 1999, pp. 210-214.

[37] Cf. Homem, Amadeu Carvalho, *Identidade Nacional e Contemporaneidade*, Separata da Revista de História das Ideias, vol. 17, Faculdade de Letras de Coimbra, p. 590.

executivos posteriores[38]. Em raros momentos, como o que imediatamente se seguiu à vitória sobre a Monarquia do Norte, afloravam boas intenções no sentido de um entendimento entre os republicanos, não logrando, porém, passar de isso mesmo, de *boas intenções*. A tentativa mais séria de construir, à direita do espectro político, um grande partido republicano conservador que, nas urnas, fizesse páreo com o Partido Democrático, surge com a fusão dos Partidos Unionista e Evolucionista num só agrupamento político-partidário, o Partido Liberal. No entanto, e mau grado as cisões havidas no seu seio e as quebras registadas nas suas votações urbanas, o Partido Democrático só por uma vez, em 1921, perdeu eleições a favor dos liberais. As baixas percentagens dos eleitores que participavam nos actos eleitorais eram um inequívoco indício de uma democracia com insuficiências graves e com elites dirigentes demasiado distanciadas do país real.

Por outro lado, assistiu-se até 1922, a um crescendo da actividade sindical, marcado por vagas sucessivas de greves que afectaram os mais importantes sectores da indústria e do comércio bem como o funcionalismo público e empresas de serviços. Foram os anos da «ameaça vermelha» (expressão usada pelos patrões) que viram nascer a *Confederação Geral do Trabalho* (C.G.T.) e o seu órgão, *A Batalha*, um diário que passou a ser o terceiro maior do país, com uma tiragem de cerca de 20 mil exemplares. O operariado e as classes trabalhadoras, que tinham conquistado prestígio político pela sua participação no combate à tentativa de restauração monárquica de 1919, lutavam agora por uma melhoria das suas condições de vida, no difícil quadro económico do país, entretanto agravado pelas sequelas da guerra. A existência de um *Ministério do Trabalho*, a vigorar já desde o Governo Relvas, era um sinal da importância política que os sindicatos e o mundo do trabalho tinham, entretanto, adquirido[39]. Em presença das acções dos grevistas, tantas vezes acompanhadas de tumultos, agressões, sabotagens, destruições, os governos tendiam a atribuir às classes trabalhadoras as responsabilidades pelos conflitos laborais e pelas suas consequências e a exercer uma forte repressão pela força das armas e por meio de legislação anti-laboral. Não eram, no entanto, menos radicais as posições e as respostas do patronato, circunstâncias havendo em que eram os próprios governos a intervir como elemento mediador nos diferendos que opunham empregados a empregadores. É certo que, na mente e nos planos de uma nova geração de sindicalistas que se ia distanciando do ideário anarquista, a luta sindical fundava-se em objectivos que estavam muito para além da imediata satisfação das reivindicações salariais ou outras. Com efeito, as suas acções e os seus escritos continham, de forma implícita, a intenção de subverter a ordem vigente e criar condições para a eclosão da revolução social em modelo inspirado pela Revolução Soviética de Outubro de 1917. Surgiram então duas correntes sindicais – anarquistas e bolchevistas ou maximalistas – que se defrontavam. Dessa confrontação resultaram cisões no seio da C.G.T. e um

---

[38] Em 1919 tomaram posse quatro governos; em 1920, sete; em 1921, seis; em 1922, dois; em 1923, dois; em 1924, três; em 1925, quatro.

[39] Sobre o movimento sindical – actividades, sindicatos, reivindicações, formas de luta, ver Freire, João, *Anarquistas e Operários; ideologia, ofícios e práticas sociais: o anarquismo e o operariado em Portugal, 1900-1940*, Porto, Edições Afrontamento, 1992.

enfraquecimento do movimento sindical, que, necessariamente, levaram ao abrandamento dos conflitos laborais e dos surtos grevistas, a partir de 1922.

Foi num contexto de uma onda de greves, nos finais de Março de 1919, que o Governo de Domingos Pereira iniciou as suas funções. O surto grevista, iniciado nas fábricas da CUF, no Barreiro, depressa ganhou maior amplitude com a adesão de operários corticeiros, metalúrgicos, cesteiros, alfaiates, pessoal camarário e da Carris e pessoal da Companhia das Águas. A greve destes últimos, envolvendo acções de sabotagem, provocou a intervenção do Ministério da Guerra, sendo presos alguns grevistas, facto que, no imediato, gerou uma crise ministerial, com o Ministro do Trabalho, o socialista Augusto Dias da Silva, também conhecido por «Camarada Augusto», a demitir-se, como forma de protesto pelas acções de repressão levadas a cabo pelo Governo. Noutros sectores, as competentes instâncias governamentais, mostrando grande moderação e abertura, escutaram os trabalhadores e procuraram instituir medidas tendentes à satisfação das suas reivindicações, conseguindo-o, em grande parte. Sendo a manutenção da ordem pública um questão importante a exigir atenção, foi elaborada legislação que punia as acções dos bombistas com penas de degredo para o Ultramar.

Em Maio, na sequência do acto eleitoral havido a 11 desse mês, o Executivo de Domingos Pereira declarou-se demissionário, em obediência aos preceitos constitucionais. Nessas eleições, em que votaram apenas 7% dos eleitores inscritos, o Partido Democrático arrecadou 53% dos votos expressos. Na sessão de abertura do Parlamento, a 2 de Junho, foi pedido ao Governo cessante que se mantivesse em funções, evitando-se assim que novos surtos grevistas, que se adivinhavam, eclodissem em momento de crise governamental. A 29 de Junho, como expressão dos resultados eleitorais, tomou posse um novo Gabinete Ministerial, inteiramente do Partido Democrático e presidido pelo Coronel Sá Cardoso. O extenso programa do novo Governo, apresentado na Câmara, era um plano vasto para introdução de melhorias e soluções em todas as áreas da governação, com especial incidência na Economia e nas Finanças. Entretanto, paralisaram os Caminhos-de-Ferro (CP), numa das maiores greves até então feitas por ferroviários em Portugal, reivindicando aumentos de salários. Era uma primeira «prova de fogo» para a novel governação. O conflito arrastou-se por dois meses, durante os quais se registaram sabotagens em linhas e estações, descarrilamentos em Santa Apolónia, tiroteio no Entroncamento e bombas na estação do Rossio. Decidido o encerramento do Sindicato dos Ferroviários, o Governo colocou-se, com a aprovação do Parlamento, como mediador das negociações entre trabalhadores e entidades patronais. Com persistência e poder de persuasão, conseguiu que os grevistas regressassem ao trabalho.

A 6 de Agosto de 1919, o Congresso elegeu para presidência da República o cidadão António José de Almeida. Avizinhava-se o fim do mandato conferido a Canto e Castro em conhecidas circunstâncias dramáticas. Durante todo esse tempo do seu mandato (Dezembro de 1918 a Outubro de 1919), o confesso monárquico, honrando o compromisso assumido, defendeu intransigentemente a República e com isso ganhou o respeito e admiração de todos os republicanos. Já em Maio, aquando da eleição do novo Parlamento, Canto e Castro manifestara ao então Chefe de Governo, Domingos Pereira, a sua vontade de renunciar, posto o facto de ter passado a haver normais condições para ser eleito um novo presidente. Por moção apresentada na Câmara pelo democrático António Maria da Silva[40], unanimemente aprovada e aplaudida, foi-lhe pedido que se mantivesse em funções até ao dia 5 de Outubro, data em que tomaria posse o novo presidente a eleger. Em Fevereiro, Bernardino Machado, Presidente da República de direito (a sua magistratura fora violentamente interrompida pela *Revolução Dezembrista*), renunciara formalmente ao cargo, facilitando assim o encontro de uma solução para o problema, com a permanência de Canto e Castro nas suas funções até 5 de Outubro de 1919. Pouco tempo antes, convidado oficialmente a visitar o Brasil pelo Presidente Epitácio Pessoa[41], Canto e Castro respondeu que talvez o seu sucessor tivesse essa felicidade, ele não, porque dentro de meses deixaria vaga a cadeira presidencial. Assim seria, António José de Almeida iria ao Brasil em viagem oficial.

Uma revisão constitucional, havida em Setembro desse ano de 1919, concedeu ao Presidente da República poderes para dissolver o Parlamento. Pensava-se que esse instrumento legal, deposto nas mãos do Presidente, pudesse ser um contributo no sentido de morigerar a actuação dos governos e das câmaras, tendo em conta que sobre esses órgãos se sobrepunha agora uma autoridade que os poderia destituir. Todavia, a faculdade de dissolver as câmaras ficava dependente da aprovação de um *Conselho Parlamentar*, composto por representantes dos partidos, significando isto que, em termos reais, era afinal o Parlamento que se dissolvia a si próprio. O resultado prático e mais visível deste novo ordenamento constitucional foi o de passar a haver mais pressões sobre a Presidência da República. Em Outubro assistiu-se à fusão dos evolucionistas e dos unionistas num novo agrupamento partidário, o *Partido Liberal Republicano*. Foi um arranjo entre dois partidos históricos da República, cada um dos quais se encontrava desqualificado, desunido e sem chefias activas. Um arranjo que não frutificou na cena política portuguesa. Poucos dias depois surgia outro grémio político, o *Partido Popular*, formado por ex-sidonistas e por franjas evolucionistas. Capitaneado por Júlio Martins (ex-evolucionista) e por Cunha Leal (ex-sidonista), o novo partido dizia-se republicano radical e pretendia-se à esquerda dos democráticos, decerto com a presunção de que essa seria a melhor forma de os combater.

O trabalho difícil de busca de soluções para os problemas que afligiam a sociedade portuguesa de então e sobretudo a incompreensão e contestação tidas pelo Parlamento quanto a algumas dessas soluções começavam a trazer algum desgaste ao Executivo de Sá Cardoso. Este Governo tinha desenvolvido esforços sérios no sentido de dirimir greves, de manter a tranquilidade e ordem públicas e de resolver, tanto quanto possível, o sempre bicudo problema das subsistências. No final do ano de 1919, a discussão na Câmara de um pacote legislativo, que contemplava importantes alterações na política cambial e na importação de bens não essenciais, levou a uma

[40] António Maria da Silva (1872-1950), engenheiro de minas e dirigente da Carbonária, conspirou activamente contra a monarquia. Membro do Partido Democrático, foi ministro do Fomento do primeiro governo de Afonso Costa. Após 1919 foi líder da ala direita do Partido Democrático (bonzos) e presidiu a vários ministérios, entre os quais o do último governo constitucional da República. Pela sua actuação e pensamento político, pouco lineares, foi considerado o «José Luciano» da República. Ver Silva, António Maria da, *O Meu Depoimento – Da Monarquia a 5 de Outubro de 1910*, redigido em 1943, prefácio de José Magalhães Godinho, Lisboa, s.d.

[41] Epitácio Pessoa (1865-1942), Presidente da República do Brasil, de passagem por Portugal a caminho dos Estados Unidos da América, em Junho de 1919.

crise ministerial que somente ficou resolvida em Janeiro de 1920, por meio de uma remodelação governamental. Na apresentação do seu reconstituído Ministério, Sá Cardoso classificou a situação do país de «melindrosa, mesmo grave, mas não desesperada». Mas, sob as acusações de ser despesista, o Ministério confrontou-se na Câmara com três moções: uma de confiança apresentada pela maioria democrática e duas de desconfiança apresentadas, cada uma de per si, pelas minorias socialista e popular. Se bem que só a primeira das três fosse aprovada, a decisão do Executivo foi a demissão em bloco por, no seu entendimento, haver grande número de parlamentares a opor-se à sua política. A resolução da crise passava agora para as mãos do presidente António José de Almeida. Este, face aos poderes de que então dispunha, poderia ter seguido o caminho da dissolução e da formação de um governo de convergência partidária, porém, fiel ao seu declarado princípio de «alheio ás lutas políticas, só nelas intervirei com o fim de as acalmar»[42], convidou a minoria parlamentar mais numerosa, o Partido Liberal, a formar governo. Francisco Fernandes Costa, antigo evolucionista, foi a personalidade encarregada de formar novo gabinete, desempenhando-se do encargo com rapidez. Mas, desfeiteado por uma manifestação de rua, o gabinete liberal nem chegou a tomar posse. Em declarações posteriores, Fernandes Costa adiantou como verdadeiro motivo da sua desistência a cumplicidade que notou entre elementos da GNR e os manifestantes, disso extraindo a leitura de que um governo por si chefiado teria de se confrontar, futuramente, com aquela força militar. Nova crise, entretanto solucionada com o aparecimento de um governo de concentração partidária, chefiado pelo democrático Domingos Pereira (pela segunda vez na chefia de um ministério). Tomou posse a 21 de Janeiro de 1920 e veio encontrar um país paralisado por um surto grevista e com os gravíssimos problemas das subsistências e das finanças públicas sem solução à vista. Quanto a estes dois aspectos, as medidas gizadas no sentido de os resolver ou de os minorar nos seus efeitos negativos não chegaram a ter qualquer eficácia, porquanto, logo em Março, o Ministério caiu, na sequência da rejeição na Câmara das suas propostas de lei que visavam conter ou condicionar a greve então encetada pelo funcionalismo público. No acto de votação, uma facção do Partido Democrático liderada por Álvaro de Castro, juntou-se às minorias. Essa facção separar-se-ia do partido, poucos dias depois, para formar o *Núcleo de Acção de Reconstituição Nacional* (depois, Partido Republicano de Reconstituição Nacional). O novo clube partidário estava representado no Parlamento por oito senadores e dezanove deputados e afirmava-se ao centro, entre democráticos e liberais. Face à queda do Governo de Domingos Pereira que havia durado cerca de 15 dias, colocava-se, mais uma vez, a necessidade de formar governo. A 8 de Março, o coronel António Maria Baptista[43], membro do Partido Democrático, conseguia apresentar um Executivo constituído por

[42] Cf. Torgal, Luís Reis, *António José de Almeida e a República*, edição do Círculo de Leitores, Lisboa, 2004, p. 155.

[43] António Maria Baptista, (1860-1920), oficial do exército combatente das campanhas de África. Membro do Partido Democrático e seguidor de Afonso Costa, lutou de armas na mão contra a *Revolta Monárquica de Monsanto*. Tornou-se célebre pela sua energia e eficácia na repressão da agitação sindical e da actividade bombista, daí derivando o aforismo: *ou é da minha vista ou estás a pedir um Baptista*. Ministro da Guerra do governo de Domingos Pereira, de 30 de Março a 29 de Junho de 1919, foi chamado a formar ministério em 1920. Morreu de uma apoplexia no exercício dessas funções. A título póstumo, foi promovido

nove democráticos e um liberal, sendo este último, o Ministro da Marinha, Júdice Biker, amigo particular do coronel Baptista. Este singular arranjo retirava ao Ministério uma feição partidária. Em manifesto dirigido à Nação e no discurso de apresentação na Câmara, o Governo traçou, em termos dramáticos, a situação do país, apelando ao patriotismo dos grevistas para que regressassem ao trabalho, sob pena de se entrar irremediavelmente na falência. Na sua exposição, António Maria Baptista deu ainda particular ênfase ao problema da *ordem pública*, repetindo a expressão várias vezes e declarando-se decidido a utilizar as medidas enérgicas e urgentes que a situação requeria, para o que pedia a compreensão e o apoio de deputados e senadores. Neste sentido, propôs um adiamento da abertura dos trabalhos parlamentares, por forma a dar ao Governo tempo e pulso livre para empreender os seus planos. No imediato, esse apoio foi garantido pelos democráticos, quedando-se as outras formações partidárias por uma atitude expectante. Votada em reunião conjunta das duas Câmaras, a proposta do Executivo foi aprovada por 72 votos a favor e 43 contra, ficando a abertura da sessão legislativa aprazada para 11 de Abril.

Com persistência e com dureza, o Governo de Baptista interveio nas greves em curso (funcionalismo público, metalúrgicos, operários da construção civil, funcionários dos serviços telégrafos-postais), neutralizando as acções e posições dos grevistas com arregimentação de pessoas e meios, conseguindo acordos, publicando nova legislação anti-greve e encerrando sindicatos. Em resultado de todo esse porfiado trabalho, o movimento grevista foi declinando. Voltando-se para o momentoso problema da manutenção da ordem pública, o executivo actuou também com mão-de-ferro, publicando um diploma que previa penas de deportação até 10 anos para bombistas e fabricantes de bombas, bem assim como para os autores e incitadores de actos de perturbação da ordem e da tranquilidade públicas. Os julgamentos destes crimes passaram a ser feitos em processos sumários, sendo, para o efeito, criado o *Tribunal de Defesa Social*. Medidas também enérgicas e inovadoras foram tomadas pelo Ministério de Baptista no tocante às questões das subsistências e das finanças públicas. Avultaram quanto ao primeiro aspecto, as expropriações de terras para serem agricultadas, a exploração de baldios, a fixação dos preços de géneros alimentícios e a publicação de leis contra as especulações do *trust* das moagens e panificações. Quanto ao segundo aspecto, a par de medidas de redução de despesas e de aumentos de receitas e de criação de impostos sobre operações de Bolsa, saiu do Ministério das Finanças uma lei que ficou conhecida por *Lucros de Guerra* e que tributava, diferentemente, certos lucros do comércio e da indústria, ocorridos antes e depois de 1914. Quando tudo indicava que o Governo estava à altura da situação, dando resposta adequada aos problemas do país e sendo, por isso mesmo, respeitado e apoiado por políticos e pelas chamadas *forças vivas*, António Maria Baptista morre subitamente a 6 de Junho de 1920, em pleno Conselho de Ministros, vítima de apoplexia, após receber uma carta insultuosa.

Acerca desta morte, Leonardo Coimbra escreveu um artigo, exaltando o amor à República, a superioridade moral, a coragem e a bondade do «grande cidadão» que fora António Maria Baptista. São palavras profundamente sentidas, dado que fortes laços de

---

ao generalato e agraciado com a Grã-Cruz da Torre e Espada. Ver *Moderna Enciclopédia Universal*, Coordenação de Leonel Moreira de Oliveira, Lisboa, Círculo de Leitores, 1987, vol. 3, p. 94.

amizade o haviam ligado ao coronel Baptista (havia sido seu colega de ministério, de 30-3-19 a 29-6-19). Acerca das causas da morte disse: "Morreu lutando, oferecendo os restos duma saúde precária às importunidades dos amigos, à calúnia e à maldade dos inimigos e sobretudo à grande estupidez moral desta época [...]" e, mais à frente, em jeito de despedida: "Ao amigo, ao companheiro, a saudade de quem o conheceu e pode por sua honra jurar que só a esperança na felicidade dos homens, a fé na grandeza da Pátria e da República lhe animava os sagrados entusiasmos e trespassava de frementes ansiedades, a cândida e ardente alma de idealista"[44].

Um pouco antes, num excelente artigo publicado em Maio, com o título *O Jornal e a Opinião*[45], Leonardo Coimbra havia abordado a questão da imprensa, enquanto fazedora ou orientadora de correntes de opinião. Não considerando isso um mal, entende, porém, como necessário que os jornais e os jornalistas saibam respeitar religiosamente os seus deveres, ou seja, se pautem pelo cumprimento escrupuloso de determinadas regras, as quais, no juízo de Leonardo, constituem um «saber social», sem o qual não é possível a vida em sociedade. Dito de outro modo, se um jornal monárquico descobrir algo de errado em instituições ou pessoas monárquicas, tem o dever de denunciar e de protestar e a mesma regra é válida para um jornal republicano. Transportando o problema para o plano da política, pondera que há, na corrente de opinião republicana, um «mínimo de crenças e desejos comuns» que se manifestam em momentos de provação da República, sendo que então convergem os discursos dos vários jornais republicanos. Logo a seguir, porém, vêm os outros momentos, os de divergência, de desrespeito, de troca de ofensas e de difamação das figuras públicas. E com isso não há governante que resista, pois que, e cita Gabriel Tarde: «Só as grandes confianças nacionais fazem os grandes homens de Estado». Dá, como esse exemplo de mau jornalismo, de criminoso jornalismo, a campanha caluniosa desenvolvida pelo jornal *A Opinião* à figura de Afonso Costa. Termina, dizendo que episódios desta natureza são crises de crescimento da Democracia e que por isso ela não perece. O grande perigo estará, contudo, nas exageradas e repetidas crises de crescimento.

O vigoroso artigo representa um notável e certeiro diagnóstico do papel e da responsabilidade da imprensa e se bem que aplicado, com propriedade, à sociedade da época em que foi escrito, de uma forma genérica seria aplicável ao jornalismo dos nossos dias, onde por vezes não custa enxergar alguns dos males diagnosticados por Leonardo Coimbra. De alguma forma se justapondo a este artigo e complementando-o, surge um outro em que Leonardo faz um sério aviso à classe política para que não ande a brincar com o povo e a matar neste a grande afeição que sente pela República. E vem isso a propósito de, na sequência da crise política gerada com morte do coronel António Maria Baptista, se ter formado um gabinete ministerial presidido pelo líder do Partido Democrático, António Maria da Silva. A inconsequência dos políticos, asperamente reprovada por Leonardo, levou a que esse gabinete passasse na Câmara de Deputados, mas no Senado acabasse por ver aprovada, contra si, uma moção de desconfiança. Comparados, os dois artigos dão-nos uma medida da independência política e do sentido de justiça em Leonardo Coimbra. Com efeito, se no primeiro

[44] "A Tribuna" de 8 de Junho de 1920, in *Dispersos...*, vol. V, pp. 289-291.

[45] Ver "A Tribuna" de 26 de Maio de 1920, in *Dispersos...*, vol. V, pp. 119-123.

artigo defende a classe política dos abusos de opinião e das calúnias, já no segundo ataca essa mesma classe, justamente por sobrepor a opinião e as paixões políticas aos superiores interesses da nação e do regime. Da contradição persistente de os republicanos, na sua discórdia, causarem a perdição da República, dá-nos, nas suas palavras, uma sugestiva imagem: " Alguém morre de sede e todos nós corremos a buscar-lhe a água da vida, e pelo entusiasmo do nosso amor ficamo-nos em guerra pelo caminho, enquanto o objecto dos nossos cuidados se morre de sede esperando o interminável fim da nossa contenda!"[46].

Note-se que António Maria da Silva formara um gabinete com 2 democráticos, 2 populares, 1 socialista e 4 independentes. Um governo assim constituído tinha como certa a oposição dos liberais e dos reconstituintes. Na Câmara passou pela escassa maioria de 44 contra 39 votos, mas no Senado, dada a diferente composição, as coisas correram pior, sendo aí aprovada uma moção de desconfiança por 25 contra 23 votos. Se bem que nos termos constitucionais, prevalecesse a posição da Câmara dos Deputados, António Maria da Silva não podia deixar de se sentir apreensivo quanto à sua débil posição no Parlamento. Colocado o assunto à consideração do Presidente da República, foi este de opinião que se buscasse uma solução numa futura reunião do Congresso. Reunido a 2 de Julho, este órgão aprovou, por escassa margem de votos, uma moção que recomendava a suspensão por dez dias, dos trabalhos parlamentares. Durante esse período de tempo, reflectindo sobre a sua própria situação, o Executivo chegou à conclusão de que não tinha condições suficientes para governar. Assim, renunciou ao poder a 8 de Julho de 1920.

De novo estava nas mãos do Presidente António José de Almeida a espinhosa missão de encontrar quem, nesse confuso mar da política portuguesa, se colocasse ao leme da nau. Falhadas algumas tentativas feitas por personalidades afectas ao Partido Democrático, o líder dos liberais, António Granjo, em aliança com os reconstituintes de Álvaro de Castro, logrou concertar um ministério. À apresentação no Parlamento em 20 de Julho, o Governo chefiado por Granjo colheu o apoio dos partidos ali representados, com excepção do Partido Popular que logo declarou ir fazer uma oposição séria e responsável. No descrever dos grandes problemas nacionais a pedir intervenção urgente, as soluções apresentadas não eram muito diferentes das de anteriores governos, ou seja, o mesmo acento tónico colocado nas sempre preocupantes questões das finanças públicas, das subsistências, da ordem pública, do aproveitamento dos recursos do país. Encerrado em Agosto, o Parlamento deixou autorização ao Executivo para este tomar as medidas económicas e outras que entendesse por necessárias. Quando reabriu em Outubro, logo os democráticos pela voz de António Maria da Silva manifestaram a sua discordância em relação à actuação havida na área da economia, particularmente quanto aos contratos de fornecimentos de trigo e carvão negociados no estrangeiro. Todavia, a Câmara aprovou por grande maioria, um documento expressando apoio às decisões governamentais tomadas em matérias de economia e de finanças. Mas, em Novembro, reapreciada a política económica, as discussões e os condicionamentos colocados, bem assim como a rejeição de uma moção de confiança, provocaram a demissão do Ministério de António Granjo.

---

[46] "A Tribuna" de 2 de Julho de 1920, in *Dispersos*..., vol. V, pp. 124-125.

Álvaro de Castro, líder do Partido Reconstituinte, foi incumbido de constituir ministério. A decisão dos democráticos em não participar levou a que Domingos Pereira e os seus amigos, em desacordo com a decisão tomada, saíssem do partido. Desses dissidentes, três entraram para o gabinete que Álvaro de Castro conseguiu formar a 19 de Novembro. Para além dos reconstituintes, dele faziam parte também os dois vultos cimeiros do Partido Popular, Júlio Martins e Cunha Leal. Na Câmara, o Governo assim formado teve de defrontar a oposição dos democráticos e dos liberais. A discussão do programa e a apresentação duma proposta de aumento do montante da circulação fiduciária, feita pelo Ministro das Finanças, Cunha Leal, tiveram como resposta a apresentação de uma moção de desconfiança que foi maioritariamente votada por democráticos e liberais. E assim caía um governo que nem sequer chegara a governar. Em fins de Novembro, o tenente-coronel Liberato Pinto, membro do Partido Democrático e chefe de Estado-Maior da Guarda Nacional Republicana, formou um Ministério em cuja composição entravam democráticos, dissidentes democráticos, reconstituintes, populares e um independente. Com tal arranjo partidário, apenas os liberais de António Granjo se constituíram como oposição. Mais uma vez, a especial atenção do Executivo se fixou no problema das finanças e do défice orçamental. No entanto e apesar da urgência, o irregular funcionamento das sessões e a interrupção de Natal remeteram a discussão da matéria para ano seguinte. Em Fevereiro de 1921, retomado o assunto, a discussão em torno do mesmo foi tão violenta que o Ministro das Finanças, Cunha Leal, depois de assanhada altercação com um deputado da oposição, abandonou ostensivamente a sala, no que foi secundado por outros ministros. E, desta forma, caía mais um ministério, na senda de tantos outros.

A gravidade dos acontecimentos parecia não se fazer sentir entre os parlamentares, surdos e cegos que se mostravam a outras conveniências que não fossem as suas e as dos seus partidos. Neste clima de insensibilidade para com os interesses do regime e da nação, os derrubes dos ministérios, de tanto repetidos, era algo que se estava a tornar uma banalidade. O Presidente da República, face à desistência do liberal Barros Queiroz[47] e à recusa do democrático Augusto Soares[48], convidou Bernardino Machado a formar ministério. No difícil contexto, a experiência e o trato fácil daquele eminente político operaram a formação de um governo, do qual faziam parte as figuras cimeiras dos partidos que haviam composto a governação anterior, designadamente, António Maria da Silva pelos democráticos, Domingos Pereira pela dissidência democrática, Álvaro de Castro pelos reconstituintes e Júlio Martins e Cunha Leal, pelos populares.

Mas, no *bas-fond* da política, estavam a preparar-se acontecimentos de excepcional gravidade. Entre uma parte significativa da baixa oficialidade da GNR começava a tomar vulto a ideia de que o apeamento de Liberato Pinto do cargo de chefe de governo e a sua substituição por um civil, faziam parte de um plano para retirar poder e prestígio

---

[47] Tomé José de Barros Queiroz (1872-1926), comerciante e intelectual autodidacta, muito versado em finanças. Republicano conservador, foi um unionista próximo de Brito Camacho e depois destacado dirigente do Partido Liberal.

[48] Soares, Augusto Vieira (1873-1954), formado em direito e professor do Instituto dos Pupilos do Exército. Ministro dos Negócios Estrangeiros de vários governos da República. Foi também Governador Civil de Coimbra (1912-1913), Braga (1913-1914) e Santarém (1915). Deputado desde 1915.

à corporação. E a circunstância de, entretanto, terem sido levantados àquele oficial superior dois processos disciplinares, um por indisciplina nas relações com o comando e outro por suspeita de peculato, mais convenceram aquela baixa oficialidade de que eram acertadas as suas presunções. Assim, no dia 21 de Maio desse ano de 1921, algumas importantes unidades da GNR, em que se incluía o grupo de metralhadoras pesadas, saíram de quartéis e ocuparam posições no Parque Eduardo VII, lugar mítico das revoluções. Os revoltosos justificavam a sua acção como um gesto de solidariedade militar e também como forma de protesto contra um possível desarmamento que, dizia-se, iria acontecer na Guarda Republicana. Exigiam a queda do Ministério de Bernardino Machado, a dissolução do Parlamento e a constituição de um ministério sob auspícios e critérios do Presidente da República. Se bem que de um eventual confronto militar, se adivinhasse a vitória das forças fiéis ao Governo, a instâncias de Bernardino Machado no sentido de serem evitados derramamentos de sangue, o Gabinete demitiu-se a 23 de Maio, sendo então encetado um protocolo de negociações com os revoltosos, facto que possibilitou a sua retirada pacífica. O Presidente da República, movido também ele por intuitos de apaziguamento, convidou a oposição ao governo cessante, os liberais, a formar governo, tarefa prontamente executada por Tomé de Barros Queirós. Às solicitações que lhe eram feitas para que dissolvesse o Parlamento, António José de Almeida mostrava-se reticente, apesar dos liberais nisso muito insistirem. Em todo o caso, o Presidente decidiu reunir o Conselho Parlamentar, o qual acabou por se pronunciar pela dissolução das câmaras.

As eleições, realizadas a 10 de Julho, foram muito participadas e surpreenderam pelo facto de, à escala nacional, serem os liberais a vencer por maioria, ficando os democráticos como segunda força política mais votada. Na cidade de Lisboa, o Partido Democrático arrecadou a maioria dos votos, sendo aí exígua a votação nos liberais, inferior mesmo à dos monárquicos. Com base nesse dado é possível e lícito considerar que os resultados, a nível nacional, terão sido meramente conjunturais. De facto, sendo a primeira vez que o Partido Democrático perdia umas eleições, a explicação residirá na circunstância de, desta feita, ter sido um governo liberal a preparar o processo eleitoral e a apoiar com todos os meios o esforço de campanha do seu próprio partido. Este novo quadro terá criado algumas expectativas de mudança junto do eleitorado, propiciando uma dinâmica de participação que, todavia, não fará carreira, quedando-se por esta experiência única. Nestas eleições, quem não conseguiu fazer passar a sua mensagem de partido radical à esquerda dos democráticos, foram os populares cujos votos permitiram eleger apenas um deputado. O pequeno Partido Católico obteve quatro deputados, um dos quais, eleito pelo círculo de Guimarães, era, de seu nome, António de Oliveira Salazar. O futuro ditador assistiu apenas à sessão de abertura das câmaras, não voltando mais ao Parlamento.

A distribuição dos lugares nas Câmaras, a reacção não desfavorável dos partidos aquando da apresentação do Gabinete Ministerial e do seu programa e a própria figura do chefe do executivo, Tomé de Barros Queiroz, tido como um especialista em assuntos de economia, auguravam à governação dos liberais confortáveis condições políticas para desempenhar com eficiência e tranquilidade a sua missão. Todavia, a viabilidade do seu programa económico dependia, em grande parte, da concretização de um vultuoso empréstimo externo, negociado na praça de Nova Iorque. Ora, não só esse empréstimo não se concretizou, como o apuramento da realidade mostrou uma situação algo rocambolesca, em que o financiador norte-americano era, afinal, um vigarista internacional e a proposta de financiamento não mais que uma tentativa de burla. Por outro lado e a par deste descrédito, revelou-se ineficaz a acção governativa para a revitalização da economia portuguesa, tudo isso conduzindo a perplexidades e divergências no seio do Executivo. Desanimado, Barros Queiroz cedeu a governação ao seu correligionário António Granjo. O segundo Governo liberal, em grande parte com os mesmos ministros e o mesmo programa económico do primeiro, aparece aos olhos da opinião pública ainda manchado pelo desaire que havia sido a questão do empréstimo internacional. A par disso, revelou este governo alguma falta de tacto político para lidar com problemas sensíveis para a sociedade portuguesa quanto o eram o problema religioso e, na área económica, as subsistências, sobretudo a questão do pão. Na imprensa, Granjo era acusado (nem sempre com inteira verdade) de propiciar a distribuição de uma «mixórdia de pão» (pão único) e de admitir a possibilidade de o catolicismo vir a ser reconhecido como religião única em Portugal. A estas acusações, juntavam-se outras, tais como a das suas políticas penalizarem principalmente a classe média, a de não dar cumprimento à amnistia concedida ao assassino de Sidónio Pais e a de mostrar profunda aversão pela GNR e pela Armada. E, num outro registo, o desfecho do chamado processo Liberato Pinto, condenando aquele oficial superior à pena de um ano de detenção no Forte de Elvas, veio fazer recrudescer a já violenta campanha de imprensa encetada contra António Granjo e a sua governação, com a maioria dos periódicos da capital a considerarem injusta e desproporcionada a pena atribuída ao militar e político que já fora chefe de governo. A suspensão dos trabalhos parlamentares e a concentração de tropas em Mafra, no âmbito das habituais manobras de Outono, forneceram aos inimigos de Granjo mais pretextos para a sua ofensiva. Deste particular se fez eco especial *A Imprensa da Manhã*, que acusou o Governo de, sob a capa daquelas manobras, dar execução a um plano pré-estabelecido de disposição estratégica de forças militares em redor da capital, prevenindo assim a eclosão duma revolta ou providenciando a sua jugulação. Este tipo de invectivas eram, em si mesmas, denunciadoras de que algo de grave se estava preparando. De facto, estava em marcha a conspiração que haveria de desaguar no *Outubrismo* e nos sinistros acontecimentos da tristemente célebre *Noite Sangrenta* que, para sempre, passou a constituir uma efeméride de horror na história da Primeira República.

Após uma primeira tentativa em 30 de Setembro, prontamente dominada pelo governo, a revolta chega efectivamente na noite de 18 de Outubro de 1921, com o Governo previamente sabedor de que a mesma iria eclodir e a ordenar o estado de prevenção militar rigorosa. Mas o Executivo de António Granjo, dando mostras duma inabilidade e duma tibieza incompreensíveis, havia-se deixado isolar, não colocando homens a si afectos nos comandos militares de Lisboa e por isso não tinha esses comandos por seu lado ou desconhecia a postura que, na possível contenda, eles iriam tomar. O Ministério refugiou-se então no campo de aviação da Amadora, onde ficou aguardando notícias que nunca chegaram. Na manhã de 19, Granjo regressou a Lisboa e dirigiu-se ao quartel da GNR, no Carmo, constatando que os revoltosos haviam tomado conta da situação. Uma Junta Revolucionária, sediada, como de costume e de conveniência, no Parque Eduardo VII, controlava já as principais unidades navais e terrestres e proclamara como grande objectivo a formação de um «governo de salvação pública com um programa de ressurgimento nacional» e de regresso ao «espírito republicano do 5 de Outubro de 1910». Granjo escreveu então uma carta ao Presidente da República, solicitando a sua demissão, a qual foi imediatamente aceite. Depois, receando pela vida dos seus e pela sua própria, colocou a família a recato e refugiou-se em casa de Cunha Leal, seu adversário político, que, no entanto, o recebeu com consideração e afecto. Pelas 21 horas aí o foi buscar o guarda-marinha Benjamim Pereira, conhecido de Cunha Leal, sob o pretexto de o conduzir em segurança a bordo do *Vasco da Gama*, navio da Armada surto no Tejo. Granjo e Cunha Leal entraram então para uma camioneta cheia de marinheiros armados que os conduziu ao Arsenal de Alcântara onde, em horríveis circunstâncias de bestialidade, António Granjo foi alvejado e trespassado por baionetas, à vista de Cunha Leal, entretanto manietado e ferido a tiro. De seguida, a «camioneta da morte» rodou em busca de nova vítima, recaindo a escolha sobre a pessoa do comandante Carlos da Maia, um dos combatentes do 5 de Outubro, que levado da sua residência igualmente para o Arsenal, foi aí brutalmente assassinado. Depois, os sanguinários carrascos puseram-se de novo em marcha, buscando o Ministro da Marinha e não o encontrando, trouxeram para o mesmo lugar de chacina o seu chefe de gabinete, comandante Freitas da Silva, a quem deram fim idêntico ao dos anteriores passageiros transportados. Em mais uma viagem, os tripulantes do veículo fatal dispararam na rua sobre o tenente-coronel Botelho de Vasconcelos, antigo ministro sidonista, ferindo-o de morte. Por fim, dirigiram-se para o Largo do Intendente, até à residência de um herói da República, Machado Santos, que, preso e arrastado, acabou varado a tiro na Avenida Almirante Reis, por a «camioneta da morte» aí se ter avariado.

Sobre o porquê destas mortes bastante tinta tem corrido em abundantes teses que vão desde uma intrincada conspiração monárquica até sequelas do golpe da GNR de 21 de Maio de 1921, passando por maquinações da Igreja ou de elementos da direita republicana, ligados às *forças vivas*, nome então dado aos patrões do comércio e da indústria. A verdade poderá ser mais simples e baseada, em parte, no clima de agitação da opinião pública e de ódios, fomentado pela campanha empreendida nos jornais contra Granjo e contra o seu governo, sobretudo os escritos incendiários da *Imprensa da Manhã*. No decorrer das revoluções, sempre ódios antigos ou recentes se desatam e, qual «Caixa de Pandora» destapada, todos os males se espalham sem qualquer controlo possível. Três dos assassinados, José Carlos da Maia, Machado Santos e Botelho de Vasconcelos, tinham em comum o facto de todos terem sido ministros do sidonismo e sabe-se quanto esse regime foi gerador de ódios. António Granjo terá sido a vítima de toda a conspirata geral, dos políticos, dos jornais, do povo (pelas duras condições de vida) e da Armada e da GNR (por decisões de governo que desagradaram àquelas corporações). Finalmente, quanto à morte do comandante Freitas da Silva, sem se poder afastar a possibilidade de algum ou alguns elementos da turbamulta de assassinos terem algum agravo da parte daquele oficial e aproveitarem para exercer vinganças pessoais, o que avulta como mais visível e provável é, na sua sanha assassina, os executores não quererem ficar defraudados e verem no chefe de gabinete um substituto apropriado do ministro. Esta leitura dos acontecimentos é, de alguma forma, corroborada pelo teor das orações fúnebres proferidas durante as cerimónias do funeral de António Granjo[49]. Mas é também contrariada pelas declarações feitas a Berta da Maia, viúva

---

[49] Cf. Peres, Damião, *Ob. Cit.*, vol. IX, pp. 315-316.

do malogrado Carlos da Maia, por um dos principais assassinos, o cabo artilheiro Abel Olímpio, conhecido pela alcunha de «Dente de Ouro»[50]. Decerto, restarão sempre dúvidas quanto às verdadeiras motivações dos assassinos. Seja como for, os actos cometidos, impróprios de um regime democrático e expressão de uma sociedade doente ou defeituosa, abalaram profundamente a estrutura moral da República e, sem dúvida, apressaram a sua queda.

A 20 de Novembro de 1921, o corpo de António Granjo, trasladado de Lisboa, foi a sepultar no cemitério de Chaves. Nessas exéquias, a oração fúnebre republicana esteve a cargo de Leonardo Coimbra, que foi o último orador a falar. Num discurso vigoroso, expressou o seu repúdio por essa trágica noite de Outubro e elogiou o «homem simples e bondoso» que fora António Granjo e o seu carácter íntegro e leal, bem definido numa frase proferida pelo próprio Granjo perante os seus algozes: " se para salvar Portugal é necessário que morra, matai-me"[51].

As repercussões nacionais e internacionais de todos estes acontecimentos eram de extrema desonra para o país, um enxovalho, uma ignomínia. Portugal como nação e como República, parecia ingovernável. A respeito de governos e de partidos, Leonardo Coimbra, em 7 de Outubro desse ano de 1921, em entrevista dada ao jornal *A Tribuna*, tecera pertinentes comentários a afirmações feitas pelo Grão-Mestre da Maçonaria, Magalhães de Lima[52], ao *Século* de 5 de Outubro de 1921. O velho Grão-Mestre veiculara a ideia de solucionar a crise política em Portugal (sempre permanente, ora em estado latente ora em estado declarado), refreando as paixões políticas por meio de um amplo movimento pacificador que actuasse fora da esfera de acção dos partidos e fosse independente destes. O próprio Magalhães de Lima propunha-se ser o organizador desse amplo movimento e referia o nome de Leonardo Coimbra, entre as pessoas que iria contactar para o ajudarem na construção dessa enorme e, reputadamente, patriótica tarefa. Um primeiro aspecto interessante a reter é o de que ontem, tal como hoje, havia mentes, pressupostamente esclarecidas, que se deixavam seduzir pela hipotética possibilidade de a democracia poder funcionar sem partidos políticos. Um outro aspecto, não menos interessante, sobretudo porque nos dá uma imagem do pensamento político de Leonardo Coimbra, decorre das apreciações por este feitas às palavras de Magalhães de Lima. Confirmando o convite feito pelo Grão-Mestre da Maçonaria, achava o assunto curioso, sobretudo porque se enquadrava no «preconceito da *não-política* para governar os povos». Todavia, e na sua opinião, a proposta para

---

[50] Sobre o assunto cf. Ferrão, Carlos, "A Verdade Sobre a Noite Sangrenta", in *História Contemporânea de Portugal* de direcção de João Medina, Lisboa, Multilar, 1990, Tomo II (Primeira República), p. 231-238. Ver também Maia, Berta da, *As Minhas Entrevistas com Abel Olímpio, o «Dente de Ouro» / Páginas para a História da morte vil de Carlos da Maia, republicano – combatente do 5 de Outubro*, Lisboa, 2.ª edição, 1929.

[51] In *Leonardo Coimbra, Cartas, Conferências, Discursos, Entrevistas...*, p. 99.

[52] Sebastião Magalhães de Lima, (1851-1928), advogado, político e director de *O Século* e de *A Vanguarda*. Guerra Junqueiro chamou-lhe *o caixeiro-viajante da República*. Maçon desde 1874, foi eleito Grão-Mestre do Grande Oriente Lusitano em 1907. Ministro do Fomento de 15 a 17 de Maio de 1915, no governo de João Chagas e Ministro da Instrução Pública desde esta data a 19 de Junho de 1915 no governo de José de Castro. Sobre esta importante personalidade, ver Brandão, Raul, *Memórias* III, pp. 179 e seguintes; também Neves, Álvaro, *A Vida de um Apóstolo. S. Magalhães Lima*, 2 vols., Lisboa, 1930-1931.

a criação de um movimento apartidário destinado a tomar as rédeas do poder, era, em si própria, uma contradição e uma ingenuidade, uma vez que, fatalmente, esse movimento apartidário acabaria por se transformar em mais um partido político. Em sua opinião, se, supostamente, houvesse alguém em Portugal com autoridade e capacidade suficientes para fundar qualquer coisa como, por exemplo, «A União Moral dos Portugueses» e que por essa via conseguisse convencer todos os outros que antes de se ser militante ou simpatizante deste ou daquele partido é-se «*essencialmente homem*», então, sem dúvida que muitos dos problemas de natureza política, e sobretudo de contenda política, do país seriam resolvidos. Mas isso é apenas um ideal e qualquer tentativa prática no sentido, mais não será que uma aproximação a esse ideal, mormente porque sendo a política uma técnica, sofre, como todas as técnicas, dos erros de passagem da teoria à prática. Em todo o caso, construir essa ou outra «União» à custa do desaparecimento dos partidos políticos é, de todo, uma impossibilidade, porque a unidade constrói-se sempre pela concitação das vontades que são diversas e nunca a partir da imposição dos desejos ou intenções de alguém ou de um grupo[53]. Estas ideias de Leonardo Coimbra, resultando de uma visão e uma análise argutas da problemática política, para além de certeiras, são intemporais e por isso vemos o quanto elas são justas e aplicáveis quer, por contradita, à ditadura que se instalou em Portugal durante mais de quarenta anos, quer ao regime democrático saído de Abril. Ainda nos dias de hoje somos surpreendidos pelo surgimento amiúde, na sociedade portuguesa, de opiniões que, semelhantemente, advogam soluções extra-partidárias para o exercício da governação, mormente quando as coisas da administração e da política partidárias não caminham tão bem quanto seria desejável.

Entretanto, a fama de filósofo e de orador de Leonardo Coimbra projectara-se para além-fronteiras, com ecos em publicações como *La Revista* e *La Publicidad*, ambas de Barcelona. Nesse ano de 1921, em visita que veio anunciada no jornal *El Noroeste*, foi à Galiza para, no salão nobre do Circo de Artesanos da Corunha, fazer uma palestra sobre Antero do Quental e Sampaio Bruno, que veio muito elogiada na imprensa local. Igualmente em 1921 escreveu e publicou um pequeno e interessante livro com o título *O Pensamento Filosófico de Antero de Quental*. No primeiro capítulo, é feita uma apresentação das «doutrinas filosóficas de Antero», com utilização dos textos do pensador açoriano. No segundo, são expostas «as correntes contrárias no pensamento filosófico de Antero», ou seja, o que Leonardo qualificava como antinomias existentes no espírito e nas proposições filosóficas anterianas, designadamente, um antagonismo inconciliável entre o real e o ideal, entre a acção e a contemplação e entre a ciência e a metafísica ou, no dizer de Leonardo, «as duas correntes de ser e de pensamento que correm subterrânea e profundamente em toda a obra filosófica de Antero»[54]. O terceiro capítulo é dedicado a uma apreciação e comentário dos «problemas filosóficos em Antero», a começar por uma tentativa de saber o que é a filosofia para o autor das *Tendências* e depois, em considerações sempre regidas pelo confronto entre as duas correntes inconciliáveis do pensamento de Antero, um exame das relações entre

---

[53] Sobre esta questão veja-se *Leonardo Coimbra, Cartas, Conferências, Discursos, Entrevistas, ...*, pp. 95-98.

[54] Coimbra, Leonardo, *O Pensamento Filosófico de Antero de Quental, Apresentação, Fixação do Texto e Notas de Paulo Samuel*, Lisboa, Guimarães Editores, Lda., 1991, p. 50.

a filosofia e a ciência e uma análise dos problemas da Liberdade, do Mal, da Morte e de Deus. Segue-se uma extensa conclusão na qual o autor, à luz do seu próprio sistema, o Criacionismo, faz uma leitura do espírito anteriano: aí refere que Antero de Quental sofre as influências do pensamento idealista alemão, em especial de Hegel e de Schelling. Considera que o absolutismo da razão lógica existente em ambos os termos das antinomias que atravessam o pensamento de Antero não o deixariam jamais chegar a quaisquer conclusões. A solução para o problema seria, segundo Leonardo, a substituição da razão lógica por uma razão experimental, relativista e livre, porque, afinal, o que deve subsistir e subsiste não é a oposição entre a Razão e a Experiência, mas o carácter racional da Experiência[55]. Interessante e prenunciador da sua linha de abordagem ao pensamento de Antero é ainda o retrato que dele faz na breve introdução, na qual lhe atribui o belo epíteto de «namorado da Verdade» e afirma que ele é alguém a quem " não bastam os fantasmas da névoa e do sonho da Poesia, como não bastam os esqueletos da ciência, e quer dar aos primeiros a solidez dos segundos e a estes a seiva, a vida interna e fremente daqueles"[56]. Ainda em 1921, Leonardo dá ao prelo um outro pequeno livro intitulado *Adoração: Cânticos de Amor*, editado pela Renascença Portuguesa. Acerca desta publicação, diz-nos A. Ambrósio de Pina que o seu conteúdo foi inspirado por uma aluna de Leonardo, chamada Eurídice, por quem o filósofo terá sentido uma paixão romântica[57]. A afirmação é contrariada por palavras do próprio Leonardo, proferidas no decorrer do chamado *Caso Homem Cristo* (ver adiante, pp. 111 a 113) em que, sob o peso dessa acusação injuriosa, provou que este seu escrito provinha de uma data em que era ainda estudante, acontecendo até que já tinha sido parcialmente publicado na revista *A Águia*, em 1914[58]. Neste seu livro, o autor disserta filosoficamente sobre o tema do amor e faz referências e desenhos a uma musa inspiradora, na qual, os seus detractores procuraram ver a tal aluna.

A par da escrita, os extraordinários dotes oratórios de Leonardo faziam com que ele estivesse sempre na ribalta dos mais importantes acontecimentos nacionais, acrescendo a isso o especial valor e o marcado interesse que esses dotes concediam às suas intervenções políticas. Assim foi no discurso proferido a 26 de Janeiro de 1921, no Congresso do Partido Republicano Português, sob a epígrafe *Em Louvor da Liberdade: Os Revolucionários de 1820 e as Constituintes de 1821*[59]. Depois, em Abril, discursos nos Paços do Concelho de Amarante sobre *A Intervenção de Portugal na Grande Guerra* e de boas-vindas ao herói da batalha do Marne, Marechal Joffre, no salão nobre da Universidade do Porto. E, em circunstâncias de luto, produziu a oração fúnebre, no cemitério de Agramonte, aquando do funeral do vulto eminente da política que foi Alexandre Braga[60].

[55] Cf. Idem, *Ibidem*, p. 108 - 117.

[56] Idem, *Ibidem*, p. 24.

[57] Cf. Pina, A. Ambrósio de, *Memórias de Leonardo Coimbra*, Livraria Braga Cruz, Braga, 1979.

[58] Cf. "Discurso sobre o Caso Homem Cristo e Faculdade de Letras do Porto", in *Leonardo Coimbra, Cartas, Conferências, Discursos, Entrevistas* ..., p. 196.

[59] Ver *Leonardo Coimbra, Cartas, Conferências, Discursos, Entrevistas...*, pp. 87-89.

[60] Alexandre Braga (1871-1921), advogado, jornalista e influente político republicano com intervenção notável antes e depois da implantação da República. Grande orador, a sua palavra eloquente e elegante

Aconteceu o facto singular de, no Portugal desta data, de novo se fazerem ouvir vozes, advogando o restabelecimento da pena de morte. Leonardo fero adversário de tal medida, retomou uma luta, anos atrás iniciada (1909), na polémica sustentada com Alfredo Pimenta (ver atrás, pp. 38 e 39). Desta vez, publica em *A Hora* e em *A Tribuna*, uma série de enérgicos artigos, condenando tal corrente de opinião.[61] Não admira que em espíritos menos idealistas se tivesse restabelecido a necessidade da instituição da pena capital, pressupostamente uma medida profilática tendente a curar uma sociedade onde, para além das continuadas agitação e desordem públicas, do bombismo e das acções de sabotagem dos sindicalistas, se tinha assistido recentemente aos hediondos assassínios da *Noite Sangrenta*, cometidos no momento em que eclodia o movimento revolucionário triunfante conhecido por Outubrismo. Todavia, o termo *triunfante* será excessivo porque embora triunfasse pela força das armas, esse movimento, manchado desde a primeira hora por aquela infâmia, não teria futuro político. Com efeito, no rescaldo da revolução outubrista, o Presidente António José de Almeida, bem contra a sua vontade, cedendo apenas à preocupação de não permitir que o poder caísse na rua e também ao desejo de pôr fim aos desmandos, que já eram tantos e tão graves, sancionou um governo chefiado pelo coronel Manuel Maria Coelho[62]. O coronel Coelho, enfrentando dificuldades na atribuição de pastas ministeriais, constituiu um gabinete com personalidades outubristas e com alguns (poucos) independentes, militares e civis, todos sem grande nome no mundo da política. Foi um Governo de uns breves quinze dias, no decorrer dos quais, esteve quase sempre em crise e em sucessivas substituições, até que, a 4 de Novembro, se declarou demissionário. Um dia antes, o Partido Democrático anunciara a intenção de expulsar das suas fileiras o militante Manuel Maria Coelho. Como causa próxima da queda deste ministério saído da revolução outubrista estará, para além das dificuldades apontadas, o opróbrio e a consternação causados em todo o país pela notícia dos crimes do *Arsenal da Marinha*. É certo que os mentores do *Outubrismo* se apressaram a condenar os eventos da *Noite Sangrenta* e que nada há de concreto que autorize o estabelecimento de qualquer ligação entre as intenções dos revolucionários e os tristes sucessos da madrugada de 19 de Outubro. Aliás, no *Tribunal Militar Extraordinário*, constituído para julgar os criminosos, foram ilibados de quaisquer culpas ou cumplicidades os oficiais que dirigiram o movimento revolucionário. Não obstante essas certezas, a opinião pública, reagindo emocionalmente, não dissociou uma realidade da outra, facto que, como já se disse, terá decisivamente contribuído para o fracasso experimentado pelos outubristas nas suas tentativas de constituição de governos. Decerto, ninguém se queria comprometer com um movimento que, aos olhos do grande público, aparecia conotado com os nefandos crimes do Arsenal.

---

dominava os auditórios. Foi ministro duas vezes. Sobre os discursos referidos ver *Leonardo Coimbra, Carta, Conferências, Entrevistas...*, pp. 90-91.

[61] Ver *Leonardo Coimbra, Dispersos*, vol. V, pp. 171-178.

[62] Manuel Maria Coelho (1857-1943), oficial do exército, revolucionário do 31 de Janeiro de 1891 (o tenente Coelho). Conjuntamente com João Chagas escreveu a *História da Revolta do Porto*, com uma edição em 1978 por Assírio & Alvim, Lisboa. Foi governador de Angola e presidente do primeiro ministério outubrista, de 19 de Outubro a 5 de Novembro de 1921.

Imensamente desgostoso com toda a situação que se gerara , em verdadeira condição de desgaste emocional e alquebrado pela doença (gota), o Presidente António José de Almeida anunciava a sua intenção de se demitir do seu alto cargo. Reconsiderou, porém, face às muitas cartas que recebeu de personalidades do mundo da cultura e da política, rogando-lhe que permanecesse, rogos secundados por uma estrondosa manifestação de homenagem à sua pessoa, organizada pela Câmara Municipal de Lisboa em 30 de Outubro 1921. Da janela da sua residência, António José proferiu então um discurso que ficou memorável[63]. O seu sofrimento estóico pela causa cívica do regime, haveria de lhe valer o epíteto de «apóstolo da República».

A 5 de Novembro o poder governativo era assumido por um segundo executivo outubrista, chefiado pelo coronel Maia Pinto, anterior Ministro do Comércio. Numa tentativa de alijar ou aligeirar a carga negativa do *Outubrismo*, houve da parte de Maia Pinto o cuidado de se fazer rodear de personalidades não comprometidas com tal movimento e nisso contou com a colaboração do Partido Popular e com a de dissidentes democráticos. No entanto, dada a necessidade, sentida e manifestada, de se imprimir um novo rumo à política e à governação, o Presidente da República utilizou, pela segunda vez no seu mandato, a prerrogativa da dissolução. O Parlamento que havia sido eleito em Julho, e em que o Partido Liberal dispunha de maioria, foi dissolvido, sendo marcadas eleições, primeiro para 11 de Dezembro e depois adiadas para oito de Janeiro do ano seguinte. A pretensão governamental de favorecer candidatos seus a estas eleições entrou em choque com os interesses e a dinâmica de uma maioria pré-eleitoral, resultante de um acordo firmado pelos três maiores partidos: o Democrático, o Liberal e o Reconstituinte. O gabinete de Maia Pinto, que vinha já registando alguma falta de coesão, entrou em crise oficial, apresentando pedido de demissão a 13 de Dezembro de 1921.

Entretanto, dera-se uma reviravolta no pensamento político de Cunha Leal. Dando mais uma vez nota de ser um malabarista das artes da política, o ex-sidonista abandonou o seu recente radicalismo e remeteu-se de novo para sua primitiva condição de republicano conservador. Com esse renovado estatuto assumiu a chefia do Partido Liberal, em substituição do malogrado António Granjo. A abjuração de Cunha Leal pode ter obedecido a motivações que se incluem em uma de duas leituras, ou nas duas. Assim: na primeira hipótese, horrorizado com os acontecimentos da *Noite Sangrenta* em que também ele quase foi assassinado, renunciou a uma linha política potencialmente fomentadora de extremismos; em segundo lugar, terá visto ou entrevisto, na circunstância da morte de Granjo, a sua oportunidade de se tornar chefe de um grande partido conservador, como de resto estaria mais perto do seu pensamento e ambições; por fim, poderá ter agido com fundamento nessas duas vertentes, uma a do sentimento, outra a da conveniência. A verdade mais imediata é que guindado, desta forma, à chefia do Partido Liberal e, decerto por essa sua novel condição, António José de Almeida a ele recorreu para formar um governo que fosse representativo de todas as forças republicanas e se empenhasse na preparação das eleições que se avizinhavam já para 8 de Janeiro, mas que, entretanto, voltaram a ser adiadas para 29 do mesmo mês. Desfeito o acordo celebrado anteriormente entre os três principais partidos, os

[63] Veja-se Torgal, Luís dos Reis, *Ob. Cit.*, pp. 171-172.

democráticos apresentaram-se sozinhos, enquanto que reconstituintes, liberais, socialistas e independentes se reuniram contra aqueles, num acordo a que deram o nome de *Conjunção*, esperando dessa forma disputar-lhes a maioria. Quaisquer veleidades havidas nesse sentido foram desfeitas pela retumbante vitória eleitoral dos democráticos, que nessa pugna obtiveram maiorias absolutas nas duas câmaras do Parlamento. Reforçava-se assim o Partido Democrático, sendo incontestável o seu domínio na cena política nacional, apesar das suas recentes convulsões internas.

Tudo isto se passava na dobra do ano de 1921 para 1922, verificando-se então uma intensa actividade intelectual de Leonardo Coimbra, riquíssima do ponto de vista das suas intervenções públicas como filósofo e como orador. Em Fevereiro de 1922, recebeu do governo espanhol um convite para ir a Madrid fazer uma série de conferências na Universidade e no Ateneu. O filósofo dissertou sobre temas como *A Lógica das Ciências; A Moderna Poesia Portuguesa*; e *Contribuição das Modernas Teorias Científicas para uma Nova Concepção do Universo*. Esta última conferência, extra-programa, foi proferida inopinadamente e de improviso, na Residência de Estudantes Universitários. O notável êxito obtido neste desempenho levaram a que fosse muito aplaudido e cumprimentado por vultos da cultura ibérica e mundial como Ortega Y Gasset, Garcia Morentes, Miguel de Unamuno e Menendez y Pelayo, sendo ainda, no decorrer desse ciclo de conferências, condecorado pelo rei Afonso XIII com a *Ordem de Isabel*. Uma outra conferência, pronunciada em Junho de 1922, dá-nos a medida do destemor com que Leonardo enfrentava obstáculos e situações adversas, dando crédito à afirmação de José Marinho de que "Leonardo foi em política um homem que viveu sempre perigosamente"[64]. Na verdade, foi com essa disposição que aceitou um convite do poeta António de Sousa[65] para ir a Coimbra falar aos estudantes sobre um tema por si escolhido. Ora, na cidade do Mondego estavam ainda bem vivas as lembranças e as mágoas da acção governativa do visitante e ex-ministro, e assim sendo ele não era bem-vindo. Logo à recepção da notícia o ambiente efervesceu e de imediato se começaram a traçar programas de hostilidades e de afrontamento à figura do conferente. No dia da anunciada conferência, grossa parte da população estudantil, disposta a fazer grande assuada, afluiu ao local marcado para a realização do evento, a *Associação Cristã dos Estudantes*. Contudo, a presença tranquila e atlética do tribuno, fortemente impressiva, logo fez despertar entre a assistência uma atmosfera de curiosidade e de seguida o tema da conferência – *O Homem e o Sentimento do Infinito* – e as palavras decididas e profundas do orador acabaram por transformar o que estava para ser uma pateada, numa estrondosa apoteose de vivas e aplausos.

No campo da escrita, o ano de 1922 assiste ao lançamento do livro *Do Amor e da Morte*, da autoria de Leonardo Coimbra e editado pela Livraria Chardron do Porto. A obra descreve um diálogo filosófico entre três figuras: *Marcos, António* e *Célio*. Na varanda de uma casa antiga e desabitada, contemplando o pôr-do-sol, essas três figu-

---

[64] Marinho, José, *O Pensamento Filosófico de Leonardo Coimbra e outros textos*, Lisboa, Imprensa Nacional Casa da Moeda, 2001, p. 44

[65] Colaborador da Renascença Portuguesa, autor do livro de versos *O Encantado* sob o pseudónimo de António de Portucale. Era, ao tempo, estudante em Coimbra e dirigente da *Associação Cristã dos Estudantes*.

ras tecem uma amena conversa sobre os temas do *amor* e da *morte*. Neste ambiente, o autor coloca, face aos temas indicados e pela boca das diferentes personagens em diálogo, três linhas de pensamento distintas: um pensamento positivista/materialista e agnóstico em que se revelam concepções antropológicas e terrenas da existência (Marcos); um pensamento metafísico repleto de um idealismo monista, no qual o mundo é obra antecipada de um Deus uno e absoluto (António); e um pensamento, também metafísico e idealista, mas onde Deus, imanente ao mundo, não é um absoluto que apareça desligado das coisas e das ideias, nem estas são o próprio Deus (Célio). Na opinião de Marcos o amor é um acto biológico e sexual e qualquer tentativa filosófica de remeter o assunto para um plano espiritual subjectivo, mais não é que mera fantasia metafísica. António contesta com veemência estas concepções de Marcos, classificando-as de pessimistas e opondo-lhes uma visão em que o amor é uma criação divina que funciona como um farol para a humanidade, iluminando o caminho do futuro. Célio, a terceira personagem, faz a síntese das duas proposições anteriores, reconhecendo consistência e verdade parciais nas alegações de Marcos e aquiescendo com António que o caminho para Deus e para a Verdade é o do amor, mas caminho feito e a fazer numa relação harmónica com o que subsiste na visão de Marcos. Por outras palavras, se Deus é o próprio Amor e o supremo Bem, então o caminho que a Ele leva tem de ser feito também pela absorção do Mal. E, diz: " a perfeição não é um absoluto; a perfeição é antes a melhor, a mais íntima e vasta relação"[66]. O problema da *morte* é abordado no final do livro em escassas páginas e interpretado como também um acto de amor, necessário à perenidade da vida. Na classificação e ordenação que José Marinho fez das obras de Leonardo Coimbra, este livro é iniciador de uma segunda fase filosófica de Leonardo Coimbra em que é o amor, e já não o pensamento, a expressão do real e da verdade[67].

No plano da intervenção política, coube a Leonardo fazer a apresentação dos candidatos do Partido Republicano Português (Partido Democrático) pelo círculo do Porto, num comício havido em Janeiro de 1922, dias antes das eleições de 29 desse mês. Afirma então a homogeneidade do Partido e a sua posição de baluarte de uma República que «está na alma do povo». Chama a atenção dos republicanos para a necessidade da República se defender dos seus inimigos e se afirmar, diferenciando-se da monarquia não só pela «pela simples troca duma coroa pelo barrete frígio»[68]. Eleito deputado pelo círculo do Porto, nas eleições gerais que deram vitória aos democráticos em 29 de Janeiro de 1922, Leonardo Coimbra não brilhará por uma assídua presença na Câmara, fazendo depender as suas idas ao Parlamento da relevância dos assuntos ali discutidos. Daí que sejam parcas as suas orações parlamentares. No entanto, e neste período e circunstância, há a assinalar um importante discurso proferido a 2 de Março de 1922 em *Homenagem Aos Parlamentares Mortos*. Referindo-se sobretudo aos mortos da trágica madrugada de 19 Outubro de 1921, culpabiliza os agentes dos desmandos havidos, mas também toda uma sociedade política portuguesa que se encontra enferma

---

[66] Coimbra, Leonardo, *Do Amor e da Morte*, Porto, Livraria Chardron, 1922, pp. 94-95.

[67] Cf. Marinho, José, *Ob. Cit.*, 160-161.

[68] Cf. *Leonardo Coimbra, Cartas, Conferências, Discursos, Entrevistas...*, pp. 101-102.

e é afinal «uma caricatura macabra daquilo que deve ser toda a vida social»[69]. Não obstante, competirá a essa sociedade, através das suas instituições ministradoras de justiça, esclarecer os factos e condenar os responsáveis. Evoca as figuras dos políticos assassinados, recordando-os nas suas virtudes e no que de si mesmo tinham dado à Pátria e à República.

Sobre a actividade revolucionária e o divisionismo republicano que marcavam a vida política, Leonardo Coimbra publicou um notável artigo intitulado *A Revolução (para ambos os lados)*. O título é, em si mesmo, a denúncia de uma conjuntura política eivada de radicalismos e de ameaças insurreccionais, vindas de todos os quadrantes partidários, mas onde é sobretudo preocupante, segundo o filósofo, a existência no campo republicano de *dois lados* que se guerreiam. Uma ideia dominante veiculada neste escrito é a de que, com tantos revolucionários a queixarem-se, reclamando as suas razões, são esquecidas ou não ouvidas as verdadeiras queixas, ou seja, as dos mais pequenos e humildes, afinal os mais atingidos e espezinhados por esse generalizado ambiente de discórdia. Outra ideia desenvolvida é a de que, à força de tanto se clamar por «união» como panaceia para todos os males, os governos tornaram-se demasiado tolerantes com os seus adversários, ao ponto de a isso sacrificarem os seus próprios princípios, facto que, sendo a todos os títulos uma indignidade, é também uma causa de enfraquecimento dos governos e do próprio regime. Termina com um apelo: "Vamos fazer a República, mas pelo amor, pela lealdade das nossas crenças, e aos inimigos leais o bom combate de homens irmãos para além das aparências, aos inimigos traidores o tacão dos nossos sapatos os irá encontrar de rastos no caminho que seguirmos"[70].

Como que a criar exemplo do «bom combate» no seio dos republicanos, logo o democrático José Domingues dos Santos[71] veio à liça com um artigo intitulado *Em Resposta*, no qual manifesta o seu desacordo quanto a algumas considerações e juízos tecidos por Leonardo sobre o movimento outubrista e os crimes do Arsenal. Leonardo replica, dizendo estar profundamente convicto de que os referidos crimes não estiveram nunca no programa do movimento revolucionário de Outubro de 1921, nem tampouco no espírito dos seus mentores. Todavia, foram uma excrescência revolucionária incontrolável ou, utilizando as suas próprias palavras, introduziram-se "parasitariamente na trama da conspiração republicana"[72]. E, envenenado por esse pecado original, o *Outubrismo* tinha fatalmente de ter vida curta. Propõe Leonardo que se castiguem os criminosos, se perdoem os erros cometidos e se trabalhe para a dignificação da Pátria e da República.

Palavras sensatas e apropriadas a uma República em que, após a vitória dos democráticos nas eleições de 29 de Janeiro de 1922, se pensou que era hora do regresso

---

[69] Cf. *Ibidem* pp. 109-111.

[70] Coimbra, Leonardo, "A Revolução (para ambos os lados) ", in *Leonardo Coimbra, Dispersos...*, vol. V pp. 194-200.

[71] José Domingues dos Santos (1885-1958) ex-seminarista, licenciado em Direito, jornalista e professor no *Instituto Superior do Comércio do Porto.* Chefe da ala esquerda, dita *canhota*, do Partido Democrático, foi ministro por cinco vezes e presidente do ministério de 22 de Novembro de 1924 a 15 de Fevereiro de 1915.

[72] Coimbra, Leonardo," Esclarecendo", in *Leonardo Coimbra, Dispersos*, vol. V, p. 201-203.

de Afonso Costa. O líder histórico do Partido Republicano foi de facto convidado e mesmo instado a voltar ao país e a formar gabinete ministerial. No entanto, recusou o convite e as instâncias, em face do que, se seguiu a formação e a tomada de posse a 6 de Fevereiro de um gabinete inteiramente democrático, presidido por António Maria da Silva. Em início de funções, o novo Governo dominou sem dificuldade maior uma conspiração orquestrada por sectores outubristas não conformados com os resultados das eleições. Depois, entregou-se à tarefa de reorganizar a Guarda Nacional Republicana, reduzindo-a nos seus efectivos e armamento e despolitizando-a. Para tanto, e sob a intenção de desfazer dinâmicas já concertadas, recorreu ao envio de unidades e de elementos da Corporação para as zonas rurais, com a missão de as patrulhar.

Em Outubro desse ano de 1922, o país fez um intervalo nas suas atribulações políticas e sociais e preparou-se para receber condignamente os seus heróis. Eram estes Gago Coutinho e Sacadura Cabral, aviadores que regressavam à Pátria após a sua acidentada, porém valorosa, travessia aérea do Atlântico Sul, ligando Lisboa ao Rio de Janeiro. Orgulhosa com o feito histórico, a Mãe-Pátria rejubilava com a vinda dos seus dilectos filhos e com a glória por eles alcançada. No dia 26, na Câmara Municipal de Lisboa e na presença do Presidente da República, António José de Almeida, as honras foram feitas por Leonardo Coimbra num discurso de homenagem ornamentado com sugestivas imagens ao mar e à epopeia portuguesa, que agora continuava com "uma nova Caravela que sulca os ares e vai a caminho das Alturas"[73]. Depois, a 7 de Novembro, em sessão especial do Congresso da República, Leonardo produziu um novo discurso em que, nas pessoas dos dois aviadores ali presentes, exaltou o génio português que venceu os mares e agora os ares, desfazendo *Adamastores* e construindo civilização. Remata, dizendo: "Em frente a vós, estão os últimos lusíadas que, na mais alta caravela de Portugal, partiram da beira do mesmo Mar, fazendo pela altura, o abraço que cinge o planeta"[74].

Passada porém essa fase eufórica e, de alguma forma, catártica, a Nação encontrou-se de novo a braços com os seus males. O problema número um continuava a ser o das finanças públicas, e quanto a soluções buscadas para o resolver elas teriam de, forçosamente, assentar em dois pontos: reduzir as despesas e aumentar as receitas, princípios válidos quer para este, quer para outros governos, podendo diferir apenas a forma de os efectivar. Não passaram na Câmara as propostas do Governo e este insucesso acarretou-lhe fragilidades internas que obrigaram à sua demissão, em 30 de Novembro. A crise foi ultrapassada no mesmo dia com a formação de um segundo gabinete democrático ou, mais propriamente, com a remodelação do gabinete já existente, visto que só houve substituições nos ministérios da Guerra, dos Estrangeiros e da Instrução, passando esta última pasta a ser titulada pelo professor Leonardo Coimbra, que assim era convidado a assumir funções governamentais, de novo como Ministro da Instrução. Passados poucos dias da sua tomada de posse, Leonardo apresentou em Conselho de Ministros uma proposta que veio a dar origem a um cataclismo político que apaixonou a opinião pública, de norte a sul do país. Propunha o Ministro da Instrução, ao abrigo das suas competências, que passasse a ser livre o ensino religioso

[73] *Cartas, Conferências, Discursos, Entrevistas* ..., pp. 129-132.

[74] *Ibidem*, pp. 133-134.

nas escolas particulares fiscalizadas pelo Estado. Era uma proposta que se enquadrava plenamente no espírito do programa do Governo, apresentado à Câmara, no qual, a dado passo se dizia: "O Governo encarará de frente o problema do ensino religioso em colégios e estabelecimentos particulares, de molde a acabar com o perigo da desnacionalização, exercida pelo ensino estrangeiro, quer por infiltrações de professores no país, quer pelo êxodo das centenas de crianças que a Espanha vão receber ensino, de maneira que, por outro lado, se desfaça completamente o equívoco entre a República e as confissões religiosas, ficando completamente clara a atitude da boa neutralidade do Estado»[75].

Palavras que deixavam adivinhar uma necessidade de clarificação e/ou reformulação das leis, até porque, em muitas zonas do país, elas não eram respeitadas, situação já denunciada ao Ministério da Instrução, quer pelo Grão-Mestre da Maçonaria, Magalhães de Lima, quer pelo Intendente-Mor para a aplicação da *Lei da Separação*, o ex-padre jesuíta, Borges Grainha. O Ministro tinha analisado a questão e entendia não ser necessária uma nova lei para resolver uma tal situação, mas apenas uma interpretação da legislação já existente e proceder às necessárias e convenientes regulamentações. Ademais, a Constituição era quanto ao assunto pouco clara, designadamente quando preceituava a neutralidade do Estado quanto ao ensino religioso ministrado em estabelecimentos particulares. E também era verdade que a *Lei da Separação* nunca fora uma questão completamente fechada, posto que sempre constituíra matéria de discussão parlamentar. Por outro lado, tudo isto acontecia numa altura em que se desenhava uma aproximação entre a Igreja e o Estado, regida pelas vontades manifestas das partes para que fossem esquecidos agravos anteriores e se estabelecesse uma nova harmonia. A esse propósito havia contactos com a Santa Sé, desde Abril de 1921, data da tumulação do *soldado desconhecido* no Mosteiro da Batalha, acto em que estiveram presentes e conjugaram esforços autoridades do Estado Português e autoridades eclesiásticas. Resultou desse esforço de aproximação uma cerimónia oficial no dia 3 de Janeiro de 1923, durante a qual, o Presidente da República, António José de Almeida, fez a entrega ou imposição solene do barrete cardinalício (prerrogativa de Chefe de Estado, até então apenas reconhecida aos monarcas, pela Santa Sé) ao Núncio Apostólico, Cardeal Locatelli[76], acontecimento que *O Século* de reputou de «importante acto diplomático».

Tudo indicava que o momento era completamente oportuno para apresentação da proposta ministerial, apesar de uma natural e esperada reacção em meios e mentes mais anticlericais. Aconteceu, no entanto, o que não era previsível. À apresentação da proposta levantou-se uma tempestade política, com os radicais do Partido Democrático a manifestarem-se com veemência contra o que diziam ser uma transigência do governo em matéria de ensino religioso, vindo o Ministro a ser mimoseado com

---

[75] Cf. Alves, Adelino, "Leonardo Coimbra e a Liberdade de Ensino", in *Leonardo Coimbra, Filósofo do Real e do Ideal*, (Colectânea de Estudos), Lisboa, 1985, p. 89.

[76] Mons. Achille Locatelli, Núncio em Lisboa a partir de 1919. Figura muito contestada pelos monárquicos pela sua política de desanuviamento para com a I República. Os realistas em Portugal e o próprio rei D. Manuel II fizeram chegar à Santa Sé o seu protesto pela deferência concedida à República na imposição do barrete cardinalício ao Núncio Apostólico, em seu entender, privilégio reservado aos reis. Sobre o assunto ver Alves, Adelino, *A Igreja e a Política – Centro Católico Português*, Lisboa, Editora Rei dos Livros, 1996, pp. 167-168.

apodos de «traidor» e de «jesuíta». E o facto de católicos e monárquicos se colarem oportunisticamente à posição ministerial, mais acirrou os ânimos dos republicanos que protestavam. O Governo, muito embora sensibilizado para o problema do ensino religioso, parecia não ter força para se opor a este coro de protestos e achava-se embaraçado perante um dilema de difícil resolução: se, por um lado, se encontrava na contingência de ter de desfeitear o Ministro, não podendo defender a sua proposta, por outro lado, não queria prescindir do brilho que ao Executivo trazia a presença de um intelectual da craveira de Leonardo Coimbra. Como seria de esperar, os jornais conservadores aproveitaram a oportunidade para zurzir no Governo e não tardaram a soar vozes de que o Ministério se encontrava em crise.

Reunido, o Grupo Parlamentar do P.R.P. votou pela inconstitucionalidade da proposta. Discordando publicamente desse entendimento, Leonardo afirma que a letra da Constituição diz que o Estado é *neutro* em matéria de religião nos colégios particulares. E recorda que nas Constituintes, após discussão prolongada, se trocou o termo *laico* por *neutro*, e isso decerto por alguma razão. No meio de toda esta controvérsia, havia muitos parlamentares do partido que estavam com Leonardo Coimbra, subsistindo assim a possibilidade de a proposta vir a ser aprovada, se apresentada na Câmara. Como forma de evitar uma tal situação, desprestigiante para o Partido e para o Governo, foi pedido a Leonardo para não ir ao Parlamento ou, indo, limitar a sua acção à apresentação de um documento explicativo da sua ideia sobre o ensino religioso, documento que seria aprovado, mas pesada a inconstitucionalidade da proposta, a aprovação desta seria remetida para momento mais próprio. Deste modo, com base no argumento da inconstitucionalidade da proposta ministerial, António Maria da Silva acabava por encontrar uma saída mais ou menos airosa. Não discutia a bondade e eficácia da proposta do Ministro mas rotulava-a de inoportuna, visto que de momento não era constitucional, afirmação que deixava adivinhar que o problema poderia ser resolvido numa futura e eventual revisão da Constituição. Inconformado, porém, com o que considerava ser uma manobra política que outra intenção não tinha que a de fazer protelar ou esquecer o assunto, Leonardo não foi ao Parlamento, mas escreveu ao presidente do Conselho de Ministros uma carta, datada de vinte e sete de Dezembro de 1922, solicitando a sua demissão do cargo de Ministro da Instrução[77].

A questão do ensino religioso e da demissão do Ministro transitou depois para o Parlamento e animou acesos debates por todo esse mês de Janeiro de 1923, não faltando tentativas de aproveitamentos políticos por parte das diversas facções representadas. Em jornais, revistas e publicações avulsas era travada uma verdadeira guerra de papel e nos meios intelectuais o assunto ganhara enorme repercussão, com muitas personalidades a emitirem publicamente os seus pareceres e opiniões. A discussão centrava-se principalmente na constitucionalidade ou inconstitucionalidade da proposta, à luz do art.º 3.º da Constituição. Em declarações publicadas no *Diário de Notícias*, depois reunidas num caderno, o escritor e jornalista João Paulo Freire (Mário) afirmava que aquele artigo da Constituição Portuguesa de 1911 havia tido como fonte inspiradora o § 6.º do art.º 72 da Constituição Brasileira, sendo a sua redacção inicial a seguinte: «o ensino será laico nos estabelecimentos públicos». O vocábulo *laico* seria depois

[77] Ver Anexo 3.

substituído por *neutro*, face ao peso opinativo dos que defendiam não poder haver da parte do Estado uma posição anti-religiosa, mas tão-somente neutral. Ora, na sua verdadeira acepção, a palavra *neutro* quer dizer *nem a favor nem contra*, razão pela qual, não se poderia concluir pela inconstitucionalidade da proposta[78]. Esta argumentação, simples e directa, era apenas mais uma num ambiente de paixões políticas exacerbadas, não colhendo na generalidade, nem mesmo junto de conceituados juristas que, por seu lado, tinham também, quanto ao assunto, entendimentos diferentes. Em todo o país, a imprensa fazia-se eco de todo esse desconcerto de vozes, sendo de notar que *O Mundo*, órgão do Partido Democrático, mantinha uma posição moderada, chegando a admitir a possibilidade do ensino religioso nos colégios particulares, ao abrigo do artigo 3.º da Constituição[79], facto que aumentava, ainda mais, a confusão já existente e dava nota da irredutibilidade das várias opiniões formadas quanto ao assunto.

Leonardo deu a conhecer publicamente as suas próprias posições, em entrevista concedida ao jornal *O Primeiro de Janeiro*, numa data em que já tinha como certa a sua saída do Ministério. Disse então que a ideia de regulamentar o ensino religioso não era nova e já a havia apresentado no primeiro ministério de que fizera parte (o de Domingos Pereira – 31 de Março a 29 de Junho de 1919), sendo então bem recebida e apoiada. Agora, neste segundo ministério, voltara a apresentar o seu pensamento sobre o assunto e, nessa instância, a questão fora igualmente bem recebida; não o fora, porém, junto do *Grupo Parlamentar do Partido Democrático*. Mais disse que "estudava uma reforma geral do ensino primário e secundário, que tinha, como verá, imensas relações com um dos aspectos do problema do ensino religioso ... mas eles romperam fogo. O órgão das comissões políticas do P.R.P. em Lisboa começou a atacar-me, indo ao desejo de insulto máximo chamando-me traidor (!!) Perante esta malevolência fiquei impossibilitado de me explicar para este lado"[80].

Em *A Época*, jornal conservador, dizia-se que Leonardo Coimbra deveria ter ido ao Parlamento apresentar, como deputado, a proposta que não o deixaram apresentar como ministro ou, pelo menos, apresentar e explicitar publicamente os termos dessa mesma proposta. Não o fazendo, revelara o Ministro um comportamento próprio de «indivíduos arregimentados em sociedades secretas»[81]. Já o jornal *A República* aproveitou para defender causa própria, propagandeando que "não faz sentido que o país se afirme, por exemplo, sinceramente religioso, profundamente católico e dê em todas as eleições a grande maioria ao partido que mais anti-religioso e mais anti-católico se manifesta"[82]. A par de muitas censuras e acusações que lhe foram dirigidas, quer da direita quer da esquerda, Leonardo recebeu também apoios e manifestações de solidariedade. Em *O Diário de Lisboa* lia-se: "Os portugueses que vivem fora de partidarismos estreitos e de seitas ferozes, dão a Leonardo Coimbra o seu apoio. Seja qual for o caminho que escolha, pela nossa parte desejamos que ele não comprometa

---

[78] Cf. Freire, João Paulo (Mário), *A Questão Leonardo Coimbra*, Porto, Livraria Civilização, 1927, pp. 14-15.

[79] Cf. *O Mundo* de 7/1/23.

[80] *O Primeiro de Janeiro* de 6/1/23, p. 1. Ver Anexo 4.

[81] *A Época* de 14/1/23, fazendo alusão velada à filiação maçónica de Leonardo Coimbra.

[82] *A República* de 7/1/23.

o seu nome intelectual, porque a sua obra tem de viver da liberdade e da dignidade do seu nome"[83]. Entre as personalidades que publicamente testemunharam apreço pela iniciativa e intenções do Ministro Leonardo Coimbra, estiveram com mais destaque, Raul Brandão, Teixeira de Pascoaes, Guerra Junqueiro, Trindade Coelho, Alfredo Pimenta, Raul Proença e Hernâni Cidade [84]. Apesar de instado a continuar no Governo, Leonardo manteve-se íntegro nas suas afirmações e inabalável na sua decisão de deixar de exercer o cargo de ministro. Foi substituído pelo médico João Camoesas[85], que, já como Ministro da Instrução, propôs a concessão da Grã-Cruz de Santiago ao cidadão Leonardo Coimbra, proposta que a respectiva Ordem aprovou. Tal como havia afirmado na referida entrevista ao *Primeiro de Janeiro*, Leonardo regressava aos seus «trabalhos científicos» e isso significava voltar para sua Faculdade do Porto, para a Renascença Portuguesa e para as suas amadas tertúlias nos cafés da Invicta.

Mas, na Faculdade de Letras do Porto, apesar dos êxitos pedagógicos e científicos obtidos, nunca tinham sido fáceis e muito menos cordiais, as relações com a Universidade. Esta sempre considerara a existência duma tal Faculdade um facto político e nunca deixara de censurar o modo pouco ortodoxo como o ensino ali era ministrado, aproveitando todas as oportunidades para hostilizar, quer o estabelecimento, quer o seu director, embora o fizesse sempre de uma forma velada. Mau grado este latente conflito, veio a ser afinal do seio da própria Faculdade de Letras que saiu o mais soez ataque à integridade e ao bom-nome de Leonardo Coimbra. É o caso que Francisco Manuel Homem Cristo[86], capitão reformado e jornalista panfletário (conhecido pela extrema virulência com que atacava quem não lhe caísse em graça) havia sido nomeado, fazia três anos, professor de História da Faculdade de Letras do Porto. Não que tivesse sido escolhido ou reunisse merecimento relevantes, mas porque o presidente da República, António José de Almeida, colocara bastante empenho e insistência nessa nomeação. Ora, Homem Cristo, no desempenho do seu papel de professor de história, fez apreciações irónicas a um aluno por este ter utilizado o termo «piparotes» num exercício escrito. Respondeu o aluno que o termo era bem menos merecedor de reparos que certas palavras desbragadas por vezes proferidas pelo professor Homem Cristo. Neste, veio à tona a sua qualidade de militar autoritário, facto que o que o fez participar do aluno em termos que exigia a expulsão do mesmo. Não esperando por julgamento, Homem Cristo começou logo a ameaçar que, se o aluno não fosse expulso, iniciaria uma campanha contra a Faculdade de Letras do Porto, ameaças que formalizou em cartas dirigidas ao director da Faculdade e aos professores Mendes Correia e Augusto Nobre.

---

83 *O Diário de Lisboa* de 4/1/23.

84 Cf. Freire, João Paulo (Mário), *Ob. Cit.* pp. 25 – 43 e Alves Adelino, *Ob. Cit.*, pp. 106-108.

85 João José da Conceição Camoesas, (1887-?) médico e político do Partido Democrático. Ministro da Instrução Pública, no governo de António Maria da Silva, de 9 de Janeiro a 15 de Novembro de 1923. Volta à mesma pasta no governo de Domingos Pereira, de 1 de Agosto a 17 de Dezembro de 1925. Deportado em 1932 para Angola, passa, depois, para o exílio nos Estados Unidos da América, onde volta a exercer medicina.

86 Francisco Manuel Homem Cristo (1860-1943), oficial do exército, escritor e jornalista, natural de Aveiro. Fundou em 1882 *O Povo de Aveiro*, jornal regional de grande tiragem, veículo principal dos seus escritos panfletários.

Instaurado um processo, no desenvolvimento deste provou-se que, em boa verdade, na origem e no teor da resposta dada pelo aluno estavam palavras impróprias e despropositadas, proferidas anteriormente por Homem Cristo. Postos os factos, foi considerado justo e suficiente castigo a repreensão do aluno na presença do Conselho da Escola, sendo essa pena, de resto, a imediatamente inferior à expulsão. Não se dando por contente, o temível articulista Homem Cristo abriu e manteve no seu jornal, *O de Aveiro*, durante mais de um ano, um ataque cerrado, incontido e infamante, denegrindo, como ele bem o sabia fazer, a Faculdade de Letras do Porto e o seu director, Leonardo Coimbra. Este reagiu tranquilamente, não dando mostras de ficar incomodado com as diatribes do panfletário, indo até ao ponto de o desculpabilizar na sua atitude, justificando-a com a impossibilidade de o seu autor voltar atrás quanto às ameaças feitas extemporaneamente, facto que considerava, tão-somente, uma lamentável *gaffe*. Afirmou estar em paz com a sua consciência e com Deus, sendo que Este não lê os jornais, ao contrário dos homens que se «deixam gulosamente iludir»[87]. Alunos e professores solidarizaram-se com o director Leonardo Coimbra, inclusivamente através de manifestações públicas de desagravo da Faculdade de Letras e do seu director e de crítica e condenação do jornalista de *O de Aveiro*. O assunto prendeu especialmente a atenção da opinião pública do burgo nortenho, havendo da ambiência gerada a seguinte e sugestiva imagem: "Porto nocturno, ruidoso, animado. Os cafés cheios. A estudantada grita e discute. Há jornais improvisados de um dia para o outro em que se lêem violências e se ataca o professor. O nome «Homem Cristo», saltando de boca em boca é alvo de violentas objurgatórias. Há quem relembre a sua vida e o facto do Director da Faculdade de Letras, Dr. Leonardo Coimbra ter ido uma vez à prisão visitá-lo, reconciliando-o com o filho"[88]. Tratava-se de uma referência ao facto de, tempos antes, Homem Cristo ter cumprido uma pena de prisão por difamações que fizera à pessoa do general Dantas Baracho, numa altura em que se encontrava incompatibilizado com o seu próprio filho, o também jornalista Homem Cristo Filho. Na circunstância, Leonardo Coimbra promoveu a aproximação entre pai e filho, pondo fim a uma troca de desaforos e de insultos que se verificava entre os dois e que era do conhecimento público.

Por força do incidente e das acusações vindas a lume em *O de Aveiro*, o Ministro da Instrução ordenou uma sindicância à Faculdade de Letras do Porto, não se vindo a provar, contudo, a existência de quaisquer irregularidades. Pelo clamor que causou e pelas interpretações políticas feitas, o caso acabou por chegar ao Parlamento, dando azo, em 7 de Novembro de 1924, a uma longa intervenção de Leonardo Coimbra na Câmara de Deputados. Nesse passo, desmontou as injúrias de que ele e a Faculdade de Letras do Porto haviam sido alvos, criticou severamente a actuação do Ministro da Instrução quanto ao assunto e terminou por apresentar uma moção em cujos considerandos se enumeravam atitudes de Homem Cristo, face às quais, se propunha uma actuação pronta e enérgica da parte do Ministro da Instrução[89]. A moção foi aceite para discussão e posteriormente retirada. Entretanto, os deputados do P.R.P. chama-

[87] *O Diário de Lisboa*, de 12/3/1923, p. 5, entrevista dada por Leonardo Coimbra.

[88] Idem, *ibidem* (grafia actualizada).

[89] Ver Anexo 5.

ram «porco» a Homem Cristo e pediram a sua demissão de professor da Faculdade de Letras do Porto. Presente, o panfletário levantou-se aos berros, ameaçando de morte quem dele se aproximasse e chamando a todos de «ladrões».

A decisão de Leonardo Coimbra em demitir-se dos cargos de Ministro da Instrução e do Trabalho (interino), abrira uma crise ministerial que o Governo de António Maria da Silva prontamente resolvera, recompondo o elenco governativo. Enquanto isso, também por banda da oposição se registavam reorganizações partidárias, designadamente a fusão dos Partidos Liberal e Reconstituinte, daí resultando o aparecimento do *Partido Republicano Nacionalista*, pressupostamente uma força capaz de disputar o poder aos democráticos. Por transformações orgânicas passava igualmente o Partido Popular, acolhendo nas suas fileiras algumas figuras outubristas que, apesar dos revezes políticos sofridos, teimavam em continuar com o seu projecto de regresso aos ideais puros da *Revolução de Outubro de 1910*. Estas movimentações produziram arranjos e alinhamentos que teceram uma arrumação mais nítida do espectro partidário, mas não deram lugar a uma situação de alternância no exercício de poder por parte dos principais partidos, o Nacionalista à direita, e o Democrático, à esquerda.

Continuando as suas tentativas de promover um programa de saneamento das finanças públicas, o governo de António Maria da Silva por intermédio do seu Ministro das Finanças, Vitorino Guimarães, foi apresentando no Parlamento diversas propostas de aumento de receitas, nem sempre bem aceites ou atempadamente discutidas, permanecendo os problemas sem solução à vista. Chegou-se assim ao dia cinco de Agosto de 1923, dia de fecho do Parlamento, sem que, quanto ao assunto, estivesse decidido ou aprovado o que quer que fosse. No dia seguinte, o Congresso reuniria ainda, mas com uma agenda fixa e exclusiva, a da eleição de um novo presidente da República. Decidido a não contemporizar com um tal estado de coisas, o Ministro das Finanças, concretizando ameaças anteriores, apresentou a sua definitiva demissão. Quanto à eleição presidencial, o candidato patrocinado pelo Partido Democrático, o diplomata Manuel Teixeira Gomes, foi eleito à terceira votação por 121 votos contra apenas 5 de Bernardino Machado, seu mais directo concorrente. Dizia-se então que o apoio dado pelos democráticos à candidatura de Teixeira Gomes, fazia parte de um plano para o regresso de Afonso Costa.

Feita, entretanto, mais uma remodelação governamental, tomou conta das Finanças, o democrático Velhinho Correia que, em acto imediato ao da tomada de posse, apresentou ao Parlamento um pedido de autorização para a aplicação dum conjunto variado de medidas tendentes à redução do deficit orçamental. O pedido levantou viva celeuma e, criticado pela Comissão Parlamentar de Finanças, teve com resposta algumas contrapropostas cujo teor foi considerado inaceitável pelo Ministro que acabou também por se demitir. Assim, de remodelação em remodelação, o Governo de António Maria da Silva ia gerindo a crise mas não fazia as reformas de que o país carecia, porque tal não lhe era permitido por um Parlamento em cujas câmaras dispunha, no entanto, de maiorias numéricas. Situação anómala que as fracturas existentes entre os democráticos possibilitavam e que veio a reflectir-se na votação de uma moção de confiança ao Governo, no princípio de Novembro desse ano de 1923, em que o documento foi aprovado apenas por um voto (43 contra 42). Fazendo desses resultados a adequada leitura, o Ministério demitiu-se. Apesar das sucessivas recomposições, fora o governo de mais longa duração na história da República, mantendo-se no poder quase dois anos, de Janeiro de 1922 a Novembro de 1923.

Um pouco arredado destas evoluções políticas, Leonardo Coimbra ia trabalhando a sua escrita, publicando no ano de 1923 um dos seus mais importantes livros, *A Razão Experimental*. O conteúdo da obra resulta de um trabalho de reflexão e amadurecimento das temáticas abordadas nas suas conferências de Madrid, de 1922 (ver atrás, p. 104), sendo os problemas do conhecimento e da relação entre a ciência e a filosofia questões centrais deste livro. A ciência que rasga as fronteiras do conhecimento e é, por isso mesmo, revolucionária, corre sempre o risco de ver as suas criações ficarem intramuros, no círculo restrito dos sábios. Na ponte que é necessário estabelecer para que essas criações desçam até ao homem social e a este possam ser úteis, tem um papel decisivo a filosofia e o filósofo, porque é este que vislumbra essa pequena «luz» que mana do «castelo» dos sábios e a agarra e lhe dá continuidade, tornando-a assimilável. Como explica Leonardo: " É, com efeito, necessário que um dado científico se humanize, generalizando-se pelo pensamento filosófico [...]"[90]. De uma forma geral, faz-se neste livro como que uma recensão crítica de *O Criacionismo*, daí se saltando para uma análise dos problemas existenciais (o Mal) e da realidade fenoménica, cuja essência o pensador afirma ser um «mistério» que só a *Revelação* ou o lirismo metafísico podem explicar, não aclarando o sentido da sua afirmação. A aparente inconclusividade prende-se com a intenção de estabelecer uma ligação com um outro livro, publicado também nesse ano de 1923, com o título *Jesus*. Nessa pequena obra, mais um opúsculo que um livro, surge a ideia de que a *Revelação*, como resposta aos problemas colocados, poderá ser encontrada no âmbito de um pensamento filosófico sobre a própria *Revelação*, porém, não indiferente ao sentido religioso da questão. Será assim uma actividade intermédia entre pensamento religioso e pensamento especulativo, a que o pensador chama «lirismo metafísico». Começa aqui a tornar-se perceptível a caminhada feita por Leonardo em direcção ao catolicismo. Se bem que com consequências, esse percurso não se fará de modo firme e isento de dúvidas. Cristão, desde sempre, Leonardo ainda nesse ano de 1923 afirmava ao jornalista João Paulo Freire (Mário): "Sabe, não tenho nenhuma religião confessional. Adoro Deus como posso, na meditação e no Amor dos outros"[91]. Ao jornal de Viseu, *A Beira*, afirmaria o seguinte: "Toda a minha filosofia foi andar a gaguejar um Cristianismo que afinal encontrei"[92]. É visível quanto o assunto preenchia as inquietações religiosas e filosóficas do pensador.

Entretanto, no mundo mais comezinho da política, a situação decorria sob o signo da tentativa de resolução da crise provocada pela queda do governo democrático, em Novembro de 1923. Neste sentido, o Presidente da República, Manuel Teixeira Gomes, convidou Afonso Costa a regressar de Paris e a formar governo. Desta vez, o influente político aceitou a incumbência e veio a Portugal com a disposição de formar um governo em que estivessem representados todos os partidos. Não sem discussão e dissenções internas, os marechais do recém-formado *Partido Republicano Nacionalista* (ver p. 113) decidiram não entrar num tal projecto e declararam-se aptos a assumirem sozinhos responsabilidades governativas. A resposta constituía uma recusa, quer quanto às propostas de Afonso Costa, quer quanto às intenções e esforços do presidente

---

[90] Coimbra, Leonardo, *A Razão Experimental*, Porto, Renascença Portuguesa, 1923, p. 39.

[91] Freire, João Paulo, *A Questão Leonardo Coimbra*, Porto, Livraria Civilização, 1927, p. 23.

[92] "A Beira" de 29 de Abril de 1923, in *Cartas, Conferências, Discursos, Entrevistas...*, p. 161.

Teixeira Gomes para se encontrar uma situação politicamente estável, no quadro das instituições parlamentares da República. De alguma forma, na decisão dos nacionalistas e no teor da sua comunicação, encontrava-se implícita uma forte pressão no sentido da dissolução do Parlamento e da convocação de novas eleições legislativas, acto em que, pensavam, iriam obter os resultados que projectaria o seu partido para o primeiro plano da vida política nacional. A situação mostrava inequivocamente que família republicana não conseguia unir-se, nem mesmo à voz de um «desejado» como o era, ao tempo, Afonso Costa, cuja figura e projectos de governação poderiam representar a salvação do próprio regime, face aos perigos que já no horizonte se divisavam. Com efeito, nos quadrantes políticos de direita e em ambientes castrenses engrossavam as vozes que advogavam a intervenção enérgica da instituição militar, para pôr fim a um sistema político que, afinal e opinadamente, não correspondera, nem corresponderia, às expectativas de riqueza e de justiça e harmonia sociais nele depositadas, antes era fautor de desavenças entre portugueses e de pobreza e entristecimento da nação.

Perante a escusa dos nacionalistas, Afonso Costa regressou a Paris. Por cá, após uma tentativa gorada de constituição de um ministério democrático, com participação de independentes, surgiu o Governo Nacionalista de Ginestal Machado[93]. Prediziam-lhe vida curta duas grandes fragilidades: a falta de apoio parlamentar e a desunião grassante no Partido Nacionalista. Ainda assim, conseguiu fazer aprovar no Parlamento o seu programa, embora com alterações significativas. Entrementes, a discussão parlamentar foi interrompida por uma tentativa de sedição movida por um ex-ministro outubrista, o capitão-de-fragata João Manuel de Carvalho, que, na noite de 10 de Dezembro, colocou em revolta contra o Governo a tripulação do contratorpedeiro Douro. O motim, porque disso não passou, foi dominado sem quaisquer dificuldades, mas logo os nacionalistas aproveitaram a maré favorável trazida por essa pequena vitória para exigirem a dissolução do Parlamento, onde estavam em minoria. O grande argumento era o de que, diziam, o Gabinete precisava de ter pulso livre ou espaço de manobra suficiente para empreender uma governação capaz de manter a ordem pública e reavivar a economia do país. Face a uma terminante recusa do Presidente da República, o governo nacionalista demitiu-se e tudo veio a descambar para uma bizarra situação em que a maioria democrática, podendo governar sozinha, não o queria fazer, e a minoria nacionalista, querendo-o, não dispunha de apoios suficientes. Teixeira Gomes, decidido a não ceder a pressões, convidou o líder dos nacionalistas, Álvaro de Castro, a constituir ministério. Este, em ruptura plena com o Directório do seu Partido, propôs-se formar um gabinete de concentração partidária, conseguindo-o com partidários seus, com democráticos e com independentes e ainda com dois membros do grupo *Seara Nova*, sendo eles António Sérgio e Mário de Azevedo Gomes[94]. O governo assim constituído tomou posse a 18 de Dezembro de 1923. Nesse gabinete, António Sérgio era Ministro da Instrução.

---

[93] António Ginestal Machado (1874-1940), professor liceal e republicano conservador, formado em direito. Membro do Partido Nacionalista, foi Ministro da Instrução e Presidente de Ministério.

[94] Mário Azevedo Gomes, (1885-1965) Natural de Angra do Heroísmo. Engenheiro agrónomo e professor do Instituto Superior de Agronomia de 1914 a 1946 e de 1951 a 1955. Colaborador da *Seara Nova*.

No entender dos seareiros, a República, se quisesse sobreviver como regime democrático, teria de mudar o seu sistema de governação. Nesse sentido, preconizavam o aparecimento de partidos políticos fortes e de elites intelectuais interventivas, estas com a função de esclarecerem e orientarem a vida em sociedade. Objectivos atingíveis a médio ou a longo prazo, após um amoldamento dos espíritos a essa retratada realidade. Daí que uma das suas prioridades, senão a grande prioridade, se centrasse na educação e na reforma do ensino. No curto prazo defendiam a substituição do Senado por um órgão consultivo composto por tecnocratas, e a criação de uma administração pública essencialmente técnica e independente dos governos e da classe política. Algumas das suas propostas patrocinavam a instituição da figura do *Governo Excepcional*, que em período de crise governaria na estrita observação de um conjunto, previamente definido, de medidas e regras, consideradas fundamentais para defesa da República. Para a formação de um tal governo imprescindível seria o empenho presidencial e o prévio consentimento do Parlamento. A estas ideias da *Seara* era sensível Álvaro de Castro, que, entretanto, se desligara dos nacionalistas e formara, com cerca trinta deputados que lhe eram afectos, o *Grupo Parlamentar de Acção Republicana*, vulgarmente conhecido por grupo dos alvaristas. Era mais uma inflexão à esquerda no percurso ziguezagueante deste político. As suas anunciadas intenções de promover uma governação diferente encaixavam-se nas recomendações dos seareiros e ao abrigo de uma perspectiva francamente reformadora. No Parlamento, o novo Executivo e o seu programa passaram com confortável margem de apoios. Segundo a opinião de Álvaro de Castro, o único grande problema de difícil solução era o financeiro e por isso o Governo se lançou, com a aquiescência das outras representações parlamentares, numa reforma da administração pública e numa rigorosa contenção de despesas. Todavia, o funcionamento vagaroso e negligente do Parlamento depressa entrou em confronto com a celeridade e o rigor que os ministros seareiros queriam dar à sua acção governativa, daí resultando as suas demissões a vinte e sete de Fevereiro de 1924, coincidentes, no tempo, com a do Ministro da Guerra, este por discordar da aprovação de uma lei referente à promoção de sargentos.

Na vigência deste Governo correu, com alguma insistência, a notícia de que sob o efeito de necessários cortes orçamentais ficariam ameaçadas de extinção as Escolas Primárias Superiores e a própria Faculdade de Letras do Porto. Dada a gravidade da ameaça, uma *Comissão* de professores primários e liceais deslocou-se do Porto a Lisboa, em dez de Janeiro de 1924, a fim de, junto do Ministério da Instrução Pública, aquilatar da verdade ou falsidade da notícia. Leonardo Coimbra, que, em 1919, tinha sido o obreiro dos estabelecimentos de ensino, ora ameaçados de extinção, acompanhava essa Comissão a pedido dos professores que a integravam. Foram recebidos pelo próprio Ministro António Sérgio, que lhes asseverou nada haver que justificasse as suas preocupações, ali trazidas. E no entanto, antes do dia 27 de Fevereiro desse ano de 1924 (dia em que deixou de ser ministro) António Sérgio extinguiu oficialmente as Escolas Primárias Superiores. Aconteceu, porém, que no decorrer daquela ida a Lisboa, Leonardo Coimbra foi abordado por um jornalista do Diário Popular com perguntas acerca do assunto que ali o levava, respondendo Leonardo como melhor lhe pareceu. No dia seguinte, aquele jornal publicava um artigo sob o título *Entrevista: Luta de Rivais. O Porto Defende-se de Lisboa*. Redigida de forma sensacionalista, a entrevista colocava na boca de Leonardo Coimbra afirmações pouco lisonjeiras quanto ao Ministro António Sérgio e à sua política educativa e quanto à *Seara Nova* e aos seus pensadores. Replicando, a Seara Nova publicou um pequeno e cáustico artigo com o título *Leonardo e Leonardo*. O incidente feriu de morte as boas relações que Leonardo Coimbra até então mantivera com alguns dos mais destacados seareiros. Destes, somente Raul Proença continuou a tributar ao filósofo uma amizade sincera, acima de quaisquer questiúnculas; Jaime Cortesão, o amigo de longa data, o companheiro de tantas lutas, afastou-se definitivamente. E tudo isso porque, no dizer de Sant'Anna Dionísio, um periodista amigo de «imbróglios» conspurcou uma entrevista com termos tendenciosos e apócrifos[95].

Prontamente colmatadas as brechas abertas no executivo com as saídas dos seareiros e do titular da Pasta da Guerra, as propostas governamentais foram entretanto passando no Parlamento, com maior ou menor dificuldade. Isso, não sem desgaste interno do elenco governamental, verificando-se, por outro lado, sensíveis modificações na inicial atitude de permissão parlamentar havida por parte dos outros partidos. Vendo estreitar-se, cada vez mais, a sua base de apoio, ou, melhor dizendo, a base dos que haviam prometido uma postura de não obstrução, os alvaristas apostaram tudo numa só jogada, apresentando a 26 de Junho uma moção de confiança, que acabou por ser derrotada por 33 votos contra 31. Era mais um ministério que caía, sem poder concretizar minimamente a obra que planeara.

À margem destes acontecimentos, o espírito aventureiro português conseguira, entretanto, mais uma façanha aeronáutica, ligando Lisboa a Macau. Descolando do Campo de Aviação da Amadora a 2 de Abril de 1924, os aviadores Sarmento de Beires e Brito Pais chegaram a Macau a 20 de Junho desse ano, cumprindo sem grandes alterações um itinerário previamente estudado e traçado – Espanha, Norte de África, Próximo Oriente, Índia, Indochina, Macau. O sucesso ficou historicamente conhecido por *Raide Aéreo Lisboa – Macau*. Mais uma vez, os portugueses esqueceram, por momentos, as suas desventuras e exultaram com outra página heróica que acabava de se escrever. Sabe-se quanto à República e à sua ideologia (tributária de Augusto Comte) eram gratas as festividades cívicas e laicas, com referência a heróis e a heroicidades. No âmbito desses festejos, Leonardo Coimbra falou às multidões em discursos proferidos em tom grandiloquente, decerto à medida do tempo e da epopeia aeronáutica, acabada de fazer. Tecendo elogios à Pátria, afirma-a indestrutível, apesar das desgraças que a atormentam, e apela a que a unidade que ora une todos os portugueses em torno da gesta heróica dos aviadores, se faça «maior, mais firme e mais bela». Porque a vitória é dos que acreditam nos destinos da «pátria portuguesa».[96]

O tempo da realidade menos heróica e mais prosaica da cena política em breve retomou o seu lugar e, na «ingovernável» Pátria Portuguesa, de novo as atenções se voltaram, como que numa súplica, para Afonso Costa. Desta feita, foram Álvaro de Castro e o próprio Presidente Teixeira Gomes que lhe rogaram que voltasse e constituísse um governo. Inúteis esforços! O filho da República que mais genuinamente encarnara o seu espírito jacobinista e anti-clerical, voltava as costas ao palco onde o futuro se jogava, parecendo querer alhear-se de destinos que já então se adivinhavam

[95] Cf. Dionísio, Sant'Anna, Leonardo Coimbra, *O Filósofo e o Tribuno*, pp. 250-252.

[96] Cf. *Cartas, Conferências, Discursos, Entrevistas...*, pp. 166-168 e pp. 183-185.

trágicos. Na verdade, Afonso Costa fazia depender a sua vinda e assunção do poder de um total consenso republicano em torno da sua pessoa, enquanto chefe de um governo. Mas isso era pedir demais a uma República cujos filhos se encontravam irremediavelmente desavindos. Goradas estas diligências, Teixeira Gomes insistiu então com os democráticos para que assumissem as suas responsabilidades de partido maioritário. Estes acataram o aviso e daí resultou a formação de um governo composto por democráticos e alvaristas, chefiado por Rodrigues Gaspar[97]. Tomou posse a 6 de Julho de 1924 e na Câmara só os nacionalistas se afirmaram como oposição. Era mais um governo da República que, declaradamente, encetava esforços para curar as doentes finanças públicas, utilizando remédios não muito diferentes dos empregues ou propostos por outros governos, seus antecessores. Aplicou alguns desses remédios com resultados aparentemente positivos; porém, contendas no interior do Partido Democrático viriam a estar na origem da queda deste Executivo, a 19 de Novembro de 1924. É que, após algumas depreciações feitas à actuação do Governo, a ala esquerda dos democráticos, chefiada por José Domingues dos Santos, votou, conjuntamente com a oposição nacionalista, uma moção de confiança apresentada pelo chefe da ala direita, António Maria da Silva. Desta forma, o documento foi rejeitado por uma diferença de três votos, todavia o suficiente para o Ministério cair. Nada mudava neste Portugal democrático e republicano, sem dúvida recheado de boas intenções, mas com uma intransigência de princípios e de posições que deitava tudo a perder.

A divisão do Partido Republicano Português em uma facção radical (os canhotos) e uma outra mais conservadora (os bonzos) era um facto que remontava a 1919, mas que somente a partir de finais de 1923 ameaçava tornar-se cisão partidária. Com efeito, sob a batuta de António Maria da Silva o partido encaminhara-se para um conservantismo que negava as suas origens, fenómeno que provocou um movimento de sinal contrário por parte de um grupo mais radical de militantes e que levou a que estes se organizassem internamente em uma tendência com opções e posições próprias. Sendo uma situação que, à partida, poderia qualificar-se pela existência de duas sensibilidades no seio do mesmo partido político, veio, por força da conflitualidade parlamentar e da abundância de incidentes na vida política, a configurar a existência de dois partidos sob a mesma envolvência e denominação. O tempo político, provocando a agudização das diferenças existentes e o surgimento de insanáveis litígios, trouxera a tomada de posições públicas diversas, muitas vezes, antagónicas.

Neste estado de coisas, após a queda do executivo de Rodrigues Gaspar, os *canhotos* ainda conseguiram que o Directório do Partido aprovasse o nome de José Domingues dos Santos para chefiar o próximo ministério a constituir, afirmando então o órgão oficial, *O Mundo*, que só um governo de esquerda teria viabilidade parlamentar. O novo Ministério, formado por democráticos de esquerda, alvaristas e republicanos independentes, era, nas declarações do seu chefe, para governar à esquerda e na defesa do povo e das instituições republicanas. E na verdade, a sua política fiscal fez incidir maior carga de impostos sobre a indústria e sobre o alto comércio e a banca, o que,

---

[97] Alfredo Rodrigues Gaspar (1865-1938), Oficial da armada, inicia-se na política como franquista, tornando-se depois de 1910 membro do Partido Democrático e sendo várias vezes deputado e ministro.

naturalmente, provocou a reacção das associações patronais e dos patrões desses sectores da economia. Na sequência desta contenda, o Governo mandou encerrar a Associação Comercial de Lisboa e, enquanto isso, José Domingues dos Santos tecia palavras de agradecimento e de desagravo a uma manifestação popular de apoio à política governamental, em que houvera confrontos entre manifestantes e a GNR. Estas medidas e actuações dos governantes foram asperamente criticadas no Parlamento e deram origem a uma moção de desconfiança que, aprovada com os votos da ala direita do Partido Democrático, a 11 de Fevereiro de 1925, causou a demissão do Ministério. Dois dias depois, às portas de Belém, uma outra manifestação popular, integrando comunistas e socialistas, pedia ao Presidente Teixeira Gomes para reconduzir o Governo, o que terminantemente foi recusado.

A nova crise ministerial veio a ser resolvida com a formação do Governo de Vitorino Guimarães[98], personalidade democrática de uma zona cinzenta do Partido, a meio caminho entre esquerda e direita. O Ministério que constituiu obedeceu à fórmula de composição dos anteriores, ou seja, democráticos, alvaristas e independentes. As semelhanças não se ficavam só por aí, posto que o seu programa era, na sua essência, igual ao do governo antecessor e, nas declarações feitas, Vitorino Guimarães mostrava uma visão política e governativa coincidente com a de José Domingues dos Santos. Em sinal de protesto contra uma praxis política e uma retórica radicais, em tudo semelhantes às do anterior executivo, os nacionalistas, com Cunha Leal à frente, abandonaram os trabalhos parlamentares. A verdade porém é que, contra as expectativas, a actuação do governo foi de extrema prudência, procurando eliminar, ou amenizar, da legislação e de disposições anteriores, aspectos mais polémicos e susceptíveis de causar maiores protestos.

Mas a sociedade portuguesa permanecia agitada e avolumavam-se os rumores de golpe militar. Após o desarme da Guarda Republicana, o Exército agigantara-se como instituição com poderes e prestígio para intervir na cena política. A encorajar uma tal experiência havia os exemplos que vinham de fora, designadamente do país vizinho, onde desde 1923 se instalara uma ditadura militar de extrema-direita dirigida pelo general Primo de Rivera. Acima de tudo, os militares portugueses mais graduados admiravam nesse regime a autoridade e o estabelecimento rigoroso da ordem e da disciplina. De resto, as ditaduras militares e fascistas estavam então em moda pela Europa, facto que não deixava de influenciar muita gente, nos meios político e castrense nacionais, avivando a ideia de que era hora de a instituição militar tomar o poder pela via da força e impor a ordem pública e a estabilidade governativa. Animando esta predisposição estavam altas patentes militares, políticos conservadores monárquicos e republicanos, a alta burguesia, as associações patronais, a hierarquia da igreja, os chamados integralistas lusitanos e mesmo alguma *intelligentsia* que, entretanto, se deixara deslumbrar pelos fascismos.

---

[98] Vitorino Máximo de Carvalho Guimarães (1876-1957), oficial de administração militar, professor na Escola Militar, no Instituto Superior de Comércio e na entidade que lhe sucedeu, o Instituto Superior de Ciências Económicas e Financeiras. Assumiu-se politicamente como democrático do centro, entre a ala dos *bonzos* e a dos *canhotos*. Foi ministro três vezes em ministério democráticos e presidente de ministério uma vez.

Uma primeira materialização deste alargado quadro de intenções ocorreu a 18 de Abril de 1925, sob a forma de uma tentativa de revolta de algumas unidades da guarnição de Lisboa, comandada por oficiais generais. Os revoltosos, estacionados na Rotunda, não resistiram por muito tempo ao fogo de artilharia de forças fiéis à República e, enquanto isso, um dos chefes da intentona, o general Sínel de Cordes, era feito prisioneiro no Quartel do Carmo da GNR, para onde se dirigira com o intuito de conferenciar com o Presidente Teixeira Gomes. Restabelecida a normalidade, seria forçoso tirar a ilação de que os acontecimentos constituíam um prelúdio do que se estava preparando e um sério aviso para que se tomassem drásticas medidas de prevenção. Todavia, alguns meses mais tarde, a benevolente (ou desautorizada) República permitia que um tribunal militar devolvesse os golpistas à liberdade. Fortalecida e não desarmada, ficava, sem dúvida, a intentona anti-republicana.

Nos finais de Junho, os democráticos de António Maria da Silva retiraram o seu apoio à política orçamental do Governo, o qual, vendo as suas propostas nessa área serem reprovadas, pediu a demissão colectiva ao Presidente da República, que a aceitou. Quatro dias depois era empossado um governo de *bonzos*, chefiado pelo próprio António Maria da Silva. Tinha à esquerda, a oposição dos canhotos do seu próprio partido e a dos alvaristas da Acção Republicana, e à direita, a dos nacionalistas. Na Câmara de Deputados, votada uma moção de desconfiança, a mesma foi rejeitada por um voto. O Governo passava, à tangente, uma primeira prova de fogo, mas não se lhe augurava longa vida. Com efeito, uma semana depois, a 15 de Julho, era apresentada, em sessão nocturna do Parlamento, nova moção de desconfiança, cuja votação o Governo protelou, colocando o deputado João Camoesas a cometer a notável proeza de discursar durante mais de oito horas seguidas[99], sendo depois substituído, às nove horas da manhã de 16 de Julho, pelo deputado Agatão Lança. Todo esse prolongamento artificial dos trabalhos parlamentares para permitir a chegada e o voto de deputados democráticos, entretanto ausentes no Porto. De nada valeu o expediente e a extensa maratona, pois que, o documento acabou por ser aprovado por uma diferença de nove votos. O ardiloso António Maria da Silva conseguiu entretanto fazer aprovar no Senado uma moção de confiança e, embora esta deliberação não anulasse a moção de desconfiança aprovada na Câmara, esgrimiu esse argumento perante o presidente da República, solicitando deste a dissolução do Parlamento. Depois, convocou uma reunião do Directório do Partido, na qual foi decidida a expulsão de José Domingues dos Santos e dos seus partidários, que com a sua votação tinham ajudado o Ministério a cair. Expulsos assim por meio de mera medida administrativa, os *canhotos* constituíram-se oficialmente no *Partido Republicano da Esquerda Democrática*.

Ao novo partido político aderiu Leonardo Coimbra, apesar de ter começado a mostrar algum tédio pela política. De facto, no ano anterior, em extensa entrevista concedida ao jornal *A Montanha*, havia tido desabafos como os seguintes: «Quero lá saber da política, quero lá saber de esquerdas, de direitas (até me lembra a escola de recrutas), interessa-me lá o meu prestígio político e demais lérias! (...) Deixem-me

---

[99] Comentando o feito de João Camoesas, diria Brito Camacho: «Por mim não é deveras a loquela que lhe admiro; é, sim, a bexiga».

com a minha família, a minha meia dúzia de amigos e os meus livros...»[100]. Esse desencanto era experimentado sobretudo em relação ao Partido Democrático, cujo aparelho esmagara, em nome de imediatas conveniências partidárias e políticas, as suas posições e pontos de vista a respeito do ensino religioso, acrescendo a isso os enxovalhos que recebera da parte de algumas das figuras do Partido. Na verdade, ainda se interessava por política, mas somente na exacta medida em que esta traduzisse pensamentos ou acções verdadeiramente voltados para a resolução dos problemas da nação, da sociedade e das pessoas. Vislumbrava agora essa possibilidade no seio da Esquerda Democrática, liderada por José Domingues dos Santos, em cujo radicalismo pressentia sentido patriótico e desejos de progresso. Na entrevista atrás referida, o pensador, interrogado acerca de uma possível nomeação da sua pessoa como representante diplomático de Portugal no Vaticano, assunto de que corriam ecos, por vezes malsãos, Leonardo respondeu que aparecendo, a esse propósito, o seu nome nos jornais, havia, tão-somente, escrito uma carta ao seu amigo do Partido Democrático, Domingos Pereira, dizendo que lhe agradava o lugar, mas não queria que ele tivesse «um quarto de hora de arrelia política por causa da sua nomeação»[101]. Na verdade, tal nomeação nunca chegou. De resto, a polémica figura de Leonardo Coimbra, conhecidas as suas ideias próprias e o seu desassombro, esteve sempre longe de reunir consensos para quaisquer nomeações. O assunto serviu, no entanto e mais uma vez, de farto repasto para os leitores de jornais.

Retomando o novelo da intriga política, após a expulsão de José Domingues dos Santos e dos seus seguidores, António Maria da Silva instou com o Presidente da República para que o Parlamento fosse dissolvido, o que lhe foi categoricamente recusado. Logo a seguir, a 19 de Julho de 1925, tudo foi interrompido por outra insurreição militar, no decorrer da qual foi bombardeado o Palácio de Belém pelo cruzador *Vasco da Gama*. À testa desta conjura estava um homem do 5 de Outubro, o comandante Mendes Cabeçadas[102], republicano conservador mas indefectível, facto que fazia pressupor que o golpe tinha, não uma intenção de atentar contra a República, mas o propósito de alterar os rumos que esta tomara. De qualquer modo, ainda desta vez o governo conseguiu dominar a situação e prender os revoltosos. Ultrapassado o incidente e consumada a queda do Governo de António Maria da Silva, o democrático Domingos Pereira constituiu novo Ministério a 1 de Agosto desse ano de 1925. Estava-se então no fim de um período legislativo e havia pela frente a tarefa de preparar eleições. Em Setembro, foram a julgamento os implicados no golpe de 18 de Abril. Num tribunal constituído por oficiais generais – alguns deles suspeitos de comprometimento com o acto que estavam a julgar –, as audiências foram uma farsa,

---

[100] Cf. "A Montanha" de 24 de Julho de 1924, in *Leonardo Coimbra, Cartas, Conferências, Discursos, Entrevistas ...*, pp. 174-178.

[101] Idem, *Ibidem*.

[102] José Mendes Cabeçadas Júnior (1883-1965) oficial de Marinha e revolucionário do 5 de Outubro de 1910. Presidente da *Junta Revolucionária de Lisboa* do 28 de Maio e nomeado então Presidente de Ministério por Bernardino Machado. Mais tarde, tornou-se forte opositor à ditadura de Carmona e Salazar e envolveu-se em duas tentativas inssureccionais (1946 e 1947). Em 1961, subscreveu o *«Programa para a Democratização da República»*. Ver *Dicionário de História de Portugal*, Coordenação de António Barreto e Maria Filomena Mónica, ..., vol. VII, Suplemento A/E, pp. 195-196.

com os réus e testemunhas a considerarem os governos da República como verdadeiros culpados dos acontecimentos. O inevitável desfecho foi o de as acusações serem dadas como não provadas e os réus mandados em paz e de volta a quartéis. A vilipendiada República não conseguiu ir para além de um elevado coro de protestos e da retirada de algumas funções e dignidades aos generais membros do júri, não evitando com isso um descrédito que era, afinal, mais um passo no caminho que a levava ao abismo.

Entretanto, avizinhavam-se as eleições legislativas marcadas para 9 de Novembro e nelas se centrava toda a actividade política. Como atrás se disse, Leonardo Coimbra aderira ao Partido da Esquerda Democrática, não porque estivesse totalmente de acordo com o jacobinismo professado pelos radicais de José Domingues dos Santos, mas porque com eles visionara a possibilidade de fazer uma política activa e útil. Na sua forma muito peculiar e sempre insinuante de se exprimir, ilustrava essa opção com a frase seguinte: "Vou com os que querem subir cantando em direcção ao Sol, e dos que ficam na estação estabelecendo como definitiva a vida a que chegaram, despeço-me com a saudade amiga de quem não quer prender a sua juventude espiritual à arteriosclerose dos que, anquilosados, ficam curando os seus reumatismos..."[103]. Era uma despedida elegante endereçada aos silvistas do Partido Democrático, em quem criticava o imobilismo.

De posse destas razões e animado de tais propósitos, apresentou-se aos eleitores do círculo do Porto, como candidato a deputado ao Parlamento pelo Partido da Esquerda Democrática. Não obstante as boas intenções demonstradas e a brilhante e activa campanha desenvolvida, no âmbito da qual os seus discursos[104], plenos de significado e de eloquência, empolgaram multidões, a vitória não lhe sorriu. Com efeito, nas eleições realizadas a 8 de Novembro de 1925, o aguerrido partido dos *canhotos* viria a ser esmagado pela poderosa máquina eleitoral dos *bonzos*, não atingindo expressão de votos suficiente para a eleição de Leonardo. Parecia feito, e na verdade estava feito, o trajecto político de Leonardo Coimbra como deputado e como governante. Doravante, a sua actividade política iria cingir-se a intervenções no campo da escrita ou da oração tribunícia. Verdade era também que o tempo da democracia estava a chegar ao fim.

Por esta altura, o país foi confrontado com o pedido de renúncia de funções do Presidente Teixeira Gomes, cujos desejos neste mesmo sentido de há muito vinham sendo manifestados, cedendo sempre aos rogos feitos para adiar a decisão. Agora, invocando razões de saúde, mostrava-se decididamente indisponível para continuar a exercer o cargo para que fora eleito. A 17 de Dezembro de 1925, o Tejo viu-o partir num cargueiro com destino ao norte de África onde se fixou em Bougie, na Argélia, não mais voltando, em vida, a Portugal.

O Congresso elegeu então para a Presidência da República, o cidadão Bernardino Luís Machado Guimarães. Como cumpria, tendo em conta a recente realização de eleições, o Governo de Domingos Pereira apresentou o seu pedido de demissão. Como líder do partido mais votado, dispondo de maioria em ambas as câmaras do Parlamento, António Maria da Silva recebeu a incumbência de constituir ministério. A 17 de

---

[103] "Discurso às Comissões Políticas e aos Parlamentares do P.R.P", feito em 28 de Agosto de 1925, in *Leonardo Coimbra, Cartas, Conferências, Discursos, Entrevistas ...*, p. 212.

[104] Cf. *Ibidem*, pp. 213-228.

Dezembro apresentou-se no Parlamento com um gabinete inteiramente composto por correligionários seus, registando-se como votos contra apenas os dos nacionalistas e os da Esquerda Democrática que agora detinha, como reflexo dos resultados eleitorais, uma fraquíssima representação parlamentar.

Vivia-se então em Portugal, e mormente em Lisboa, o chamado *Escândalo Alves dos Reis*[105], caso do falsário português que conseguira emissões em duplicado de notas de 500 escudos, fabricadas na mesma firma em Londres onde o Banco de Portugal mandava executar as suas encomendas. O assunto, profusamente comentado na imprensa e com fundas repercussões sociais, apaixonara a opinião pública e fizera rolar cabeças políticas, inclusive a do Ministro do Comércio do Governo anterior, Nuno Simões. Convenientemente aproveitado e comentado pelos animadores da contra-revolução em marcha, constituiu mais uma achega na preparação das mentes dos cidadãos para a aceitação da intervenção militar, que já se adivinhava, imparável.

A 1 de Fevereiro de 1926 ocorreu uma revolta de cariz esquerdista, animada por outubristas e elementos do Partido Radical e empreendida por forças da Escola Prática de Artilharia de Vendas Novas, comandadas por sargentos. Os revoltosos vieram postar-se no alto de Almada e daí alvejaram Lisboa. Foi uma aventura isolada que acabou ao amanhecer do dia 3 de Fevereiro, com os revoltosos a renderem-se às tropas da capital. No entanto, era um acontecimento portador de avisos de que na esquerda também se conspirava, não havendo somente a ameaça pairante duma ofensiva militar, direitista e autoritária. Uma outra questão que se transformou numa «dor de cabeça» para este Governo, foi mais uma edição da sempre polémica *Questão dos Tabacos*, nisso se vendo uma curiosa similitude com os factores de crise que vinte anos antes tinham concorrido para a queda da monarquia. A este propósito, causaram enorme turbulência política (tal como vinte anos atrás) as propostas do Executivo para que a exploração desta indústria passasse a ser por conta do Estado, ou seja, a chamada *régie*. E isso, porque a tese da liberdade de exploração tinha muitos adeptos, sobretudo junto da oposição. Pelos meses de Abril e Maio, a discussão do assunto prolongou-se por várias sessões em que não faltaram insultos e cadeiras partidas, ao mesmo tempo que nas galerias, o público, constituído por operários tabaqueiros, vaiava e injuriava os deputados oposicionistas. E o conflito, extravasando os muros de S. Bento, passava-se para o chamado Largo das Cortes em ruidosas manifestações que, por mais de uma vez, requereram a intervenção da GNR. As coisas atingiram proporções insustentáveis, de tal forma que o Governo decidiu suspender a sua representação na Câmara de Deputados, decisão tomada a 25 do mês de Maio, justamente a data em que Gomes da Costa[106] se preparava para ir a Braga chefiar o movimento de tropas que a partir daquela cidade minhota marchou sobre Lisboa.

---

[105] Artur Virgílio Alves dos Reis (1896- 1955), reputadamente, o maior burlão do século XX, fez carreira em Angola a partir de documentação por si próprio forjada, ocupando altos cargos técnicos. Fundou o Banco de Angola e Metrópole com fundos provenientes da emissão de notas falsas. Sobre este assunto ver Mota, Francisco Teixeira, *Alves dos Reis, Uma História Portuguesa*, Lisboa, Público/Contexto Editora, 1996.

[106] Manuel de Oliveira Gomes da Costa (1863-1929), militar prestigiado com carreira feita nas colónias, em África e na Índia, chegou ao posto de Marechal do Exército Português. Em 28 de Maio de 1926, chefiou a marcha sobre Lisboa que deu lugar à instauração da Ditadura Militar. Ver *Dicionário de História de*

Pereceu a Primeira República, não por falta ou falência de ideais e valores, mas porque no plano prático não soube ou não teve condições para os cultivar e fazer frutificar. A democracia que foi capaz de construir ficou restringida a um sistema parlamentar não baseado na universalidade do voto. E neste quadro a tónica dominante foi a invencível supremacia de um partido, assente na fidelidade de um eleitorado urbano e numa vasta rede de notáveis de província com capacidade para assegurar vitórias nas zonas rurais. É claro que não deixava de ter peso o argumento da inadequação do sufrágio universal a um país cujos habitantes eram, na sua maioria analfabetos, de tal decorrendo os perigos de inconsciência no acto de votar e de permeabilização ao caciquismo, sabendo-se o quanto as populações rurais eram presa fácil da acção do clero. A questão esteve sempre em aberto, havendo quem, como Sampaio Bruno, afirmasse que "O povo existe. O que é preciso é educá-lo. Porém aqui urge não nos iludir com o lema, porque a educação de um povo faz-se conferindo os direitos públicos a esse mesmo povo. Ele aprende usando e só assim"[107]. Não foi esse, porém, o entendimento dos responsáveis republicanos, iluminados pelas teorias positivistas e pelo paradigma do cientismo. A essa luz, a crua realidade que era o estado cultural da sociedade portuguesa, constituiu um factor francamente determinante da implantação de uma democracia mitigada.

Liberdade na República..., decerto que a houve; consignadas na lei fundamental estavam as liberdades de imprensa, de opinião, de associação e os direitos à greve e à manifestação. Se não tivesse sido um regime de liberdade, não teria a República sido atravessada e por fim embargada, por ditaduras, como o foi. Mas, bastas vezes essa liberdade, porventura mal usada ou ao serviço de outros interesses, se voltou em excesso contra o próprio regime, com sucessivas desvalias de homens, de instituições e de governos.

Um esforço bem intencionado no sentido de dignificar e libertar a pessoa humana portuguesa surgiu com a publicação da chamada *Lei da Separação*, através da qual se visava subtrair a sociedade portuguesa à influência do clero, considerada a religião uma superstição nefasta e fomentadora de atraso e de obscurantismo. As disposições draconianas da lei atacavam frontalmente a Igreja Católica que detinha em Portugal um poder verdadeiramente incoercível, na medida em que este mergulhava as suas raízes nos sentimentos primários e profundos de uma população rural, inculta e encharcada em séculos de catolicismo. A criação e a aplicação da Lei da Separação foi, como nos diz Fernando Catroga, uma tentativa radical de laicização da sociedade em que se procurou legislar em sete meses tanto quanto a França o tinha feito em 30 anos.[108]

Portugal, Coordenação de António Barreto e de Maria Filomena Mónica, ..., vol. VII, Suplemento A/E, pp. 455-457. Esta figura é parodiada com maestria e acerto histórico por José Rodrigues Miguéis no seu livro *O Milagre Segundo Salomé*, Lisboa, Estampa, 3ª edição, 1984 (2 vols.). São flagrantes as similitudes entre o seu general ABC (Adriano Belmarço e Couto) e o general Gomes da Costa, bem assim como entre o entrecho do livro e o ambiente social e político que se vivia em Portugal nas vésperas do 28 de Maio de 1926.

[107] Bruno, Sampaio, "Os Modernos Publicistas Portugueses" citado por *Dicionário de História de Portugal* de Direcção de Joel Serrão, Porto, Livraria Figueirinhas, s.d., vol. V., p. 293.

[108] Cf. Catroga, Fernando, "Secularização e Laicidade, Uma Perspectiva História e Conceptual", in *Revista da História das Ideias*, Coimbra, Instituto de História e Teoria das Ideias, 2004, vol. 25, p. 118.

No imediato, tudo o que se conseguiu foi a ruptura das relações com a Santa Sé e o aparecimento de maiores rasgões no tecido social, com instalação de antagonismos entre as cidades e os campos, o sul e o norte e a hierarquia da Igreja e o Estado. Mais a prazo, verificou-se insucesso na aplicação desta política religiosa, com os governos e as autoridades a terem de fechar os olhos às infracções (que muitas eram) à Lei da Separação ou a concederem amnistias aos infractores. Mais tarde, já em fase preparatória de ajuste de contas, a feição anticlerical da República foi convenientemente aproveitada na manipulação das consciências, sobretudo as campesinas, para uma aceitação fácil da «Nova Ordem» que chegava.

Paralelamente à aplicação das leis religiosas, e no âmbito do mesmo objectivo de promover o homem do povo de súbdito inconsciente a cidadão conhecedor dos seus direitos e deveres, procurou-se atribuir à escola laica e ao professor a alta missão de preparar os futuros cidadãos republicanos. Na República, a escola e o professor deveriam substituir-se à igreja e ao padre e tomarem sobre si a missão de instruir e formar o povo para o exercício da cidadania. Daí que, em um ano de governo provisório, fossem construídas cerca de mil escolas primárias. Nos programas de ensino estavam bem expressas as intenções de ensinar as crianças a ler, escrever e contar, mas, mais que isso, ensiná-las a amar a sua pátria, as suas gentes, a sua história, as suas tradições. Neste sentido, o contacto directo com as realidades nacionais – monumentos, museus, fábricas – e a participação em festas cívicas estavam amplamente acarinhados. Também surgiram teorizações e importantes reformas do ensino como a que foi preceituada pela Lei de 11 de Março de 1911, assinada por António José de Almeida, e, mormente, a que foi estabelecida em 1919 pelo Ministro Leonardo Coimbra. Todavia, sempre estes conjuntos de boas-intenções encalharam no «faz /desfaz» ou no «não faz» inerentes às tensões políticas e às instabilidades governamentais. Daí que a República não tenha conseguido a redução do analfabetismo para índices louváveis e tampouco tenha conseguido a criação de uma cultura política e cívica republicana, com isso comprometendo a sua identidade e a sua própria sobrevivência.

Estas insuficiências e ineficácias não seriam, contudo, razão suficiente para a queda do regime. Porém, recorde-se que a elas estiveram aliadas o descalabro financeiro, a violência da guerrilha político-partidária e a consequente incapacidade para rever e aperfeiçoar o sistema de governação e para desenvolver outros factores de equilíbrio. A diabólica e dramática *Noite Sangrenta* e os escândalos financeiros como o do suposto empréstimo do escroque americano e o *Caso Alves dos Reis* não podiam ter acontecido; acontecendo, feriram gravemente a República. Tudo isso e um contexto internacional de desenvolvimento de ideias contrárias à manutenção de sistemas parlamentares determinou irreversivelmente a marcha das coisas. Não deixa de ser curioso notar que o fim chega quando a situação parecia já tomar um rumo muito mais favorável, quer do ponto de vista da estabilidade política (maioria democrática), quer do ponto de vista financeiro (equilíbrio do orçamento, decréscimo da dívida pública, estabilização da moeda). Tarde demais! Desperdiçou muito tempo a República e quando quis começar a fazer obra já não o teve.

Um pouco antes do golpe militar de 28 de Maio, Leonardo Coimbra participou no Congresso da Esquerda Democrática, a 26 Abril de 1926. Durante mais de hora e meia discursou sobre um tema que lhe era caro: *O Problema da Educação Nacional*. Em jeito de intróito, expôs a sua visão, amplamente democrática, acerca do tema, afirmando que a educação, no seu mínimo, deverá ser para todos e, no seu máximo, para os mais capazes. Tratava-se de uma tese de grande envergadura que dava forma e substância a um projecto de reforma do ensino e da educação nacionais. Tal projecto requeria a participação de vários sectores da governação, competindo ao Estado ser o instrumento da acção. Discorda, porém, dum Estado dominado por leis positivistas e pensa que o ensino e a educação deverão ser enquadrados por ideias superiores de natureza filosófica ou religiosa. Numa apreciação ao estado do ensino liceal, considera ser excessiva e fatigante a carga de matérias a que os estudantes estão sujeitos, de tal forma assim que nãos lhes resta tempo algum para a vida, para a alegria, para a meditação, sendo certo que a educação não pode confinar-se à escola e que estas actividades são necessárias à saúde mental e ao desenvolvimento de uma boa inteligência. Julga haver vantagens na cooperação entre homens e mulheres e por isso condena a separação sexual do ensino, dizendo que a mesma obedece a preconceitos velhos e a desajustados tabus. Advoga o ensino de noções básicas de higiene geral e de higiene sexual e mostra-se favorável a uma participação crescente da mulher no professorado. Termina, descrevendo a evolução da espécie humana, pondo em destaque o profundo significado da tríade *igualdade, liberdade, fraternidade* e da filosofia de Nietzsche, momentos do caminho da humanidade que consagra como passos decisivos para a democracia. Do conteúdo desta conferência foi publicado um resumo no *Diário de Notícias* de 27 de Abril de 1926 e o texto integral encontra-se impresso num livro, *O Problema da Educação Nacional*, Porto, Maranus, 1926.

Um mês depois da realização deste Congresso da Esquerda Democrática, o país assistiu ao passeio militar iniciado em Braga ao romper do dia 28 de Maio e acabado em Lisboa a 6 de Junho, com as tropas a viajar de comboio, a pé, a cavalo – rios de gente a desaguar na capital, em grande parada militar, com o general Gomes da Costa à frente, sobre o dorso de um cavalo, espada em continência. Pela primeira vez em Portugal, uma revolta militar fazia-se em movimento. A tradição era a saída de quartéis e o acantonamento em zona propícia, habitualmente a Rotunda. Desta feita, os chefes militares ter-se-ão inspirado na célebre *Marcha Sobre Roma*, organizada por Mussolini e pelas suas milícias fascistas.

A disposição mais ou menos generalizada de aceitação de uma «Nova Ordem» e designadamente da tomada do poder por parte dos militares, configurava mais uma recorrência sebastianista, nascida, como sempre, de uma situação de crise política e de identidade nacional. Alimentavam-se sentimentos de frustração e simultaneamente de esperança no advento de mais um «salvador da pátria em perigo». Para grande infelicidade dos que por ele então ansiavam e dos que a seguir o combateram ou a ele tiveram de se sujeitar, o «salvador» viria sob a figura de um jovem tecnocrata das finanças que, no meio da incompetência e da desorientação geral[109] que se seguiram à tomada violenta do poder, parecia o único a «saber muito bem o que queria». De tal forma assim que um dos chefes militares mais influentes da contra-revolução, o general Óscar Carmona, afirmou que não aceitaria um governo onde aquele «salvador»

---

[109] Cf. Afonso, Aniceto, *História de Uma Conspiração – Sinel de Cordes e o 28 de Maio*, Lisboa, Editorial Notícias, 2000.

não estivesse presente. E a tudo isso veio somar-se a complacência ou a conivência dos comandos militares da República[110]. De resto a instituição militar procurava ordem e disciplina, significando tal, no dizer de Eduardo Lourenço, não uma «tentação de *mandar*», mas a necessidade de se sentir comandado. Neste sentido, a determinação e a clarividência exibidas pelo «salvador» foram como que «música» para os ouvidos dos militares[111].

De um momento para o outro, este homem, de ilustre desconhecido passou a celebridade. Fora chamado para resolver o problema das finanças públicas que a incompetência e inabilidade dos militares golpistas agravara. Conseguiu, é certo, êxito nessa missão, mas a que preço? Ao preço da imposição de um padrão de vida, em todos os aspectos miserável, à grande maioria dos portugueses, impedindo-os em seguida de protestarem, num absoluto desprezo pelos seus mais elementares direitos. As medidas governativas deste homem, que gostava de ditar receitas de economia, não foram criadoras de riqueza, mas, tão simplesmente, impositoras de uma feroz contenção de despesas que, por vezes, tocava as raias do ridículo, fazendo funcionar a anedotomania dos portugueses. De nenhuma forma é aceitável e justo o epíteto de «mago das finanças» que, em atitude e intenções nitidamente bajulatórias, alguns pretenderam atribuir-lhe. Como diz Amadeu Carvalho Homem, "fraco sinal de magia"[112]. Sem dúvida, esperto, municiado de conhecimentos livrescos, foi aprendendo rapidamente a estabelecer e a manter um status especial entre os seus pares, fazendo engordar política e materialmente uma clique dirigente interesseira e acrítica, a partir da qual também ele nutria o sustento da sua posição de pretenso déspota esclarecido. E no entanto nunca passou de um provinciano *narrow minded*, governando uma nação como um feitor agrícola governa uma herdade. Mas aqui ficou por mais de quarenta anos, no decorrer dos quais, a sempre citada e amada pátria não foi redimida mas, outrossim, aviltada. Democracia? Isso nunca! O povo português não estava preparado para viver em democracia! Dar-lhe essa preparação? Tal, ainda menos, porque seria trazer-lhe a infelicidade de ter de tomar decisões! Desta maneira, tudo ficava fechado num pequeno e obscuro círculo, cujo rompimento ou tentativa no sentido, constituía, aos olhos do regime, não um acto de cidadania, mas um empreendimento criminoso. O católico de Santa Comba tinha, para os adversários do regime, para além de algumas masmorras insalubres, um *Campo de Concentração* no Tarrafal da Praia, em Cabo Verde. E porque «há sempre alguém que resiste», no *Campo da Morte Lenta*[113], como era conhecido entre os prisioneiros, morreram muitos resistentes. Os custos da estabilidade política, se é que a houve, foram altíssimos em vidas humanas e em misérias materiais e morais e obscurantismo. Essa é, porém, outra história.

---

[110] Cf. Rosas, Fernando, *Pensamento e Acção Política, Portugal Século XX (1890-1976)*, Lisboa, Editorial Notícias, 2003, p. 54.

[111] Cf. Lourenço, Eduardo, *os Militares E O Poder*, Lisboa, Arcádia, 1975, pp. 53-54.

[112] Homem, Amadeu Carvalho, "Uma Interpretação do Significado da Primeira República Portuguesa", in AAVV, *Portugal – Brasil, Uma Visão Interdisciplinar do Século XX, Actas do Colóquio de 2 a 5 de Abril de 2003*, Coordenação de Maria Manuela Tavares Ribeiro, Coimbra, Quarteto, 2003, p. 81.

[113] Ver Soares, Pedro, *Tarrafal: campo da morte lenta*, Lisboa, Edições Avante, 1975.

CAPÍTULO V

OS ÚLTIMOS ANOS

Não se conhece da parte de Leonardo Coimbra quaisquer referências críticas ou tomadas de posição públicas quanto ao golpe militar de 28 de Maio de 1926. Fosse pelas restrições impostas pela ditadura ou por uma decisão de se conservar neutral, o certo é que a partir de então os assuntos das suas escritas e das suas prelecções passaram centrar-se preferencialmente em temas como o ensino e a educação; questões religiosas, a pender para o catolicismo; o problema da morte, sempre presente; e, de uma forma geral, matérias filosóficas, sociais, culturais, artísticas.

A par das suas leccionações na Faculdade de Letras e da sua irrefreável apetência para fazer um professorado itinerante pelas ruas e cafés do Porto, Leonardo desdobrava-se em discursos e conferências. Continuava a ser um orador muito solicitado para toda uma variedade grande de eventos, dada a sua reconhecida capacidade de falar sobre todo e qualquer assunto, com belas palavras (para muitos, incompreensíveis) e alguma teatralidade, sempre arrebatando assistências. Dava então pleno uso ao seu inato gosto de conversar e de falar, marca intensa da sua personalidade. A este respeito criava dificuldades aos jornalistas que procuravam fazer a cobertura das suas conferências (sempre um acontecimento), posto que fornecendo-lhes previamente notas escritas dos conteúdos das mesmas, depois, em plena acção, entusiasmava-se, esquecia-se do papel e, deixando-se levar pelas suas próprias palavras, as mais das vezes deslizava para dissertações que pouco tinham a ver com aquelas notas. Na opinião dos seus críticos e admiradores, aos seus improvisos se devem as suas melhores peças oratórias. Essa forma de agir, espontânea e natural em Leonardo, acarretou o inconveniente de, quanto à grande maioria dos seus discursos, não existirem transcrições integrais, mas tão-somente resumos feitos pelos jornalistas e pontualmente uma ou outra frase completa. Cientes deste condicionamento, iremos, ao longo das páginas seguintes, dando nota daquelas intervenções públicas que se afigurem importantes e mais ilustradoras do percurso real e espiritual do tribuno.

No verão desse ano de 1926, concedeu uma entrevista ao jornalista portuense Marques da Cunha, ainda sobre questões do ensino público mas com claras incidências no plano da política. Por razões que se desconhecem o jornalista nunca publicou a entrevista, a qual somente foi divulgada em Julho de 1960 pelo ensaísta António

José de Brito, no primeiro número do jornal *Praça Nova*. No caso em apreço, as suas considerações e apreciações não diferem das que já anteriormente havia emitido, sendo talvez de sublinhar a maior veemência com que ataca a política educativa dos últimos governos, mormente a destruição das Escolas Primárias Superiores[1].

Quando no ano seguinte se produziu a chamada Revolução de 3 de Fevereiro, a primeira e a mais séria tentativa de repor o regime democrático republicano, Leonardo não teve participação directa nesse movimento revolucionário, comandado pelo general Sousa Dias[2]. Há, no entanto, um testemunho de que na casa de Leonardo Coimbra em Matosinhos se reuniram alguns vultos ligados à preparação da tentativa revolucionária. Por essa razão e ainda de acordo com o mesmo testemunho, Leonardo, procurado pela polícia política, refugiou-se em casa de uma pessoa amiga, igualmente em Matosinhos, onde terá passado alguns dias, lendo Descartes e Pascal[3]. A ofensiva republicana chegou a fazer tremer os militares que em Maio do ano anterior se tinham apossado das rédeas do poder, mas acabou por soçobrar face aos ataques de um número maior de unidades militares, afectas à ditadura. Muitos amigos de Leonardo Coimbra estiveram implicados nesta gorada tentativa de repor a ordem institucional da República, entre eles, Raul Proença, Jaime Cortesão, Domingues dos Santos, Pina de Morais e outros. Alguns exilaram-se, outros foram deportados para os Açores ou para Cabo Verde. Sabendo que o seu discípulo e amigo Eugénio Aresta[4] se encontrava preso no porto de Leixões, a bordo de um barco com destino a Cabo Verde, Leonardo foi confortá-lo, levando-lhe alguns livros. Alguns destes republicanos que se exilaram fizeram parte da chamada *Liga de Paris*, nome pelo qual ficou conhecida a *Liga de Defesa da República*, criada em Paris em 1927, após a tentativa frustrada de 3 de Fevereiro. Nos primeiros tempos, desenvolveu intensa actividade conspirativa, conseguindo fazer gorar um empréstimo externo de 12 milhões de libras que a ditadura militar tentou contrair junto de instâncias financeiras internacionais, com o beneplácito da Sociedade das Nações. Depois, as desinteligências que já antes haviam marcado as relações entre os republicanos, continuaram a manifestar-se e levaram à extinção da *Liga*, em 1932[5].

---

[1] Cf. *Cartas, Conferências, Discursos, Entrevistas*, pp. 231-236.

[2] Adalberto Gastão de Sousa Dias, 1865-1934), Natural de Chaves, combateu em França durante a I Guerra Mundial, com a patente de coronel. De fortes convicções republicanas, lutou, de armas na mão, contra a *Monarquia do Norte*. Foi deputado pelo Porto de 1921 a 1924 e em 1925 promovido a general. Após 28 de Maio de 1926, assumiu a resistência contra a ditadura. Deportado para Cabo Verde, morreu na Ilha de S. Vicente a 27 de Abril de 1934. Ver Marques, A. H. de Oliveira, *O General Sousa Dias e as Revoltas Contra a Ditadura (1926-1931*, Lisboa, Publicações D. Quixote, 1975. Ver também *Dicionário de História de Portugal*, Coordenação de António Barreto e de Maria Filomena Mónica, ..., vol. VII, suplemento A/E, pp. 525-526.

[3] Cf. Leite, José Gervásio, "Recordações de Leonardo Coimbra, in *Nova Renascença, Revista Trimestral de Cultura*, Porto, Julho/Dezembro de 1987, p. 255.

[4] Autor do excelente artigo "Leonardo Coimbra. O Homem e a Obra", in *Leonardo Coimbra, Testemunhos...*, pp. 61-67.

[5] Sobre o assunto ver Marques, A. H. de Oliveira, *A Liga de Paris e a Ditadura Militar (1927-1928), a Questão do Empréstimo Externo*, Mem Martins, Publicações Europa-América, 1976 e idem, *A Unidade da Oposição à Ditadura (1928-1931)*, Mem Martins, Publicações Europa-América, 1973. Ver ainda *Dicionário de História de Portugal*, Coordenação de António Barreto e Maria Filomena Mónica, ..., vol. VIII, suplemento F/O, p. 374.

Não cessaram, porém, as tentativas republicanas de repor o regime parlamentar. As suas conjuras e revoltas, sempre sem êxito e a coberto dum ideário e duma práxis golpistas, deram configuração a um movimento que se manteve activo até ao fim da década de trinta e que ficou historicamente conhecido por «Reviralhismo»[6].

Após Fevereiro, reposta a normalidade ditatorial, um dos primeiros actos públicos do sempre estimado orador Leonardo Coimbra aconteceu com a inauguração de um monumento ao poeta António Nobre, no jardim portuense de João Chagas, em 27 de Março de 1927. Aí proferiu um apreciado discurso, em que, distinguindo os poetas entre emotivos e intelectuais, classificou o autor de *O Só*, de poeta emotivo. Abordando o problema da morte em António Nobre, afirma que o espectro desta, sempre presente no espírito do poeta, nele se constituiu como elemento dinamizador da sua poesia.

Em Maio desse ano, veio a Portugal o professor da Sorbone, Jacques Chevalier, discípulo de Henri Bergson e autor de *Entretiens avec Bergson*. Diz-nos Sant'Anna Dionísio que ao passar por Coimbra, Chevalier se avistou com autoridades académicas que o aconselharam a que no Porto se fizesse apresentar por alguém de confirmada capacidade científica, porém menos conhecido que Leonardo Coimbra[7]. Esse alguém poderia ser, sugeriram-lhe, o professor Newton de Macedo, igualmente da Faculdade de Letras do Porto. Subtil intriga para obscurecer a dignidade e a competência de Leonardo, mas que esbarrou na integridade de Newton de Macedo, cuja atitude foi a de fazer ver ao mestre parisiense quanto para ele era honroso ter, na apresentação da sua lição, o patrocínio de uma personalidade grande da cultura portuguesa como o era o professor Leonardo Coimbra. Assim se fez e nesse acto, em jeito de intróito, Leonardo produziu uma interessante prelecção acerca do intuicionismo na filosofia de Bergson, repondo, a esse respeito, uma verdade muito deturpada pela imprensa.

Nesse mês de Maio produziu ainda três conferências: uma sobre *A Reforma da Educação Em Portugal*, no Centro Comercial do Porto; outra, intitulada *A Visão de S. Francisco de Assis*, no Salão Recreativo de Braga; e uma terceira, *O Homem e a Fatalidade, O Triunfo do Amor*, também em Braga, em sessão de homenagem aos bombeiros voluntários daquela cidade[8]. Em Julho, numa outra conferência, esta de homenagem póstuma ao Dr. Afonso Cordeiro, médico e escritor em Matosinhos, o tribuno, num admirável exercício de sincretismo, falou do sentimento da saudade, da criança, de mitos antigos, de Jesus, da morte, de Platão, da ciência e dos prodígios recentes que eram então a rádio e a televisão. Por fim, evocou a figura de Afonso Cordeiro, lembrando as suas excelsas qualidades de cidadão, de escritor e de amigo[9]. É este um exemplo perfeito dessa já falada propensão de Leonardo para se afastar dos temas propostos e se pôr a navegar por todo um imenso oceano de ideias, muitas vezes díspares, mas a que magistralmente consegue dar uma ordem e um sentido, para depois, de forma harmoniosa as transmitir numa linguagem algo barroca, porém incisiva, rápida, insinuante.

---

[6] Ver Farinha, Luís, *O Reviralho – Revoltas Republicanas contra a Ditadura e o Estado Novo, 1926-1940*, Lisboa, Editorial Estampa, 1998.

[7] Cf. Dionísio, Sant'Anna, *Leonardo Coimbra, O Filósofo e o Tribuno...*, p. 280.

[8] Ver *Cartas, Conferências, Discursos...*, pp. 240-247.

[9] Cf. *Ibidem*, pp. 247-250.

Na sua inclinação, cada vez maior, para falar sobre temas religiosos, a figura de *Francisco* de *Assis* preenche lugar de destaque, facto que o impele a aproximar-se de pessoas ligadas à Igreja e de ambientes católicos. Ele próprio o diz: "Venho aqui [...] procurar companhia para a minha alma!"[10]. Palavras proferidas em Vila do Conde, no decorrer dos festejos de comemoração do 7.º centenário da morte do primeiro dos franciscanos. No final da sua palestra em que se afirmou crente em Deus e em Cristo e na imortalidade da alma, foi abordado pelo jornalista Armando de Boaventura, do jornal *A Voz*, que lhe perguntou se as suas palavras indiciavam uma aproximação ao catolicismo, ao que, Leonardo respondeu que não era católico, mas se o viesse a ser, sê-lo-ia com a maior discrição, por forma a não chamar as atenções para o facto. O teor da resposta parece indiciar a existência de um conflito interior em Leonardo. Se, por um lado, sente ou pressente que na religião católica poderá vir a encontrar as respostas que a metafísica e a metapsicologia não lhe haviam dado, por outro lado não quer romper, pelo menos abruptamente, com um passado extenso e intenso de livre-pensador. Sendo certo que nunca aceitara as verdades positivistas e que para o seu espiritualismo e dúvidas existenciais não encontrara respostas definitivas na metafísica e na actividade espírita, percorria agora o caminho possível, o da religião. Este caminho, se bem que coerentemente enquadrado no seu espírito e no seu afã de procurar a Verdade onde ela estivesse, não deixava, todavia, de se chocar com o princípio que sempre o havia orientado, ou seja, a busca do conhecimento por via da razão. Por outras palavras, a fé, enquanto atitude cega de aceitação do irracional e do transcendente, era ainda inconciliável com a ideia leonardina de uma construção do conhecimento assente na ciência e na capacidade criativa do pensamento. E, no entanto, aquele era também um caminho coerente, porque sendo Leonardo, como vimos, um espírito para o qual o processo de formação do conhecimento não podia ser travado por quaisquer balizas, admissível era que, apossado agora pela necessidade de responder às suas inquietudes, encetasse uma jornada que o abeirava da teologia. Poder-se-á argumentar que, para tanto, não precisava de enveredar pelo catolicismo, o que é verdade. Porém, tal receita, no contexto religioso português da época, significaria uma relação pessoal, intimista, pensada e solitária com Deus. Tal não seria, decerto, aplicável a Leonardo Coimbra para quem falar, conviver e partilhar experiências com o seu semelhante era, por natureza, uma necessidade tão grande quanto a de respirar. Acresce que, neste passo, Leonardo não fora deslumbrado por qualquer súbita manifestação do divino e daí uma gestação espiritual morosa, no seio da qual se entrechocavam as suas intelecções de agora com fortes convicções anticlericais e anticatólicas, adquiridas desde os seus tempos de estudante (no Colégio do Carmo de Penafiel onde, lembremos, o ensino era ministrado por padres) e cimentadas ao longo de anos de vivência laica e de desenvolvimento de pensamento livre e filosófico, que excluía a fé católica como via para se alcançar Deus. Neste seu transe, é, *grosso modo*, comparado por Armando de Boaventura a uma borboleta que, atraída pela luz, adeja à sua volta, mas que conscientemente a evita por temor de queimar as asas[11].

---

[10] Boaventura, Armando, "Dois Leonardos. A Caminho da Conversão" in *A Voz* de 7 de Agosto de 1927.

[11] Cf. Idem, *Ibidem*.

Consta que nesse ano de 1927, Leonardo Coimbra fez um retiro espiritual em Gandra (Paredes) organizado por uma senhora do meio católico do Porto, D. Sílvia Cardoso. Correram então notícias de que, nesse retiro, se havia confessado e comungado, o que não se confirmou, sendo de considerar que tal não passou de mero boato. Pinharanda Gomes afirma que isso "seria demais para a sua consciência, estando como estava, afastado da vida sacramental"[12].

Esse seu apego ao exemplo religioso do *Poverello* de Assis levou-o a escrever um livro com o título *S. Francisco de Assis, Visão Franciscana da Vida*, publicado em 1927. É um testemunho escrito do curso dos sentimentos religiosos do autor, no sentido da consagração da supremacia do irracional sobre o racional, da fé sobre a razão, do excêntrico sobre o senso comum. Daí se infere que perpassa pelo interior de Leonardo uma atitude mental de enlevamento (porque de racionalidade já não se trata) que bebe a sua essência e a sua razão de ser no próprio comportamento do Santo de Assis, no que ele tem de extravagante, de insólito, de desvio à norma, de fascinação pela Cruz. Atribui especial significado a esse comportamento, aos olhos do mundo suficientemente bizarro para que, quanto a ele, fosse ensaiada a hipótese de «caso de loucura», o que, diz o autor, calharia bem aos herdeiros de Augusto Comte que assim ficariam muito mais seguros da solidez do seu universo objectivo. E, acrescenta, a humildade e a pobreza franciscanas, da forma como foram praticadas e ostentadas, são princípios revolucionários que abrem caminho a uma nova compreensão da revelação, da natureza e do mundo dos homens, influenciando, neste último, a arte, a ciência e a filosofia.

Entretanto, a sua carreira de professor universitário estava a chegar ao fim. A 12 de Abril de 1928, o Decreto n.º 15.365 de autoria do Ministro da Instrução, Alfredo Mendes de Magalhães[13], extinguia, por alegadas razões de natureza financeira, algumas escolas, entre as quais se incluía a Faculdade de Letras da Universidade do Porto. Nos termos de um outro decreto, publicado em 10 de Agosto desse ano, este estabelecimento de ensino superior ficaria ainda a funcionar até não ter mais alunos. Quando esta legislação foi produzida, Leonardo já não era director da Faculdade, posto que em 17 de Junho do ano de 1926 se demitira dessas funções, tendo, na altura, o Conselho de Professores confiado o cargo ao professor Damião Peres[14]. Avizinhava-se o fim da prestigiada Faculdade de Filosofia e Filologia do Porto, escola leonardina, sonho, projecto e obra de uma vida. A luta surda, empreendida sem descanso pelos seus inimigos, desagradados com a diferença, acabara por produzir os seus frutos. Em Coimbra, a simples existência dessa Faculdade, a que chamavam «das Tretas», era um facto insuportável, logo agravado pelos êxitos alcançados pela escola portuense, quer no plano das relações com congéneres europeias, quer na formação de espíritos abertos à ciência e às artes. Mas o que sobretudo a todos mais incomodava era, por

[12] Gomes, Pinharanda, "Evocação da Conversão de Leonardo Coimbra", in AAVV, *Álvaro Ribeiro e a Filosofia Portuguesa*, Lisboa, Fundação Lusíada, 1995, p. 223.

[13] José Alfredo Mendes de Magalhães (1870-1957), médico e político, Ministro da Instrução dos governos de Sidónio Pais e de Tamagnini Barbosa, de 12 de Dezembro de 1917 a 27 de Janeiro de 1919. Volta à mesma pasta com a Ditadura Nacional entre 22 de Novembro de 1926 e 18 de Abril de 1928. Presidente da Câmara Municipal do Porto em 1933-1937. Fundador da Maternidade Júlio Dinis.

[14] Cf. Gomes, J. Pinharanda, *A Política Cultural de Leonardo Coimbra* ..., p. 107.

um lado, um corpo docente formado por autodidactas e por professores vindos do ensino liceal e, por outro lado, o método educativo usado na Faculdade de Letras do Porto, totalmente ao arrepio do modelo tradicional do lente sentado na sua cátedra, dono do saber e vazando-o, a seu bel-prazer, sobre uma plateia de alunos. Dirá Sant'Anna Dionísio que "os ressentimentos que essa bela experiência suscitou, seriam excessivamente poderosos e pertinazes"[15]. De facto, não se contentando com o simples desaparecimento da Faculdade, os seus inimigos fizeram estender a sua sanha persecutória aos alunos e aos professores. Assim, aos alunos que nessa Faculdade se licenciaram e se doutoraram, ficou para sempre vedado o acesso à cátedra nas Universidades; e aos professores que quiseram manter-se no ensino superior, foi-lhes exigida a prestação de provas públicas perante um júri, para o efeito constituído. Leonardo, vendo em tal exigência um processo de humilhação, decidiu regressar ao seu lugar de professor de liceu. De resto, somente dois professores se sujeitaram ao que, por todos os outros, era considerado um vexame.

Uma consequência inevitável do encerramento da Faculdade de Letras do Porto foi a dispersão do seu professorado, do qual faziam parte alguns dos intelectuais que iam dando essencial contributo à *Renascença Portuguesa.* O importante movimento cultural portuense no imediato se ressentiu dessa ausência e dessa maneira fenecia também, um pouco mais, o brilho cultural da cidade do Porto, cujos poderes e forças vivas assistiram incompreensivelmente impassíveis, à amputação de um dos seus mais importantes braços dinamizadores de cultura, de conhecimento e de progresso.

Sempre interveniente em todos os acontecimentos de relevo, Leonardo Coimbra publicou, por altura do falecimento, a 7 de Dezembro de 1928, do velho e respeitado Grão-Mestre da Maçonaria Portuguesa, Sebastião de Magalhães Lima, um pequeno *In Memoriam*, reputando o falecido republicano de «servidor do Ideal» e de homem que pautou toda a sua vida pelo amor ao próximo, procurando a harmonia e a paz no seio do «grande abraço da sociabilidade consciente, perfectível e progressiva»[16].

Embora desligado da actividade política, Leonardo, que um dia afirmara que «todos os actos sociais são actos políticos»[17], não vai deixando de emitir pontualmente a sua opinião, tal acontecendo a 31 de Janeiro de 1929, trinta e oito anos depois da *Revolta do Porto.* Na comemoração desse aniversário, o semanário *República* publicou um escrito assinado por Leonardo Coimbra e intitulado *A Democracia*, artigo em dois capítulos, sendo o segundo publicado em 25 de Fevereiro desse ano. Pelo meio da densa carga filosófica colocada nas considerações e definições, é visível um fundo crítico de indiscutível alcance político. Começando por definir democracia «como o governo da maioria por intermédio dos seus representantes livremente escolhidos», levanta quanto à definição dada o problema do valor da maioria e o problema da existência de condições para escolher livremente. Relativamente à maioria, defende, com abundância de explicações filosóficas e científicas, que o critério do número é

---

[15] Dionísio, Sant'Anna, "Como foi Extinta, no Porto, A Escola de Filologia e Filosofia", in *Primeiro de Janeiro* de 20 de Abril de 1983, pp. 20-21.

[16] Coimbra, Leonardo, "*In Memoriam* – Sebastião de Magalhães Lima" in *Dispersos...*, vol. V, pp. 301-302.

[17] Cf. *Cartas, Conferências, Discursos, Entrevistas...*, p. 148.

o único verdadeiro porque «exprime o querer social fundamental». Mas, adverte, o senso comum é conservador e fabricante de inércia. Quanto à liberdade, por mais que a tentem enterrar, ela virá sempre e irreprimivelmente à superfície. Todos os homens a possuem, basta buscá-la, isto é, merecê-la. Se a liberdade existe, a Democracia pode fazer-se através da escolha da minoria representativa, mas, nesse caso, é forçoso concluir que é sempre uma minoria que governa. E isso é uma brecha que possibilita a infiltração do aristocracismo e a sua imposição pela força. E nessas condições é já a força que faz a Moral, definindo o que é *bom* e o que é *mau*, de acordo com a vontade e a necessidade dos vencedores. Sendo esta uma visão estática dos fenómenos sociais, reconhece que, numa perspectiva dinâmica e de dialéctica de acção, a dignidade ofendida da pessoa humana pode gerar a vitória da fraqueza sobre a força bruta. O sustento de uma acção continuada, tal «como o fermento vai levedando pouco a pouco toda a farinha», irá realizando essa vitória. É que, diz, "[...] a inquietação da Dor pode levar e tem levado as massas às grandes criações do amor humano como o cristianismo, por exemplo"[18]. Segundo Leonardo, é este fenómeno que explica a vitória do Cristianismo, o qual é, "num estrito critério psicológico, uma sublimação dos complexos recalcados encontrando saída e exercício numa ampla esfera de amor e solidariedade"[19].

É notável a singularidade do pensamento político de Leonardo Coimbra. Ele reconhece, legitima e até advoga o trabalho lento e subterrâneo de revolta contra ordens e valores estabelecidos, como forma de restabelecimento da liberdade e da dignidade perdidas pelo homem, considerando-o natural e cientificamente explicável, inclusive, rotula-o de acto de amor e empresta-lhe uma dimensão espiritual e mesmo religiosa. Mas, sabe-se que Leonardo Coimbra experimentava profunda antipatia pelas ideologias que determinam uma metodologia de trabalho político de subversão, assente na manifestação da vontade colectiva, ou seja, no número. A este respeito são conhecidas as suas posições ferreamente anticomunistas, mas ainda aqui com a ressalva de este seu antagonismo se afirmar sobretudo contra as concepções materialistas e ateístas que atravessam estas ideologias e não tanto contra o projecto utópico de transformação da sociedade. Como classificar então Leonardo à luz dos quadros tipológicos estabelecidos? Homem de direita ou de esquerda? Conservador ou revolucionário? Difícil tarefa! Ele parece ser tudo isso, ao mesmo tempo.

Voltando à temática religiosa, numa conferência que deu sobre a figura e a obra de Guerra Junqueiro, a 12 de Abril de 1929, em Matosinhos, Leonardo estabelece um estreito paralelismo entre a evolução literária do autor de *Finis Patriae* e o desenvolvimento dos seus sentimentos religiosos. Disse então que, a partir de uma visão intelectualizada e naturalista do Mundo, conotada com as suas primeiras obras, o poeta evoluiu para um panteísmo já visível em *O Melro*, para depois chegar à afirmação dos princípios religiosos das santas criaturas de *Os Simples*. Com a *Oração à Luz* surge um depositar de confiança no homem e na humanidade, que aqui se acham convidados a percorrer com êxito a estrada do Bem, caminhada que, no entanto e na opinião de Leonardo Coimbra, estaria condenada ao insucesso por não levar à Luz, pela qual anseia. A doença, operando em Junqueiro uma transformação que o leva a

---

[18] Coimbra, Leonardo, "A Democracia", in *Dispersos...*, vol. V, p. 226.

[19] Idem, *Ibidem*, p. 232.

sugestionar-se pela figura religiosa de São Francisco de Assis, fá-lo crer na existência e transcendência de um Deus «que o espera para além da vida»[20]. Dir-se-ia que neste exercício de análise da evolução religiosa do poeta, alguém cuja obra e vida compreendeu e admirou, Leonardo faz uma projecção do seu próprio trajecto a caminho do catolicismo. Na verdade, tendo sido declaradamente anticlerical, nunca fora, porém, um iconoclasta como o autor da *Velhice do Padre Eterno* e da *Canção do Ódio*, mas a sua evolução espiritual, igualmente marcada pelo exemplo do Santo de Assis e também espelhada na sua obra literária, apresenta notáveis semelhanças com a de Guerra Junqueiro, tal como ela se encontra descrita nesta sua conferência.

Incansável na actividade e arte de palestrante, em 18 desse mês de Abril de 1929, Leonardo está em Lisboa para discursar no Jardim da Estrela, por ocasião da inauguração de um monumento a Antero de Quental. O acto, presidido por um militar, que então desempenhava as funções de presidente da Câmara de Lisboa, contou com a presença de basta oficialidade do Exército e da Armada. Entre a assistência encontrava-se Batalha Reis[21], velho companheiro de Antero, do tempo das *Conferências Democráticas do Casino*, ainda vivo, com 82 anos. Da cobertura jornalística do acontecimento feita por *O Diário dos Açores*, de Ponta Delgada, o articulista expressa a opinião de que Leonardo Coimbra é o maior orador contemporâneo, sendo impossível, porém, reproduzir com fidelidade os seus discursos. E, numa pincelada, diz: "É diante do monumento de Antero que o Dr. Leonardo Coimbra, em nome da Comissão de Homenagem, vai falar. O silêncio em volta é profundo, só quebrado harmoniosamente pelo brando ramalhar das árvores e pelo queixume doce de uma fonte que corre perto. A ansiedade dos circunstantes é indescritível"[22]. Do discurso de Leonardo, o *Diário dos Açores* transcreve duas súmulas, recortadas do *Século* e do *Diário de Notícias* do dia seguinte ao da cerimónia. De acordo com esses registos que se complementam, o orador começou por falar na *Arca da Aliança* dos antigos hebreus, da qual ninguém que não estivesse puro se podia aproximar. Assim é a alma de Antero de Quental e ele (orador) quer que a sua voz reflicta a humildade que sente ao aproximar-se agora da alma do Poeta. Num dos seus habituais rasgos de expressão, pronunciou a frase seguinte: "Quem foi Antero? Um fogo estranho do Céu, tombando a requeimar o barro grosseiro da terra; a sua obra é o rescaldo desse incêndio e trajectória ainda acesa e quente do meteoro que passou..."[23].

Prossegue, traçando um retrato espiritual do Poeta e do Filósofo, numa alusão ao drama interior desse «vagabundo do mistério, esse peregrino do infinito, mago que partiu à consulta das estrelas, mas que não encontrou a verdade que, afinal, transportava em si». Porque o drama de Antero é o próprio drama do homem que após se deslumbrar com o conhecimento, encontra sempre a morte e a queda. Aborda as

---

[20] Cf. "O Sentimento Religioso na Vida e Obra de Guerra Junqueiro" in *Cartas, Conferências, Discursos, Entrevistas ...*, pp. 256 – 258.

[21] Jaime Batalha Reis (1847-1935), engenheiro agrónomo, escritor e diplomata, Ministro Plenipotenciário de Portugal em Haia (1911) e em São Petersburgo (1912-1918). Foi delegado português à *Conferência de Paz de Versalhes*. Republicano independente, nunca se filiou em partidos.

[22] "Diário dos Açores de 2 de Maio de 1929 – Homenagem a Antero de Quental no Jardim da Estrela (Lisboa)", in *Cartas, Conferências, Discursos, Entrevistas...*, pp. 258-263.

[23] *Ibidem.*

inquietações de Antero quanto ao problema da morte e da finitude, impressas na transitividade da Natureza, para a qual, ser não basta. Termina, expressando o desejo de que a «luz brilhante do sol de Lisboa se una com a luz violeta das preces dos que ali foram», ao mesmo tempo que apela a que, tal como Antero amou os homens, os portugueses se amem, uns aos outros.

De acordo com um relato de Sant'Anna Dionísio, as últimas palavras do orador causaram junto da assistência um estado colectivo de intensa emoção que deu lugar a um ambiente de alguma soturnidade. Teixeira de Pascoaes, que acompanhara Leonardo nessa ida ao Jardim da Estrela, aproximou-se então do tribuno e disse-lhe: " A sua palavra é como a vara de Moisés; faz saltar água dos rebos e fraguedos! Fuja daqui quanto antes, se não quer ser preso como bruxo"[24].

Este foi um dos acontecimentos que ajudaram a criar a ideia de que Leonardo Coimbra se aproximou politicamente da Ditadura e do Estado Novo. A verdade, porém, é que muitos dos seus actos públicos parecem apontar exactamente no sentido contrário. É o caso, por exemplo, de um discurso que pronunciou, em 3 de Dezembro de 1929, em que, perorando sobre a Liberdade, afirma que as «democracias estão em crise porque a liberdade foi guardada por mãos fáceis» e enaltece a mocidade republicana, garantindo que nela reside o futuro[25]. São, sem dúvida, palavras cautelosas, mas que iniludivelmente marcam uma posição política que está muito longe de coincidir com a da Ditadura. É certo que, na cruzada anticomunista, Leonardo se aproximará do Estado Novo de Salazar, mas, mesmo no decorrer dessa conjuntural circunstância, ele fará questão de, como adiante veremos, se demarcar do totalitarismo fascista, reclamando-se de democrata e republicano.

Situações há, que vêm por vezes fazer refluir à tona de água, o valor daqueles que efectivamente o possuem, vendo-se, na circunstância, os algozes e os fariseus forçados a reconhecer a verdade iniludível dos factos. É disso ilustrativo o episódio da vinda a Portugal de um aristocrata báltico, conde de Keyserling, convidado pelo Estado Português, em Abril de 1930, a visitar o país mais ocidental da Europa e fazer uma série de conferências relacionadas com a sua obra *Análise Espectral da Europa*, onde Portugal nem sequer aparece. O curioso é que, não sendo agora o estatuto de Leonardo Coimbra mais que o de um obscuro professor de matemática e geometria do Liceu Rodrigues de Freitas, foi a ele, afinal, que as autoridades académicas recorreram para, na Faculdade de Ciências da Universidade do Porto, fazer a apresentação do, presumidamente, filósofo Keyserling e tecer os necessários comentários. Ora, na sua apreciação, Leonardo considera o visitante um «espírito curioso e sagaz, mas notoriamente espectacular, que não vai além duma visão superficialíssima da alma dos homens e dos povos». Reputa o seu livro de interessante, mas apenas enquanto «exercício de caleidoscopia»[26]. Observações certeiras e desassombradas, corroboradas algumas semanas depois pelo professor de Coimbra Joaquim de Carvalho, que esteve presente num almoço no Buçaco, oferecido pela Universidade ao visitante. Este, já um tanto tocado pelas libações, teria aí confessado que as suas conferências constituíam obra mais para diversão que para meditação. *In vino, veritas!*

---

[24] Dionísio, Sant'Anna, *Leonardo Coimbra, O Filósofo e o Tribuno*..., p. 288.

[25] Cf. *Cartas, Conferências, Discursos, Entrevistas*..., pp. 266-267.

[26] Cf. *Ibidem*, p. 269 e Dionísio, Sant'Anna, *Ob. Cit.*, p. 298.

A intenção que subjazia ao convite formulado pelo governo português mais não era que a de mera propaganda anti-soviética e ao estoniano Keyserling, supostamente um aristocrata arruinado pela *Revolução Russa de Outubro de 1917*, tinha sido concedido pelo Ministério das Finanças de Salazar, a título de ajudas de custo, um subsídio de cem contos, quantia que daria para pagar um trimestre de vencimentos dos professores da Faculdade de Letras do Porto que, como se disse, iria encerrar as suas portas por falta de verbas. Quanto a Leonardo Coimbra, o que ressalta deste caso é uma nota evidente do seu espírito controverso, mais uma vez bem espelhado na sua conduta, ou seja: se, por um lado, se prestou a colaborar numa farsa sob a qual se escondiam intentos de propaganda anticomunista, por outro lado, foi mortiferamente frontal nos seus comentários a respeito do visitante e da sua obra, retirando àqueles intentos qualquer eficácia ou, mesmo, tornando a tentativa contraproducente, não sendo seguro, no entanto, afirmar que fossem essas as suas intenções.

Entrementes, com o progressivo declínio da Renascença Portuguesa, a revista *A Águia* entrou também em queda, ainda que para o fim da 4.ª série (1928 a 1930, sob direcção de Leonardo Coimbra) pudesse contar com a colaboração de alguns discípulos de Leonardo, nomeadamente Casais Monteiro, Sant'Anna Dionísio e Delfim Santos. Mas *A Águia*, enfraquecida, não irá resistir por muito mais tempo. Após o encerramento da Faculdade de Letras em 1931, ainda é tentado um supremo esforço, o qual permitiu o prolongamento da agonia até 1932, ano em que são publicados apenas três números, de Janeiro a Junho. Muito ligada à extinta publicação, surge então *A Princípio*, revista de cultura e política, cujo primeiro número saiu a 15 de Maio de 1930. Era produzida e editada por um pequeno grupo de pessoas que se dizia herdeiro da *Renascença Portuguesa*, avultando, entre outros, os nomes de Álvaro Ribeiro, Adolfo Casais Monteiro, Maia Pinto, Agostinho da Silva, Aquilino Ribeiro, Delfim Santos e José Marinho. Em conjunto, propõem-se realizar uma acção cultural e política em defesa da democracia, do universalismo, da razão, da justiça e da verdade. O director desta revista e autor da maioria dos artigos de carácter político era Álvaro Ribeiro, discípulo de Leonardo Coimbra. Álvaro terminaria o curso de Histórico-Filosóficas em 1931, justamente o ano em que foi encerrada a Faculdade de Letras do Porto. Estando prevista e até anunciada a colaboração de Leonardo Coimbra, este nunca a tal se dispôs por discordar do pendor marxista que julgou ver nas propostas dos jovens que animavam aquele projecto.

Em todo o caso, a novel revista revelou-se mais o fruto dum idealismo voluntarista que o resultado dum plano pensado e organizado e dela vieram a lume somente quatro números. A fracassada experiência constituiu, porém, o embrião do movimento chamado *Renovação Democrática*, grupo cívico composto em grande parte por antigos alunos da Faculdade de Letras do Porto. O movimento, fundado em Lisboa, tinha a intenção de ajudar a restabelecer a democracia e a República, mas, tal como um dos seus principais mentores disse, as suas raízes espirituais estavam no Porto, na Faculdade de Letras, no grupo de Leonardo e nas suas tertúlias[27]. Sob as duras condições de repressão da ditadura salazarista (o ditador passou a Chefe de Governo a partir de 1932) o movimento da Renovação Democrática conseguiu aguentar-se até ao fim

[27] Veiga, Pedro, "Subsídios para a História da República durante o Salazarismo", Porto, s.d., p.11, citado por Santos, Alfredo Ribeiro dos, *A Renascença Portuguesa...*, p. 227.

da segunda Guerra Mundial, em 1945, no entanto, com uma actuação e influência restringidas a um pequeno círculo de intelectuais.

Em 1931, Leonardo Coimbra, presidente da Associação de Jornalistas e Homens de Letras do Porto, proferiu na sede dessa instituição, durante uma sessão de homenagem a Sampaio Bruno, efectuada a 29 de Novembro, uma conferência subordinada ao título *A Figura Metafísica de Bruno*. Considerando não ser possível falar de Bruno na sua integralidade, propõe-se falar do democrata e do metafísico e, ao abrigo desse propósito, afirma que Bruno viveu num tempo em que o predomínio do pensamento metafísico era detido por uma filosofia de raiz materialista. Sampaio Bruno, detentor de uma visão platónica do Universo, na qual as ideias são uma realidade superior ao homem, destacou-se dignamente na luta que encetou contra essa visão materialista do mundo. Citou alguns aspectos da vida de Bruno, salientando as suas qualidades de democrata sincero e interveniente e de homem bom, homem que amou os outros homens e se preocupou com o seu sofrimento. Pelo meio do seu discurso, abordou também questões com um cariz mais marcadamente político como a Liberdade e a República, dizendo que ninguém é livre por decreto e que de nada vale proclamar regimes políticos e não abrir a alma do povo à essência dos mesmos[28].

Se no plano da vida profissional, Leonardo vivia então tempos desinteressantes, posto que relegado para a modesta tarefa de dar aulas de aritmética a crianças, também no plano da vida familiar surgiram então, pelo dealbar do ano de 1932, graves complicações. Aconteceu que seu filho, à data estudante de medicina, contraiu grave doença pulmonar. Receava-se o pior, tanto mais que a tuberculose era ao tempo a primeira causa de morte por doença. Perante o difícil transe, o pai extremoso e atento que Leonardo sempre fora, já marcado pela perda de um primeiro filho, angustiava-se até ao extremo com a eventualidade de agora poder estar-lhe reservada idêntica provação. Preso de intensa aflição, voltava-se para Deus e para a oração, chegando à simplicidade de confiar ao filho, retido no leito, que, se ele se restabelecesse, fariam ambos uma viagem à Palestina, visitando os lugares santos, em sinal de reconhecimento. Essa viagem seria, de facto e com esse simbolismo, realizada por seu filho, após se encontrar completamente sarado do mal que o acometera, já depois da morte do filósofo. O difícil transe que por agora passava Leonardo, tê-lo-á empurrado decisivamente para o acto de conversão ao catolicismo e para o seio da Igreja Católica.

Num outro registo, o da filosofia, entre os desfavores de que Leonardo Coimbra foi alvo, está o facto de, durante muito tempo, ter sido catalogado como um filósofo bergsonista, ou seja, não original e subsidiário do pensamento de Henri Bergson[29]. Uma resposta cabal a esta acusação encontra-se nas páginas da revista *Seara Nova*, número 11, de 1 de Abril de 1922, em artigo subscrito por Teófilo Júnior, onde se afirma que, compulsada a história do Pensamento, se verifica que todos os filósofos se filiam em um outro ou outros filósofos e em escolas filosóficas. No caso de Leonardo Coimbra, uma das influências recebidas é, sem dúvida, a da escola francesa de Bergson,

---

[28] Cf. *O Primeiro de Janeiro* de 1 de Dezembro de 1931, p. 1

[29] Henri Bergson (1859-1941), filósofo vitalista e espiritualista, nascido em Paris, filho de um judeu polaco e de mãe inglesa, frequentou a Escola Normal Superior e foi professor de liceu, após o que obteve uma cátedra no Colégio de França. Em 1927 ganhou o Prémio Nobel de Literatura. Foi membro da Academia Francesa.

porém, a aceitar-se como boa a acusação feita a Leonardo, então «nunca filósofo algum foi original.»[30] Por outro lado, em artigo escrito para o *In Memoriam* de Leonardo Coimbra, Eudoro de Sousa admite parcialmente essa identificação, mas especifica que a mesma só tem lugar na circunstância de ambos os filósofos se terem oposto ao império cultural das doutrinas positivistas. Extrair daí uma filiação de Leonardo em Bergson, como muitos pretenderam, é, em sua opinião, pura insensatez[31]. Com uma visão coincidente, Manuel Ferreira Patrício afirma que basta ler com atenção *O Criacionismo* para que definitivamente se tenha de afastar uma identificação ou um paralelismo entre as duas filosofias. É que, naquele seu primeiro livro, Leonardo Coimbra aponta e critica o «cousismo» que nota na obra de Bergson, dele se demarcando de forma muito evidente.

A existência de um pensamento próprio em Leonardo Coimbra é, de resto, confirmado por todos os estudos feitos à figura do pensador[32]. Todavia, durante toda a sua vida e mesmo depois, a tese da sujeição do pensamento de Leonardo ao de Bergson foi repetidamente propalada e esteve presente na polémica que António Sérgio manteve com Sant'Anna Dionísio, nas páginas de *O Diabo*, em 1936. Sem dúvida que Leonardo Coimbra se interessou pela filosofia de Henri Bergson e, quanto a isso, refira-se que, aquando do lançamento do livro de Bergson *Les Deux Sources de la Morale et de la Réligion*, em 1932, o pensador português efectuou, no Salão Nobre do Montepio do Porto, uma conferência na qual passou em análise a obra do filósofo francês, considerando-a inovadora e original e salientando o facto de, em Bergson, a intuição não se opor à inteligência, antes a servir. Do livro então saído, afirma que o autor tem uma perspectiva dinâmica da sociedade, subordinada a uma visão em que tudo na vida é algo que se está fazendo e só a matéria é o que já está feito. Explica ainda que, em Bergson, a Religião é criada pela capacidade fabuladora do homem para contrariar a Razão, sobretudo no que esta tem de destruidor. Note-se que Bergson, nascido judeu, ensaiou uma aproximação ao catolicismo, porém o incremento das ideias anti-semitas que marcou o advento da Segunda Guerra Mundial, arredou-o de uma conversão que chegou a ser ponderada. O interesse de Leonardo por Bergson vai ao ponto de ter feito um estudo sistemático da sua obra, do que resultou um livro publicado em 1934, com o título *A Filosofia de Henri Bergson*. Este livro tem, na opinião de José Marinho, a «dignidade filosófica de ser difícil» e destina-se a filósofos conhecedores de Bergson. Nele se faz a exposição da doutrina bergsoniana da frente para trás, isto é, a partir do último livro de Bergson (*Les Deux Sources*...), sendo os restantes livros do filósofo francês vistos à luz das novidades que o último apresenta[33]. Da obra de Leonardo sobre Bergson, há ainda um segundo volume em que o pensamento do francês é problematizado e criticado. Esse volume restou inédito, vindo a ser encontrado no espólio de Leonardo Coimbra, na posse da Universidade Católica do Porto.

---

[30] Cf. Júnior, Teófilo, "O Pensamento Filosófico de Leonardo Coimbra, in *Seara Nova*, n. 11, de 1-4 1922, pp. 287-289.

[31] Cf. *Leonardo Coimbra, Testemunhos*..., p. 118.

[32] Cf. Patrício, Manuel Ferreira, "Leonardo Coimbra e Henri Bergson: Semelhanças e Diferenças", in *Leonardo Coimbra, Filósofo do Real e do Ideal*..., pp. 145-164.

[33] Cf. Marinho, José, *Ob. Cit.*, p. 168.

Nunca deixando de ser um *homo politicus*, Leonardo Coimbra publicou em 31 de Janeiro de 1933, no número único de um jornal do Porto, *O Trinta e Um de Janeiro*, um breve artigo em que revela o seu profundo desagrado pelos rumos da política em Portugal e na Europa. Opõe-se a uma prática onde os fins justificam os meios, especialmente quando esses meios se preenchem com intolerâncias e tiranias, às quais parecem, afinal, estar reduzidos os fins. E isso porque o medo substituiu o amor nas relações entre os homens e assim «a guerra é o medo de um que espanca a sombra ameaçadora do outro»[34]. Muito embora fale no abstracto, não mencionando situações ou pessoas, a alusão ao regime salazarista e a outros fascismos europeus não podia ser mais directa. Mas no plano da política, as suas críticas voltam-se também contra a experiência soviética sobre a qual produz algumas falas e escritos. Condena sobretudo aquilo que diz serem os fundamentos essenciais da nova sociedade que se está construindo na Rússia, ou seja, o ateísmo oficial, a substituição do cristianismo por uma fé marxista, a obediência cega da vida social a planos e estatísticas e a redução do homem à simples condição de máquina. Em sua opinião, é impossível a construção desse homem idealizado pelo estado marxista, porque o homem é um ser marcado pela individualidade, com inquietações e ansiedades próprias e por mais que a este homem tentem sobrepor o comunista, ele um dia acordará e à viva força destronará o figurino que lhe quiseram impor. Todas estas ideias e conceitos perpassam por várias entrevistas que sobre o assunto concedeu à imprensa[35] e fazem parte do conteúdo de um livro seu que publicará, em 1935, com o título *A Rússia de Hoje e o Homem de Sempre*.

Com a institucionalização do Estado Novo, alguns dos amigos de Leonardo Coimbra que entretanto haviam aderido à nova situação política e, por isso mesmo, se haviam tornado pessoas influentes, fizeram-lhe atraentes propostas para que se integrasse no novo regime, dando-lhe a entender que disso lhe poderiam advir grandes vantagens. Leonardo nunca dará tal passo, mas, com desgosto para alguns dos seus discípulos e admiradores, enfileirará com os salazaristas na cruzada anticomunista que estes então travavam, designadamente aprestar-se-á a fazer uma conferência em Lisboa, no Teatro de São Carlos, a 31 de Janeiro de 1934. A conferência foi promovida por António Ferro[36], pretendendo-se que Leonardo reeditasse em Lisboa a conferência que sobre o tema proferira no Teatro Rivoli do Porto, em Maio do ano anterior. Quer a conferência do Porto, quer a de Lisboa, tiveram como título *A Rússia de Hoje e o Homem de Sempre* e este seria também, como atrás se disse, o título de um livro a publicar no ano seguinte. Desagradados com a atitude do mestre, sobretudo no que esta tinha de proveitoso para os interesses do ditador Salazar e do seu regime (uma ditadura que, de acordo com os ensinamentos do próprio mestre, tinham aprendido a odiar), os discípulos de Leonardo não quiseram assistir à conferência. Contudo, horas antes do início da mesma, dois deles, Sant'Anna Dionísio e António Alvim decidiram-se a fazer-lhe

---

[34] Cf. Coimbra, Leonardo,"O Equívoco Fundamental da Política", in *Dispersos...*, vol. V, pp. 234-235.

[35] Ver *Cartas, Conferências, Discursos, Entrevistas, ...*, pp. 276-288.

[36] António Joaquim Tavares Ferro, jornalista e escritor, Director do Secretariado da Propaganda e figura de proa da política cultural salazarista. Foi uma das personalidades que mais instou com Leonardo Coimbra para que este aderisse ao Estado Novo.

uma visita a título de cortesia e apresentação de cumprimentos, eximindo-se a fazer qualquer comentário ao assunto que justificava a presença do mestre em Lisboa.

Na conferência estiveram vários ministros e secretários de Estado e o Governador Civil de Lisboa. António Ferro, Director do Secretariado de Propaganda, apresentou o evento como sessão cultural e referindo-se ao conferente, Leonardo Coimbra, disse: "Ele vem enfileirar a nosso lado, nesta guerra contra o comunismo, em que devem andar empenhados todos os portugueses. Não há incoerência na sua atitude, pois colocou sempre, os problemas de espírito acima da matéria. Leonardo Coimbra vai falar. Glória à sua elegância, independência e coragem moral"[37]. Fica-se com a ideia que Ferro se viu forçado a explicar o que para muitos não tinha explicação, ou seja, a presença e o contributo de um homem de elevada estatura moral e intelectual e com um passado indesmentível de democrata e republicano, num acto de manifesta propaganda sectária de um regime ditatorial. Todavia e segundo Sant'Anna Dionísio, em vários momentos do seu discurso, Leonardo, a par de enérgica condenação ao comunismo florescente na Rússia, afirmou claramente a sua independência em relação ao Estado Novo[38]. Um outro antigo aluno, Paulo de Castro, escrevendo do Brasil em 1948, confirma esta impressão retida por Dionísio, dizendo que no discurso pronunciado no São Carlos, o conferente atacou não só o bolchevismo, mas igualmente o fascismo e o nazismo e, enfim, todos os sistemas esmagadores da liberdade e da dignidade da pessoa humana[39]. Acerca deste particular aspecto da conferência, nada transparece da leitura dos jornais que, profusamente e por vários dias deram cobertura ao acontecimento, sendo de pensar que, na muito estreita liberdade de imprensa permitida pela conjuntura política, a divulgação de uma tal interpretação não fosse consentida.

Em todo o caso, um outro acontecimento ocorrido algumas semanas depois, veio dar testemunho inequívoco dessa postura de Leonardo Coimbra. Com efeito, a 25 de Fevereiro, os dirigentes salazaristas do Porto organizaram um banquete de homenagem a Leonardo Coimbra, presumindo então como certa uma adesão que, «lamentavelmente», não tinha ficado definida em Lisboa. Presentes estavam as autoridades civis e militares, reitores de liceus e da Universidade e cerca de meia centena de outras individualidades, afectas à situação política vigente. Todos os discursos então proferidos continham implicitamente convites no sentido da sua adesão ao Estado Novo. Quando lhe foi dado falar, Leonardo começou com as palavras seguintes: "Cumprimentos para todos e especialmente para aqueles que lá fora esperam o acto público da minha traição. Eu sou republicano, eu fui republicano e espero em Deus que acabarei republicano"[40]. E prosseguiu, desenvolvendo a ideia de que a democracia, a liberdade, a igualdade e a fraternidade radicam no Cristianismo e ele, Leonardo Coimbra, associa-se para amar, não para odiar[41]. A afirmação, feita pelo próprio, de uma inalienável postura

---

[37] *O Século* de 2 de Fevereiro de 1934, p. 1.

[38] Cf. Dionisio, Sant'Anna, *Ob. Cit.*, 321-322.

[39] Cf. Castro, Paulo de, "Evocação", in *Leonardo Coimbra, Testemunhos...*, p. 133.

[40] *O Jornal de Notícias* de 27 de Fevereiro de 1934, pp. 1-2. O assunto vem, em idênticos termos, mencionado em *O Comércio de Leixões* de 4 de Março de 1934. Ver ainda *Cartas, Conferências, Discursos, Entrevistas ...*, pp. 293-294 e Santos, Alfredo Ribeiro dos, *Perfil de Leonardo Coimbra...*, p. 106.

[41] Idem, *Ibidem*.

crítica e de distanciamento quanto a um regime político cujas eminências tão empenhadamente nele o queriam envolver, não podia ser mais peremptória. Acresce que, em breves palavras ao Jornal de Notícias, disse ainda: "Quando me pediram para fazer uma conferência sobre a *Rússia de Hoje*, a que acrescentei: *e o Homem de Sempre*, não perguntei quem o fazia. Sabia mas não me interessava. Nem me interessava o lugar. O meu pensamento não é função do lugar onde falo"[42]. Tinha razão Paulo de Castro quando afirmou que Leonardo Coimbra foi, até ao fim, um «semeador de perplexidades» e que ele não foi «um homem de adesão definitiva a nada, exceptuando o seu mundo afectivo»[43].

Conta-nos ainda Sant'Anna Dionísio que Leonardo Coimbra e Salazar se encontraram e falaram, pela primeira vez, nos princípios do ano de 1932, no Sanatório do Caramulo, onde o então Ministro das Finanças e futuro Presidente do Conselho de Ministros[44] recuperava de uma fractura óssea[45]. Do conteúdo dessa conversa nada se sabe. Depois, Leonardo avistou-se de novo com o ditador no dia que se seguiu ao da conferência de São Carlos, ou seja, o dia 1 de Fevereiro de 1934. Deste encontro, arranjado por António Ferro e pelo jornalista Armando Boaventura, igualmente se desconhece o teor da conversa havida, sendo de presumir que a mesma não tenha sido marcada pela afabilidade, porquanto se sabe que, à laia de despedida, o homem de Santa Comba, em tom escarninho, perguntou: " Por que é que o Sr. Dr. não escreve romances?"[46]. Cerca de dois meses mais tarde, em Abril, Salazar visitou o Porto e demorou-se pelo Liceu Rodrigues de Freitas, aí recebendo os cumprimentos oficiais. Dessa cerimónia, Leonardo manteve-se afastado, deambulando pelos corredores enquanto a mesma decorria. Contudo, o visitante fez questão de dele se aproximar. Do breve encontro, dirá Leonardo, lacónica mas desassombradamente: "É burro! Disse-me que eu devia ser mais acessível!"[47].

Leonardo Coimbra e Oliveira Salazar foram duas personalidades opostas e instintivamente votadas ao confronto, predisposição alimentada por acontecimentos que já vinham de trás, do tempo em que Leonardo, Ministro da Instrução, transferira a Faculdade de Letras de Coimbra para o Porto. Na altura, Salazar era professor da Faculdade de Direito e não sendo directamente atingido com a decisão, ele comungava do ideal coimbrão de que mexer com a Universidade de Coimbra era como que profanação de coisa sagrada[48]. Não custa, pois, entender que o ditador experimentasse alguma animosidade em relação ao filósofo, sentimentos que, deve dizer-se, nunca traduziu no concreto, a não ser, talvez, em não nomear Leonardo Coimbra embaixador de Portugal junto da Santa Sé, rumor ou hipótese que circulou em meios oficiais e chegou a

---

[42] O Jornal de Notícias de 27 de Fevereiro de 1934.

[43] Cf. Castro, Paulo, *Ob. Cit.*, p. 133.

[44] Salazar assume estas funções a partir de 5 de Julho de 1932, com a tomada de posse do 8.º Governo da Ditadura Militar.

[45] Cf. Dionísio, Sant'Anna, *Leonardo Coimbra, o Filósofo e o Tribuno* ..., p. 373.

[46] Vitorino, Orlando, "Leonardo e a Política", in *Leonardo Coimbra, Filósofo do Real e do Ideal*,..., p. 243.

[47] Santos, Alfredo Ribeiro dos, *Perfil de Leonardo Coimbra*..., p. 109.

[48] Cf. Gomes, J. Pinharanda, *A Política Cultural de Leonardo Coimbra*..., p. 108.

ganhar credibilidade. Quanto a isso, pesadas as idiossincrasias de uma e de outra das personagens, resta pensar que nem Leonardo aceitaria a nomeação se ela implicasse adesão ao Estado Novo, nem Salazar faria tal concessão sem contrapartidas. Num único ponto coincidiram e esse foi o de ambos terem sido possuídos por obstinado anticomunismo, mas mesmo nisso há a registar importantes diferenças de substância: enquanto que em Salazar o fenómeno era uma manifestação visceral e cega ditada por uma educação obscura e conservantista que a erudição não conseguira desbravar, já em Leonardo o mesmo fenómeno resultava de um estudo aprofundado do assunto, à luz das suas próprias concepções filosóficas e religiosas e do conhecimento da história social e etno-cultural da Rússia, nenhum preconceito havendo à partida.

No livro *A Rússia de Hoje o Homem de Sempre*, o último a ser editado em vida do filósofo, Leonardo faz uma análise ao marxismo soviético, operando com uma multiplicidade de aspectos em que avultam a alma do povo russo, a sua psicologia, as suas etnias, a sua história, a sua religião. Entende que a fraca inserção do cristianismo bizantino (religião oficial) na sociedade russa e as crenças messiânicas do povo no futuro de uma grande Rússia, que daria resposta a todas as necessidades, foi o caldo cultural suficiente para a aceitação de uma ideologia importada do ocidente e logo transformada pelo espírito maximalista russo em grande mito social, dinamizador de vontades e de energias. O bolchevismo assim criado, trazia promessas de liberdade e de felicidade, até porque, filho de Marx, apresentava-se como uma fórmula científica infalível de resolução dos problemas da humanidade. E diz, Leonardo: "O cientismo devia cair magnificamente num povo, que, falho de *elevação realizante* na vida espiritual [...] podia ver e cobiçar, porque nas mãos dos outros, as irrefutáveis conquistas do progresso material vindo das descobertas científicas [...] A vontade revolucionária ia encontrar, pois, no cientismo a garantia da verdade para as almas inquietas e sedentas de um absoluto à vista [...]" [49].

Da mesma forma que sempre combatera, no ideário positivista, um cientismo que se apresentara como panaceia para todos os males do homem, assim Leonardo recusava agora, no marxismo e no bolchevismo, um cientismo com idênticos propósitos e fins e semelhantes propostas de solução fechada e completa. Em conclusão, o filósofo diz que, na sua essência e como eco do socialismo romântico, o comunismo é uma «solicitação demoníaca» que se exerce por duas vias antagónicas: a da retaliação contra injustiças com peso de séculos e a da promessa de realização das aspirações humanas e da felicidade. Nesta acepção, seria o prolongamento ou a total realização da democracia, tolhida pelos interesses burgueses. Mas não é este o caminho seguido na Rússia. Aqui, o rumo tomado é o científico, com os olhos postos no Fim, indiferente às dificuldades: " Só o Todo determinará o lugar e a função de cada parte [...] Manicómio da Unanimidade [...] onde o homem real, o homem ontológico não pode estabelecer definitivamente a sua morada" [50].

Possuído por uma visão humanista, medularmente personalista e cristã, não poderia Leonardo Coimbra deixar de condenar um sistema político onde, em seu entender,

---

[49] Cf. Coimbra, Leonardo *A Rússia de Hoje e o Homem de Sempre*, Porto, Livraria Tavares Martins, 1962, pp. 353-354.

[50] Idem, *Ibidem* pp. 418-420.

o rasgo individual e a própria pessoa humana, colocados perante um colectivismo institucional, apareciam apagados, face à classe, à sociedade, ao Estado. A pessoa é o *Homem de Sempre* e *Rússia de Hoje* significa a negação da pessoa, levada ao excesso. Mas, em Leonardo, o *Homem de Sempre* acabará por tomar o seu lugar próprio, arredando um outro homem que se tornou adorador da ciência e, ilusoriamente, se julga auto-suficiente e capaz de dominar o mundo. Admite a existência dos «comunistas de boa-fé» (não diz quem são) e considera que com esses ainda há esperança para a Rússia, posto que, será pela acção deles que «sairá sublimada desta trágica experiência de sofrimento porque vem passando»[51].

Era esta, em termos gerais, a visão de Leonardo quanto ao marxismo e às implicações e consequências decorrentes da tentativa da sua aplicação prática. É uma posição que resulta dum equacionamento de dados colhidos nas origens e no desenvolvimento da Revolução, mas a que não serão estranhas as suas ideias anarquistas, dos seus tempos de debutante político. Ideias em boa verdade nunca de todo abandonadas e sabe-se quanto o anarquismo, por razões de substância e de método, desde sempre se casou mal com o marxismo. Por outro lado, jamais Leonardo havia renunciado a um ideal cristológico que, aliás, na sua pessoa se veio a acentuar e a tomar cambiantes católicos, mormente na fase da vida em que escreveu este livro. A par disto e concorrendo no mesmo sentido, há toda a sua obra filosófica que se afirma na actividade do pensamento, construtora de uma Verdade que pode chegar até Deus, mas onde Este não existe sem a pessoa humana, ou seja, onde o criador não é anterior à criatura. Ora, nada disto é consentâneo ou compaginável com as teses marxistas-leninistas do ateísmo, do materialismo dialéctico e da luta de classes como motor da história. Daí a fortíssima oposição de Leonardo a tais princípios, atitude, afinal, coerente consigo, com o seu pensamento e com o seu passado de militância política.

Na manhã de 1 de Abril de 1934, recebeu Leonardo Coimbra a infausta notícia do falecimento de um grande amigo, o Professor Teixeira Rego, seu ex-colega da extinta Faculdade de Letras do Porto. Nascido em 1881, José Ramalho Teixeira Rego fora discípulo e amigo de Sampaio Bruno e colaborador da revista *A Águia*, onde publicara grande parte da sua obra, sob o título de *Nova Teoria do Sacrifício*. Autodidacta sem graus académicos, foi, pela mão de Leonardo, um mestre de reconhecido mérito, leccionando Filologia e Literatura Portuguesas. No dia seguinte, o do funeral, estavam presentes muitos dos seus antigos alunos. Tomando a palavra, Leonardo falou da morte e de quanto ela, por vezes, se torna incompreensível e mesmo inaceitável, especialmente quando leva da nossa presença alguém de quem esperamos ainda grandes realizações. Conhecedor dos pensamentos do falecido professor, disse que uma ideia-força que habitava em Teixeira Rego era a de que, no futuro, o homem colonizaria os corpos siderais do espaço interplanetário. Mas, em sua opinião, tal ideia não seria mais que um lenitivo para as angústias existenciais do homem quanto ao sentido da sua existência e quanto aos seus fins. Para ele, Leonardo, «nenhuma obra de colonização planetária poderá resolver o problema essencial do homem»[52].

---

[51] Cf. Idem, *Ibidem*, p. 420.

[52] Cf. Dionísio, Sant'Anna, *Leonardo Coimbra, O Filósofo e o Tribuno...*, p. 326.

A finitude da vida dos homens é, de uma forma geral, fenómeno aceite sem revolta, porque necessário ao prosseguimento da vida. Quando, porém, se desce ao particular, as coisas mudam um pouco de figura e nem sempre a aceitação do facto consumado se torna assim tão fácil. Em Leonardo Coimbra, o falecimento do seu primeiro filho, em 1912, constituiu um golpe irreparável, tanto assim que o filósofo passou a encarar o problema da morte com uma permanente inquietação, que se concretizava numa necessidade obsessiva de denegar a morte física como um completo desfecho. Daí que, sentindo os limites dos saberes verificáveis, procurasse explicações no irracional e entrasse campo adentro na fenomenologia paranormal ou metapsicologia, como lhe chamou, argumentando quanto a isso que «os nossos conhecimentos não têm por única porta de entrada os sentidos normais»[53]. Com a doença do seu segundo filho, Leonardo experimenta um sofrimento contido, mas o fantasma da morte, pairando por perto, infunde-lhe uma angústia que opera algumas mudanças no seu espírito e o leva, no seu desespero, a pedir ajuda a sacerdotes católicos. Desde então, o caminho estava definitivamente traçado e daí até à sua conversão, foi um pequeno passo.

Pelos anos de 1934 e 1935, a palavra do incomparável orador continuou a ser solicitada em acontecimentos sociais e culturais[54], notando-se nas suas intervenções uma crescente propensão para se aproximar de temas religiosos. Pela envolvência histórica, destaque-se o discurso de boas vindas aos aviadores Humberto Cruz e António Lobato, chegados da mais longa viagem da aviação portuguesa, a da ligação aérea Lisboa – Díli (Timor) e regresso[55]. O acto decorreu na Câmara Municipal de Matosinhos, no dia 10 de Março de 1935. Referindo-se a anteriores feitos de aviadores portugueses, lembrou que ele, Leonardo Coimbra, já fizera honras de recepção a outros heróis, designadamente Gago Coutinho e Sacadura Cabral e Sarmento de Beires e Brito Pais[56]. Daí a sua grande satisfação em estar em mais uma cerimónia de homenagem à aeronáutica portuguesa. Saudando vivamente os aviadores a quem chamou «soldados da altura», disse que a sua grande admiração pela aviação provinha, acima de tudo, do facto de ela libertar o homem dos limites da matéria e fazê-lo aproximar da altura onde ele, homem, coloca o seu Deus[57].

No domínio de coisas mais terrenas, vemos por esta altura um Leonardo Coimbra, psicologicamente muito afectado pela doença de seu filho, que, se suspeitava, fosse tuberculose. Quanto a este problema, disse Alfredo Ribeiro dos Santos: "[...] quando se manifestou a tuberculose, em Maio de 1935, sempre que nós, seus alunos, lhe perguntávamos pelo estado do filho, respondia-nos com grande emoção, em que as lágrimas pareciam aflorar"[58]. Tudo indica, pois, que foi este intenso sofrimento interior que empurrou definitivamente o filósofo para a sua conversão ao catolicismo, ao qual ele se agarrou como uma derradeira esperança e porventura como uma resignação, forma última de suportar o insuportável. Nesse estado de espírito, Leonardo encetou

---

[53] Cf. Coimbra, Leonardo, *A Luta Pela Imortalidade...*, p. 183.

[54] Ver *Leonardo Coimbra, Cartas, Conferências, Discursos, Entrevistas...*, pp. 294-312.

[55] Ver Cruz, Humberto, *A Viagem do «Dilly»*, Sintra, 1935.

[56] Situações referidas a páginas 91 e 102.

[57] Cf. *Cartas, Conferências, Discursos, Entrevistas, pp.* 300-301.

[58] Santos, Alfredo Ribeiro dos, *Perfil de Leonardo Coimbra...*, p. 128.

então um percurso de leituras, de reflexão e de convivência com personalidades do pensamento católico. A este respeito da sua aproximação ao catolicismo, são significativas as palavras que proferiu num discurso de homenagem a um médico do Porto, o Dr. Abel Pacheco, membro da Irmandade da Lapa, do Porto, e pessoa influente no meio católico da cidade. Na prática, o discurso equivale a uma confissão de um crente: "Estou aqui, dei a minha adesão a esta festa, porque ela representa a homenagem a um homem que na vida serve Deus"[59]. Ora, agradar-se assim daquele serviço ao Deus dos católicos é ser-se católico, mas não havia certezas e no seu interior, convivendo com a revelação, jazia ainda a angústia do nada, visível na interrogação: "Que seremos, se Deus não existir?"[60] E faz correr a dúvida: " A vida, organismo perfeito – dizem – obedece às leis da energética... Mas quem deu a vida? Quem fez a vida?"[61]. Afirma que só compreende a vida se esta estiver ao serviço de Deus e que "o homem é um gigante que traz aos ombros a responsabilidade de viver"[62]. No final, o homenageado Abel Pacheco disse que o que de importante acontecera naquele acto, não fora a homenagem à sua pessoa, mas a pública adesão de Leonardo Coimbra à fé católica.

Outra profissão de fé foi a conferência proferida em 23 de Março de 1935, na Associação dos Estudantes Católicos do Porto, com a presença do bispo D. António Meireles, que apresentou o orador. Falando de Pascal e do seu pensamento, afirmou que o seu problema fundamental foi o do conflito entre a ciência e a religião. Definiu o famoso homem de ciência francês como um espírito neoplatónico que admitia a possibilidade de a essência do conhecimento se situar para além dos limites da realidade e fora dos parâmetros da razão. Em Pascal, são três os meios humanos para a obtenção do conhecimento: o dos sentidos, o da razão e o do coração. Daí deriva a famosa asserção de que «o coração tem razões que a razão ignora». Deus não pode ser alcançado pela curiosidade científica, mas pela vontade e pelo coração porque fora já pelo coração que Deus se revelara aos homens, assim nas escrituras, como nas profecias. Refere Leonardo que antes de se aproximar da Igreja Católica fez experiência espíritas, mas acabou por concluir pela insuficiência destas. Porque Deus não pode ser compreendido parcialmente através de uma qualquer forma de saber, mas, outrossim, por meio de um entendimento e uma percepção universais que «transcendam pela caridade e pela humildade, as insuficiências e as misérias humanas». E, volta-se para os estudantes, dizendo: "É no estudo e meditação de Pascal que vós, estudantes, podereis encontrar, na fonte de amor que é Jesus Cristo, o bálsamo repousante de uma espiritualidade divina"[63].

Eis as palavras de um homem que quer acreditar, mas onde se notam ainda traços de vacilação, que, no entanto, o tempo intenso de Leonardo Coimbra não demorará a apagar ou obscurecer. Na apologética que faz de Pascal, desenha-se um processo de identificação entre si e o autor de *Les Pensées Sur La Religion*, posto que em ambos, a sede de conhecimento não se deixa confinar aos limites da razão e da realidade sensível

---

[59] *Cartas, Conferências, Discursos, Entrevistas* ..., pp. 294-296.

[60] *Ibidem.*

[61] *Ibidem.*

[62] *Ibidem.*

[63] *Jornal de Notícias*, de 24 de Março de 1935, p. 1.

e, similarmente, enveredam pela religião por um caminho que conduz ao Cristo católico. Num e noutro igualmente aparece um neoplatonismo que estende as suas raízes até Santo Agostinho, sobretudo quanto à tentativa deste em conciliar a religião com a filosofia, sob uma visão sincrética em que, separado da fé, o *logos* não é suficiente.

Leonardo Coimbra é por esta altura, inquestionavelmente, um homem caminhando para uma certeza, não se sabe se definitiva, mas, em relação à qual, há da sua parte uma entrega cuja sinceridade não pode ser contestada. O acto formal de conversão ao catolicismo virá a ser a expressão máxima desse estado de espírito. Entretanto, como que possuído por uma ideia de missão, vai espalhando o seu verbo por diferentes lugares e situações, colocando sempre o acento tónico na Fé, em Cristo, em Deus, na Igreja. Quanto à política, parece agora ter a preocupação de desviar-se de situações em que, implícita ou explicitamente, a questão possa estar presente ou ter lugar. Decerto em obediência a essa preocupação, quando Miguel de Unamuno esteve no Porto, em Junho de 1935, integrando um grupo de intelectuais estrangeiros, convidados por António Ferro a visitar Portugal, Leonardo ignorou o convite que lhe foi enviado para comparecer num jantar de homenagem aos visitantes. Contudo, dirigiu-se ao Grande Hotel do Porto, onde se avistou particularmente com Unamuno, a quem estava ligado por laços de uma amizade que remontava ao tempo das suas célebres conferências em Espanha, em 1922 e 1923.

Sendo o sofrimento moral do filósofo do conhecimento de um seu vizinho e amigo, de seu nome António Marques Gomes, em conversa havida este aconselhou a intercessão de um teólogo, ao que Leonardo respondeu que precisaria mais de um santo que de um teólogo. De imediato, Marques Gomes pronunciou o nome do Padre Cruz[64]. Cedendo ao conselho deste seu amigo, Leonardo Coimbra, em Dezembro desse ano de 1935 escreveu àquele prelado uma breve missiva sem indicação de data e com os termos seguintes:

> *Exmo. Senhor*
> *Espero-o para me confessar. Entrego às suas orações a saúde de meu filho, estudante de medicina, doente de congestão pulmonar, há meses.*
> *Em Nosso Senhor Jesus Cristo, o irmão indigno*
> *Leonardo Coimbra.*

O sacerdote respondeu-lhe a 20 de Dezembro, dizendo-lhe que partiria de Lisboa no rápido da noite para o Porto, aprestando-se a dar inteira satisfação ao pedido de Leonardo[65]. Na sequência desta prévia concertação, no dia 23 de Dezembro, na pequena capela da família Pestana, com a presença de algumas pessoas amigas, Leonardo Coimbra e a esposa, Maria Amélia Coimbra, ajoelhados aos pés de um sacerdote católico, o Padre Cruz, confessam-se, rezam e comungam. Ali mesmo, no pequeno templo gótico, é celebrado o seu casamento católico, sendo testemunhas o

[64] Francisco Pereira da Cruz (1858-1948), padre secular do Patriarcado, com fama de santidade. Percorria o país, pregando e ensinando a religião católica e a oração. Diz-se que foi ele que confessou e deu a primeira comunhão à vidente Lúcia, de Fátima.

[65] Cf. *Cartas, Conferências, Discursos, Entrevistas...*, p. 312.

pároco de Cedofeita, António Brandão e a anfitriã da residência e da capela, D. Maria José Pestana. Algum nervosismo por parte do pároco que fez o registo deu origem ao pormenor insólito de o mesmo ter sido feito no *Livro de Óbitos* da Paróquia de Santo Ildefonso. Posteriormente foi efectuado o necessário traslado para o *Livro de Assentos de Matrimónio*. Retido no leito pela doença, o filho do casal, Leonardo Augusto Coimbra, recebia no dia seguinte, véspera de Natal, na sua residência da Rua Antero de Quental, o sacramento do baptismo, administrado pelo Padre Manuel Pereira da freguesia de Paranhos.

O acontecimento da conversão formal ao catolicismo de Leonardo Coimbra teve forte impacto social e político, não escapando à atenção dos sectores mais influentes da sociedade, sendo noticiado em toda a imprensa e gerando, mais uma vez forte controvérsia: para uns, um verdadeiro escândalo, para outros, acto consequente e corolário natural de uma procura consciente da Verdade. A igreja católica rejubilava com o acontecimento e pela voz de Manuel Cerejeira, Cardeal Patriarca de Lisboa, endereçou vivas e significativas felicitações a Leonardo Coimbra[66].

Aparentemente, o velho anarquista, livre-pensador e republicano anti-clerical, parecia ter chegado ao fim de uma viagem espiritual, há muito encetada e recheada de escolhos, dúvidas e hesitações. O arauto maior da liberdade buscava voluntariamente a sujeição a um poder que outrora negara, mas que agora reconhecia como caminho único para a Verdade e com isso dizia-se «plenamente feliz e com Deus para sempre»[67]. A todos os que lhe haviam mencionado a Igreja como opção intelectual, o filósofo exprimira as suas incertezas e todavia rendera-se perante os argumentos de um homem que lhe falara de humildade, de perdão, de amor e da existência de um sentido para o seu sofrimento e para o de seu filho. *Ad augusta per angusta!*

Mas, fechado este ciclo, outro se abriu, dando lugar ao despontar de uma polémica vivíssima acerca das motivações e do verdadeiro significado do acto solene de conversão ao catolicismo de uma figura com o peso intelectual, político e social de Leonardo Coimbra. A morte física do pensador, sobrevinda dez dias depois dos acontecimentos da capela dos Pestanas, contribuiu sobremaneira para que a controvérsia prosperasse. Como facilmente se imagina, a polémica que se gerou não foi (não é) ideologicamente desapaixonada. Para aqueles que, entre os seus antigos correligionários republicanos, se haviam perfilado como seus detractores, a conversão veio trazer o argumento final de que estavam com razão quando se opuseram à sua política de ensino religioso. Para os novos senhores da política nacional, em grande maioria afectos à Igreja, por verdade ou por conveniência (o Estado Novo era um Estado católico), o passo dado por Leonardo Coimbra tornou ainda mais fundo o desagrado que sentiam pela sua não aderência ao regime estadonovista.

Mas a grande discussão centrou-se em torno da perenidade da conversão. De um lado, a Igreja Católica e os seus seguidores atribuindo ao acto uma veracidade e um significado superiores, porque maduramente pensado e, por isso mesmo, assumido e aceite para sempre. Do outro lado, alguns amigos e discípulos do Mestre que, com alguma incompreensão e desgosto, viram na sua conduta como que um renegar de

---

[66] Ver Anexo 6

[67] *Ibidem*, p. 15.

um passado que tanto os havia empolgado. No entanto, tinham para essa atitude uma explicação, a qual era a de que, atormentado pelas suas próprias dúvidas existenciais e sobretudo em absoluto desespero pela doença de seu filho, o Mestre cedera um pouco nas suas convicções e dera, num compreensível momento de fraqueza, um passo que de forma alguma poderia ser considerado definitivo e irreversível. À cabeça dos defensores desta tese, estava José Sant'Anna Dionísio, discípulo afeiçoado e principal biógrafo de Leonardo Coimbra.

Durante anos, muita tinta correu, com muita gente a escrever sobre o assunto. As posições da Igreja, defensoras duma conversão sincera, persistente e profunda, foram profusas e espalhadas. Citem-se apenas algumas como, por exemplo, as palestras e os escritos do Padre Gustavo de Almeida[68], de Monsenhor José Fino Beja[69], do sacerdote jesuíta António de Magalhães[70] e do jornalista Armando Boaventura[71]. Na posição contrária, avultam as conferências proferidas por Sant'Anna Dionísio em Vila Real e no Porto, em Fevereiro e Março de 1936. O teor dessas conferências, revisto e ampliado, deu lugar a um livro com o título *Leonardo Coimbra, Contribuição para o Conhecimento da sua Personalidade e seus Problemas*, editado no Porto em 1936, a expensas do autor, havendo depois, em 1983, uma segunda edição pela Lello & Irmão, Editores.

Neste pequeno livro, o autor começa por demonstrar a impossibilidade de enquadrar a personalidade de Leonardo Coimbra nesta ou naquela categoria que a sociedade sempre arranja para, velando pela sua própria comodidade, lidar com os indivíduos. Esse o significado da expressão «carácter evasivo e desconcertante» que aplica a Leonardo. Com base na comprovada imprevisibilidade das atitudes e reacções do Mestre, afirma não poder deixar de exprimir dúvidas quanto ao futuro da sua conversão religiosa, ou seja, quanto «à estabilidade da pacificação» emocional procurada por Leonardo Coimbra. E adjudica uma série de razões que vale a pena transcrever por nos transmitirem a dimensão e a natureza do seu pensamento quanto ao problema. Assim: "*a)* Leonardo Coimbra foi estruturalmente um homem culto, e não um homem religioso; *b)* quanto a nós, não teve, nem podia ter, dada a sua natureza irreverente e inquieta, certezas definitivas sobre o essencial; *c)* a sua conversão foi um acto de procura, isto é, uma experiência a mais na sua vida veemente; *d)* foi, em acréscimo, uma imposição de circunstâncias íntimas e ocasionais; e) portanto, (ou pelo menos segundo as melhores presunções) mal essas circunstâncias se resolvessem e se esgotassem os resultados concretos dessa experiência (como já tinha sucedido com a crença espírita) Leonardo, regressaria, com ruptura ou sem ruptura formal, pouco importa, regressaria de facto ao exercício livre do pensamento, – voltaria a viver por sua conta e risco, como vivera até à véspera da sua morte. – Longe, pois, de por em dúvida a sinceridade desta conversão nós, considerando-a como uma experiência, atribuímos-lhe

---

[68] Almeida, Gustavo, "Psicologia do Acto de Fé" in *A Guarda* de 24.1.1936, p. 1.

[69] Beja, José Fino, "Evolução Religiosa de Leonardo Coimbra", in *Palestras de Cultura Social e Religiosa*, Lisboa, 1937, pp. 9-62.

[70] Magalhães, António, "Um Grande Convertido Português", in *Magnificat*, n°s. 7 e 8, Porto, 1951, pp. 13-24.

[71] Boaventura, Armando, "Conversão e Morte de Leonardo Coimbra", in *Diário de Notícias* de 9.1.1936, p. 1.

o mais alto grau que pode atribuir-se a um acto íntimo dessa natureza, porque uma experiência religiosa não é nunca apenas sincera, – é trágica"[72].

As palavras traduzem um esforço e um empenho notáveis de Sant'Anna Dionísio em ter o seu Mestre de volta, isto é, em reabilitar a imagem do Leonardo que ele conhecera e venerara. Não representam, nem podiam representar, uma análise fria e distante, mas também não podem ser acusadas de se apresentarem destituídas de lógica e de sentido de realidade. Atente-se que Dionísio se reporta, não ao acto, mas às suas consequências. A argumentação que adianta é, em todo o caso, um exercício arriscado, porém, legítimo.

Opinião coincidente com a de Sant'Anna Dionísio é a de Francisco Fernandes Lopes, médico de Olhão, que foi nomeado director da Escola Primária Superior de Faro por Leonardo Coimbra. Eis o seu depoimento: "Sempre aberto, como Schelling, às mais diversas e sucessivas influências, meramente explicitadoras da sua essência pessoal profunda, a sua evolução religiosa, cifrada pela conversão oficial ao catolicismo, não me surpreendera, antevendo-a como termo lógico-natural; - *momentâneo todavia*, porque, se tem vivido, julgo bem que a sua inquietação – por demais sob o signo de Soloviev, Merejkowski e outros cristãos do reino final do Espírito Santo –, acabaria por levá-lo para aquela espécie de extrema-esquerda do catolicismo, na qual, sob o invólucro dogmático supérfluo, vive a pura essência soberana em que comungam, afinal, os homens, verdadeiramente supra-homens, de todas as religiões, raças, países e climas"[73].

Como é compreensível, os oponentes a estas posições julgaram indispensável refutar uma tese que, muito embora não destruísse a autenticidade do acto de conversão, lhe subtraía profundidade e com isso lhe retirava o significado e a valia que era importante ou lícito que tivesse para que pudesse ser considerado edificante. Pessoas como o professor Sarmento de Beires, da Universidade do Porto, o padre António de Magalhães e o Dr. Amândio César (amigo pessoal do filósofo) chamaram-lhe acto irrevogável de libertação, de coerência, de perfeição e de plenitude pessoal. Uma contestação directa veio da parte do filho do filósofo, Leonardo Augusto Coimbra, num pequeno livreto intitulado *Leonardo Coimbra, Considerações Sobre o Livro do Dr. Sant'Anna Dionísio*. Aí defende que a conversão de seu pai não foi um «acto de procura», mas, sim, de encontro, porque em religião os «actos de procura» tendem para o «acto final de encontro». Recusa a ideia de que o facto tenha sido mais uma experimentação do espírito inconformado de seu pai, e dá como concluída e definitiva a sua entrega ao credo católico. Uma outra réplica, também objectiva, aparece pela mão do sacerdote e professor Ângelo Alves, em um artigo para a Revista *Humanística e Teologia*, com o título *A Conversão de Leonardo Coimbra, História e Interpretação*. Passa em análise a tese contrária, explorando alguns pontos fracos e as discordâncias entre este escrito e o artigo que o seu autor produziu para o *In Memoriam*[74]. Refere que apesar das jus-

---

[72] Dionísio, Sant'Anna, *Leonardo Coimbra, Contribuição para o Conhecimento da Sua Personalidade e Seus Problemas,* Porto, Lello Irmão, 1936, pp. 15-16.

[73] Lopes, Francisco Fernandes, "Encontro", in *Leonardo Coimbra, Testemunhos*, p. 224. O sublinhado é nosso.

[74] Ver Dionísio, Sant'Anna, "Sentido Humano e Transcendente da Eloquência em Leonardo Coimbra", in *Leonardo Coimbra, Testemunhos ...*, pp. 269-296.

tificações dadas, Dionísio não consegue esconder a perplexidade em que ficou com a conversão do Mestre e logo a seguir com a sua inesperada morte. Classifica o livro de Dionísio como portador, não de uma crítica isenta, mas de um «depoimento pessoal» carregado de subjectividade. E quanto à questão maior que esse livro levanta, ou seja, a não definitividade da conversão com base na irrequietude espiritual de Leonardo, diz que essa é uma tese de natureza psicológica e, por isso mesmo, com um grau de certeza meramente moral. Em seu entender, a argumentação de Sant'Anna Dionísio é construída a partir de uma «visão minimalista da personalidade do Mestre» e de uma «concepção maximalista da conversão à Fé Católica». Concede, quanto ao primeiro ponto, que Leonardo foi um homem inquieto e imprevisível, mas afirma que isso não é suficiente para sustentar as conclusões tiradas, até porque as mesmas não são unanimemente partilhadas pelos discípulos que de perto conheceram bem o Mestre. Quanto ao segundo ponto, critica a existência em Dionísio dum único conceito de conversão: a que se opera por meio de súbito abalo interior. Ora, diz, não há um tipo único de conversões, sendo que, em última análise, elas são tantas quantos os convertidos e todas são verdadeiras[75].

A argumentação traduz a posição da Igreja quanto ao assunto, mas tem Ângelo Alves absoluta razão quando afirma que quer os escritos de Sant'Anna Dionísio quer as réplicas que lhes foram dadas têm um valor probatório que não vai além da verosimilhança ou da probabilidade. Em 1981, o então Bispo do Porto, D. António Ferreira Gomes, em carta dirigida a Alfredo Ribeiro dos Santos dizia que a sinceridade da conversão residia numa frase do Evangelho que o próprio Leonardo gostava de repetir: "Eu creio, Senhor, mas ajuda a minha incredulidade"[76]. O Bispo conclui que essa é a «autêntica e mais consciente atitude de um homem de fé».

Sem entrar nessa espécie de jogo a que se deram todos esses polemistas, arriscamos, todavia, a afirmação de que a realidade poderia vir a ser algo que não contemplasse nenhuma das visões adiantadas. Ao longo de toda a sua vida, o desconcertante Leonardo Coimbra fez sempre aquilo que ninguém esperava que fosse feito, sendo por isso permitido pensar que, na circunstância de se manter vivo, a sua evolução espiritual e religiosa viesse a surpreender, mais uma vez, tudo e todos. A questão, permanecendo em aberto, poderá, querendo-se, continuar a lançar desafios, que todavia serão sempre ociosos, porque a morte inesperada de Leonardo Coimbra selou para sempre a possibilidade de se alcançarem quaisquer certezas quanto a atitudes futuras do filósofo perante a vida e perante a religião. O que resta como certo são os factos e esses, não retirando legitimidade aos exercícios intelectuais feitos ou que se venham a fazer, condena-os todavia e de forma irremissível, à esterilidade. A Morte, esse mistério insondável, que tanto espaço ocupou nas preocupações e nos pensamentos de Leonardo Coimbra (no dizer de Sant'Anna Dionísio, uma *ideia-hantise*), veio ter consigo justamente no momento em que, com mais ou menos fundo de verdade e de continuidade, se abria ao pensador uma nova fase vivencial, regida por um sentir diferente dos seus problemas existenciais, no fundo os mesmos que acompanham o homem desde o princípio dos

[75] Cf. Alves, Ângelo, " A Conversão de Leonardo Coimbra, História e Interpretação", Separata da *Revista Humanística e Teologia*, Tomo V, fascículos 2 e 3 de 1984, pp. 337-364.

[76] Santos, Alfredo Ribeiro dos, Perfil de Leonardo Coimbra ..., pp. 193-194.

tempos. Assim vinda, teremos de concordar que essa morte poupou o angustiado filósofo à eventualidade, sempre existente, de o novo caminho encetado vir a revelar-se mais um beco sem saída. Por outras palavras, não havendo certezas quanto a uma pacificação obtida com o ingresso na fé católica, Leonardo corria o sério risco de cair num desespero ainda maior, face a uma eventual chegada a uma situação regida pela impossibilidade de conciliar as suas antinomias e solucionar as suas ansiedades.

Tudo quanto se diga será mera especulação. Os factos são a conversão e passada uma semana, a morte. Desse breve lapso de tempo, nada se conhece de relevante na vida de Leonardo Coimbra. Na véspera de ano novo, o filósofo viajou no automóvel de um amigo até à Lixa, sua terra natal, onde visitou a mãe e os irmãos, Joaquim e António. Dali seguiu para Amarante para se avistar com o seu amigo e poeta, Teixeira de Pascoaes. Almoçaram, como habitualmente, na estalajadaria do Zé da Calçada, situada numa curva do rio Tâmega. Antes de se sentar à mesa, Leonardo chegou-se à varanda, voltou-se para o rio e, em jeito de saudação, entoou: "Como vais forte e belo, ó Tâmega!"[77]. Depois do almoço, demorou-se um pouco mais, procurando avistar-se com uma irmã de Pascoaes, a Maria, entretanto ausente. O regresso ao Porto fez se já de noite. Pelas onze horas atravessavam Penafiel e Leonardo incita o condutor a andar mais depressa. Entram na estrada da serra de Baltar, cheia de curvas, o nevoeiro adensa-se. De súbito, o dono da viatura grita para o motorista: «para a esquerda!» Já não foi a tempo. O carro, saindo da estrada, rolou para uma terras baixas, com os ocupantes dentro, aos baldões. Na noite escura, ouvem-se os gemidos dos feridos. Com muito esforço, o motorista consegue arrastar-se até a um pequeno casebre que lobriga ao longe. Com o auxílio dos moradores e entre mil dificuldades, os feridos são para lá transportados. De todos, Leonardo é o que se encontra pior. Alguém se desloca até à estrada, na esperança que algum carro passe. Depois de longa espera aparece um velho automóvel descapotável e é nele que o filósofo, em extremo desconforto, viaja até ao Porto, dando entrada no hospital pela uma hora da madrugada do dia 1 de Janeiro de 1936. O estado do ferido é declaradamente grave, com vértebras fracturadas e lesões internas.

Ao hospital afluíram então altas personalidades como o Presidente da Câmara Municipal do Porto, Mendes de Magalhães, professores universitários e dos liceus, escritores, jornalistas, oficiais do exército e da armada. O Chefe do Governo enviou um telegrama[78]. Também o contra-almirante Mendes Cabeçadas, um dos cabecilhas do golpe de 28 de Maio e antigo condiscípulo de Leonardo na Escola Naval, enviou um telegrama, solicitando informações. Aplicados os cuidados médicos possíveis, gerou-se um clima de algum optimismo, confiando-se na forte compleição física de Leonardo. Mas a Morte, a Velha Parca que o pensador tanto se esforçara por esconjurar, acabou por vencer. Às 5 horas da manhã de 3 de Janeiro de 1936, Leonardo Coimbra entrou em coma e cerca de uma hora depois, expirava. O orador eloquente havia-se calado para sempre. Nesse dia, triste para a cidade do Porto, a sessão da Câmara não se efectuou e nos edifícios públicos via-se a bandeira nacional colocada a meia haste.

---

[77] Dionísio, Sant'Anna, *Leonardo Coimbra, O Filósofo e o Tribuno...*, p. 377.

[78] *O Século* de 3 de Janeiro de 1936, p. 7: "lamento profundamente o grave desastre e faço votos sinceros pelo rápido restabelecimento. (a) Oliveira Salazar".

O corpo foi a enterrar no dia seguinte à tarde, no cemitério da Lapa. Ao préstito fúnebre associaram-se milhares de portuenses, vindos a prestar a última homenagem ao homem de cultura que bem alto tinha elevado o nome da cidade. Do decorrer da cerimónia, ouçamos as palavras poéticas de Teixeira de Pascoaes: " Milhares de pessoas enlutadas acompanharam o orador-poeta ao cemitério [...] e quando depositaram o esquife, coberto de veludo preto, no alto do catafalco erigido, ao meio da igreja da Lapa, logo o envolveu uma onda de ouro deslumbradora e demorada, vinda, pela porta aberta, lá de fora, das bandas ocidentais do Atlântico. Em todo o interior do templo, explodiu como estranho milagre esplendorosamente transfigurador da cena fúnebre, em que os círios, o cantochão, como de súbito emudecido, todos os assistentes doloridos, desapareceram, por instantes, nesse clarão maravilhoso. Era o sol, que antes de se afundar, nas ondas, quis assistir aos ofícios divinos daquele Corpo Presente"[79].

[79] Pascoaes, Teixeira, "Lembrança", in *Leonardo Coimbra, Testemunhos...*, p. 21.

CAPÍTULO VI

POST-MORTEM

Disse um dia Leonardo Coimbra que a mais poderosa arma contra a morte é a memória. Partindo deste estrito ponto de vista, há que concordar que afinal a morte não o venceu, porque, de facto, Leonardo partiu, mas deixou memória de si, e isso em diferentes registos. Primeiro, porque em vida foi um espírito cintilante, capaz de criar um roda de discípulos, em muitos dos quais o seu pensamento e a sua influência continuaram vivos; segundo, porque foi alguém que em torno da sua própria figura suscitou controvérsias várias, nunca desapaixonadas e que se prolongaram para além do seu desaparecimento físico; terceiro porque a sua figura se projecta e se prolonga na sua obra, também ela geradora de polémica, não deixando ninguém indiferente; por último, os que o conheceram, mormente os seus alunos, não deixaram de ficar marcados pela experiência ímpar do contacto com a sua personalidade fascinante e com o seu verbo sedutor. Hoje, setenta anos após a sua morte, continua-se a falar e a escrever sobre Leonardo Coimbra e a sua memória encontra-se fixada em monumentos, em escolas, em bibliotecas, ruas, a que foi dado o seu nome.

Entre os seus discípulos, Sant'Anna Dionísio[1], José Marinho[2] e Álvaro Ribeiro[3], todos eles participantes da tertúlia de Leonardo, destacaram-se na fidelidade ao Mestre

[1] José Sant'Anna Dionísio nasceu no Porto em 1902 e morreu em 1991. Frequentou a Faculdade de Letras, licenciando-se em Filologia Germânica e em Filosofia. Foi professor de liceu. Autor de vários ensaios: *Scepticismos* (1929); *Pensamento Invertebrado* (1931); *Tangentes* (1938); *Atlânticas* (1945); *Rio de Heraclito* (1956); *Pensamentos* (1959). Escreveu ainda sobre Antero, Teixeira de Pascoaes e Raul Proença. O seu grande trabalho é a organização do *In Memoriam* dedicado à figura do seu Mestre, Leonardo Coimbra.

[2] José Marinho nasceu no Porto em 1904 e faleceu em 1975. Licenciou-se em Filologia Românica na Faculdade de Letras do Porto. Foi professor de liceu, profissão que teve de abandonar por perseguição política. Dedicou ao seu Mestre, *O Pensamento Filosófico de Leonardo Coimbra*, sua primeira obra, publicada em 1945. Depois publicou *A Teoria do Ser e da Verdade* (1961); *Filosofia, Ensino ou Iniciação?* (1972); e, postumamente, em 1976, *Verdade, Condição e Destino no Pensamento Português Contemporâneo e Estudos Sobre o Pensamento Português Contemporâneo*, contendo estudos sobre Leonardo Coimbra.

[3] Álvaro de Carvalho de Sousa Ribeiro nasceu no Porto em 1905 e faleceu em 1981. Ainda estudante de liceu, ouviu um dia Leonardo Coimbra a discursar e ficou fascinado. Decidiu então frequentar a Faculdade de Letras do Porto onde se licenciou em Histórico-Filosóficas. Publicou *Leonardo Coimbra, Apontamentos*

e na difusão do seu pensamento filosófico[4]. A eles se deve a continuação do Mestrado de Leonardo Coimbra, seja através dos livros que escreveram, seja, sobretudo através dos muitos artigos publicados em jornais e em revistas como *A Atlântico*, *Os Cadernos Culturais* da Editorial Inquérito, *O Tripeiro* e, mais tarde, *A Espiral* e *A Leonardo – Revista Filosofia Portuguesa*. Álvaro Ribeiro teve o mérito de ser o continuador, em Lisboa, da tertúlia de Leonardo Coimbra. A ele, se juntaram, numa primeira fase, José Marinho e depois nomes como Adolfo Casais Monteiro, José Régio, José Blanc de Portugal, Almada Negreiros, Domingos Monteiro, José Osório de Oliveira e Jorge de Sena. Numa fase posterior, vieram também a esta cátedra de café, outros intelectuais mais novos, muitos deles ex-alunos e discípulos de José Marinho e de Álvaro Ribeiro. Chegavam com o interesse de participar num convívio que, no círculo restrito da *intelligentsia* portuguesa de então, era considerado um dos mais importantes fóruns de discussão intelectual do país. Assim se formou uma segunda geração de discípulos de Leonardo Coimbra, onde figuravam, entre outros, António Quadros, Orlando Vitorino, Afonso Botelho, António Braz Teixeira e Pinharanda Gomes. Do Mestre, nunca ausente, alguém disse que "chamou à vida intelectual gerações sucessivas que o seguiram com entusiasmo e fielmente o amaram"[5].

António Quadros, ensaísta e poeta, lançou em 1964, a revista *Espiral*, na qual colaboraram muitos dos discípulos de Leonardo Coimbra, com destaque para Sant'Anna Dionísio, José Marinho, Álvaro Ribeiro, António Braz Teixeira, Afonso Botelho, Pinharanda Gomes e Orlando Vitorino. Em 1980 surgiu a revista *Nova Renascença*, à frente da qual estavam nomes que continuavam o magistério de Leonardo Coimbra, designadamente, Agostinho da Silva, Sant'Anna Dionísio e Paulo Samuel. O director literário e o director científico eram, respectivamente, os leonardistas José Augusto Seabra e Alfredo Ribeiro dos Santos. De publicação trimestral, o volume VII, do Verão/Outono de 1987, foi inteiramente dedicado a Leonardo Coimbra. A Revista *Leonardo* apareceu em 1988, fundada por Francisco Morais Sarmento, também ele um participante da tertúlia de Álvaro Ribeiro, o mais jovem. O editorial do primeiro número, saído em Fevereiro de 1988, tinha o título «Leonardo, Uma Revista de Geração». Os objectivos eram a continuação e desenvolvimento das ideias filosóficas e estéticas do movimento da *Renascença Portuguesa*, na senda da herança deixada por Leonardo Coimbra. Neste projecto, tiveram posições relevantes António Quadros, António Telmo, Orlando Vitorino, Sant'Anna Dionísio, Pinharanda Gomes e Francisco Cunha Leão. Num interessante artigo, Pinharanda Gomes cotejou, nas suas diferenças, António Sérgio e Leonardo Coimbra, em sua opinião os dois grandes vultos da filosofia portuguesa da primeira metade do século XX. Sérgio com um pensamento cartesiano, racionalista e «praxístico»; Leonardo com uma especulação poética que flui pelo «rio

---

de Biografia e de Bibliografia (1945); *Os Positivistas* (1951); *Apologia e Filosofia* (1953); *A Arte de Filosofar* (1955); *A Razão Animada* (1957); *Escola Normal* (1959); *Estudos Gerais* (1965); *Liceu Aristotélico* (1962); *Escritores Doutrinados* (1965); *A Literatura de José Régio* (1969); *Uma Coisa que Pensa* (1975); e *Memórias de Um Letrado* (s.d.).

[4] Quadros, António, "Leonardo Coimbra e os seus Discípulos", in *Nova Renascença*, vol. VIII, Janeiro – Março de 1988.

[5] Ramos, Carlos, "Leonardo Coimbra", in *A Ordem, Semanário Católico*, de 11 de Janeiro de 1936.

da interioridade». O primeiro foi muito admirado, mas não fez discípulos, enquanto que em Leonardo os «discípulos valem mais que os admiradores»[6].

À data da sua morte, Leonardo Coimbra tinha entre mãos um trabalho filosófico a que tinha dado o título *O Homem às Mãos com o Destino*. Desse trabalho inacabado há uma primeira edição póstuma, respeitado o título, inserta na *Revista Portuguesa de Filosofia*, tomo VI, fascículo I, Braga, 1950, com apresentação do Padre António de Magalhães. Seguiram-se reedições, incluídas nas *Obras Completas de Leonardo Coimbra*, Porto, Livraria Tavares Martins, 1964 e Porto, Lello & Irmão, 1983. O conteúdo deste escrito e a data histórica desta última publicação (centenário do nascimento do filósofo) favoreceram o surgimento de interpretações divergentes, conformes às mesmas razões que anteriormente haviam polarizado as diversas opiniões quanto ao problema do significado e perenidade da conversão formal de Leonardo à fé católica. Decerto sem qualquer intenção de gerar polémicas, o que o filósofo escreveu e deixou foi uma leitura pessoal da problemática da existência e da luta que o homem, ser consciente de si próprio e das consequências das suas acções, trava contra o *Destino*, expressão com a qual se pretende designar «tudo o que real ou aparentemente excede o homem»[7] – os escolhos, as limitações e os tabus que a natureza, o sagrado e a vida em sociedade impõem e as próprias angústias do sujeito cognoscente e os seus medos do desconhecido. A essência prometeica existente no homem compele-o a uma luta consciente (consciência claramente adquirida no ambiente da *Tragédia Grega*) e sem fim contra a opressão do *Destino*. Destas considerações sobre a história humana, os representantes da Igreja Católica, Padre António de Magalhães e Fr. João Ferreira, extraem uma leitura eminentemente religiosa, apelidando Leonardo de filósofo cristão e católico[8]. Ao invés, e numa recusa forte dessa leitura, Sant'Anna Dionísio afirma que o livro póstumo somente vem confirmar o «espírito reflexivo e fundamentalmente trágico do filósofo»[9]. Este particular aspecto da *Tragédia Grega* e da sua influência em Leonardo Coimbra foi amplamente debatida num colóquio havido no Teatro Nacional D. Maria II, durante a última semana do ano de 1983. As conclusões foram no sentido de que, para Leonardo, a tragédia é o «acto pelo qual o imperfeito se torna perfeito e o invisível se torna visível»[10]. Torna-se assim claro o quanto Leonardo valorizava a *Tragédia Grega* como processo de catarse e de aperfeiçoamento, com efeitos libertadores.

Mais recentemente, entre 31 de Janeiro e 2 de Fevereiro de 1992, há a registar os factos assinaláveis da inauguração da *Biblioteca Memorial Leonardo Coimbra* no Centro Regional do Porto da Universidade Católica Portuguesa, instituição à qual foi doado o espólio do filósofo. Também a subsequente realização de um *Simpósio*, tematicamente subordinado ao título *Filosofia e Ciência na Obra de Leonardo Coimbra*, onde, num total de vinte e sete intervenções, foi superiormente abordado o pensamento filosófico

[6] Ver Gomes, Pinharanda, "Leonardo Coimbra (1883-1936) " in *Jornal de Letras, Artes e Ideias*, n.º 78 de 3/1/1984.

[7] Cf. Coimbra, Leonardo, "O Homem às Mãos com o Destino", in *Obras Completas de Leonardo Coimbra*, Porto, Livraria Tavares Martins, 1964, vol. IX, p. 171.

[8] Ver idem, *ibidem*, pp. 245-248 e *Leonardo Coimbra, Testemunhos...*, p. 404.

[9] Ver Dionísio, Sant'Anna, *O Filósofo e o Tribuno...*, 440.

[10] Ver "A Tragédia em Leonardo Coimbra", in *O Dia* de 29/12/1983.

e científico de Leonardo Coimbra. As actas deste *Simpósio* foram reunidas num volume, com o mesmo título e que veio a ser publicado em 1994, pela Fundação Engenheiro António de Almeida, no Porto. Constitui este livro um contributo importantíssimo para o conhecimento do filósofo, do educador e do homem de ciência que também foi Leonardo Coimbra. Sobre este último aspecto da sua personalidade, porventura menos conhecido, as referências feitas confirmam a leitura já anteriormente efectuada por Marques Teixeira, dos livros *O Criacionismo* e *O Pensamento Criacionista*, a partir da qual afirma serem esses livros documentos que atestam de forma eloquente a vasta cultura científica do seu autor[11]. Quanto a isso, no livro resultante do simpósio da Universidade Católica, o Professor Engenheiro João Resina Rodrigues, do Instituto Superior Técnico diz-nos, de Leonardo Coimbra, o seguinte: "Em a *Razão Experimental* trata com profundidade e rigor a questão do *espaço* e das *geometrias*, a *mecânica clássica*, a *relatividade restrita* e o *electromagnetismo de Maxwel*, a *relatividade generalizada* e os primeiros *modelos cosmológicos*[12]. Um outro destaque, ainda neste livro, para a intervenção do Professor Doutor Carlos Fiolhais, do Departamento de Física da Faculdade de Ciências e Tecnologia da Universidade de Coimbra. Falando do problema do tempo, cita uma crítica feita por Leonardo Coimbra a Henri Bergson, a propósito da polémica que este sustentou com Albert Einstein, iniciada com o seu livro *Durée et Simultanéité*. Na crítica feita, Leonardo demonstrou que Bergson estava errado, facto hoje irrecusável e do conhecimento pleno de todos os físicos. O que é notável, diz Fiolhais "é que um filósofo, português no caso, se tenha logo apercebido, no essencial, do erro"[13].

O simples conhecimento do que acaba de se expor é um sinal de que hoje há uma melhor compreensão do pensamento rico e multíplice de Leonardo Coimbra e de que se vão dissipando as dúvidas levantadas acerca do contributo científico da sua obra e do seu próprio valor, como filósofo, como educador e como homem de ciência. Muitas dessas dúvidas foram filhas legítimas dos ataques dirigidos a Leonardo Coimbra e tiveram efeitos que perduraram para além da sua morte. Por detrás, estiveram motivações de natureza pessoal, corporativa, política e, não raras vezes, uma manifesta incapacidade de compreender o pensador e o orador na complexidade das suas ideias e do seu discurso, sendo certo que nem sempre o seu pensamento era claro e a sua linguagem acessível. Agarrando nesta questão, Sant'Anna Dionísio diz que a carreira de Leonardo como pensador ficou, logo de início, marcada pelo insucesso no concurso à Faculdade de Letras da Universidade de Lisboa, em 1912. Desde então, o filósofo ficaria com uma fama indelével e não merecida de «espírito indisciplinado», dotado de uma certa habilidade comunicativa e de algum aparato de erudição, mas incapaz de produzir verdadeira ciência. Criada esta primeira impressão, ela pesou na sua obra posterior que, carimbada com esse ferrete, já não foi lida por muitos homens de saber.

---

[11] Cf. Teixeira, Marques, "O Pensamento Criacionista e o Pensamento Científico", in *Leonardo Coimbra, Testemunhos...*, pp. 69-78.

[12] Rodrigues, João Resina,"A Componente Científica No Pensamento de Leonardo Coimbra", in AAVV, *Filosofia e Ciência no Pensamento de Leonardo Coimbra, Actas do Simpósio realizado no Centro Regional do Porto da Universidade Católica Portuguesa*, Porto, Fundação Eng. António de Almeida, 1994, p. 57.

[13] Fiolhais, Carlos, "Bergson, Einstein, Coimbra e o Problema do Tempo", in *Ibidem*, p. 79.

A dúvida assim gerada em torno do valor científico das proposições do filósofo fez surgir uma polémica viva entre António Sérgio e Sant'Anna Dionísio. Este último, na defesa que fez de Leonardo Coimbra contra ideias feitas e generalizadas, referiu que "houve sempre, desde o início, quem o considerasse como um pensador sério –, como um espírito dotado de invulgares dons especulativos"[14] e citou Raul Proença como um dos que assim pensavam. Tanto bastou para que António Sérgio viesse às páginas de *O Diabo* defender, ao que dizia, o «seu amigo Proença de um testemunho tão disparatado a seu respeito» ao mesmo tempo que classificava de obcecada e incoerente a apologia de Leonardo Coimbra feita por Dionísio porque, disse, o retrato feito, real ou fictício, é a «própria antítese do verdadeiro filósofo, do homem com seriedade de pensamento.[15]» Na resposta, Sant'Anna Dionísio chama a atenção de Sérgio para a verdadeira essência da questão, a qual é a de saber se Leonardo Coimbra foi ou não foi um pensador sério e de mérito e, quanto a isso, fornece uma lista longa de nomes de personalidades ligadas à cultura, que reconhecem o valor filosófico da obra de Leonardo. E pouco tempo depois encerra a questão, divulgando um *fac-símile* de uma declaração do próprio Raul Proença, escrita e assinada pelo seu punho[16]. O documento, constituindo uma prova inequívoca do alto conceito em que Proença tinha a obra filosófica de Leonardo e da estima intelectual que nutria pela figura do pensador, pôs fim a uma polémica que se estendeu por toda a segunda metade do ano de 1936, cobrindo muitas páginas de *O Diabo*[17].

Lembremos que António Sérgio fora colega de Leonardo Coimbra na Escola Naval e sempre se posicionara, quanto ao percurso intelectual deste, com um agressivo silêncio ou com breves referência depreciativas. Fora também ele que, como ministro da Instrução, encerrara as Escolas Primárias Superiores, a pérola da acção educativa de Leonardo Coimbra (segundo o próprio), à frente do Ministério da Instrução, em 1919. De algum modo compreende-se que o estreito racionalismo de Sérgio experimentasse dificuldade em aceitar um pensamento exuberante e criador como era o de Leonardo Coimbra, situação, aos olhos de Sérgio, agravada pelo comportamento desconcertante e humoral do filósofo. No decorrer desta disputa, o próprio Sérgio deixou transparecer este seu sentir, mormente ao afirmar que "[...] o pensar de um filósofo [...] não discorre única e exclusivamente nos Campos Elíseos da Metafísica; tem incidências na Ágora e nesta assume um carácter ético"[18].

Uma outra polémica não menos falada, teve o seu nascimento em posições públicas assumidas pelo Professor Abel Salazar[19]. Defensor e divulgador das teorias de classificação

---

[14] Dionísio, Sant'Anna, Leonardo Coimbra, *Contribuição Para o Conhecimento...*, p. 29.

[15] Cf. Sérgio, António, "Resposta a Sant'Anna Dionísio", in *O Diabo* de 13 de Setembro de 1936 e "Resposta, Não ao Panegirista de Leonardo Coimbra, Mas a Três Leitores que se me dirigiram", in *O Diabo* de 13 de Dezembro de 1936.

[16] Ver Anexo 7.

[17] Sobre o assunto ver também *O Diabo* de 16 de Agosto, 6 de Setembro, 27 de Setembro, 4 de Outubro, 11 de Outubro, 18 de Outubro, 25 de Outubro e 15 de Novembro do ano de 1936.

[18] Sérgio, António, "Resposta a Sant'Anna Dionísio", in *O Diabo* de 13 de Setembro de 1936, p. 5.

[19] Abel de Lima Salazar (1889-1946), médico, cientista e artista plástico. Foi duramente perseguido pelo Estado Novo que o demitiu da Universidade, alegadamente por exercer uma influência nefasta e

biotipológica humana, criadas pelo psiquiatra alemão Ernst Kretschmer[20], pretendia Abel Salazar que os autores e os artistas fossem classificados pelos seus biótipos, para assim melhor serem compreendidas e criticadas as suas obras. Para ilustrar as suas asserções, entregou-se à tarefa de delinear, a essa luz, os traços de personalidade de Leonardo Coimbra e de Teixeira de Pascoaes, representantes máximos em Portugal de uma metafísica que ele, Abel Salazar, admirador do *Empirismo Lógico* da Escola de Viena, abominava. O artigo que a este respeito publicou na revista *Pensamento* é definitivamente corrosivo, sobretudo quando afirma que a controvérsia existente acerca de Leonardo Coimbra ser ou não ser um filósofo é "uma questão pitoresca num país que jamais possuiu filósofos nem espírito filosófico e sempre viveu a tal respeito de importações"[21]. Quanto a Leonardo, classifica-o como um exemplar do «tipo pícnico[22] [...] fascinado pelo Pathos metafísico»[23].

Pouco depois, em Março de 1937, volta ao assunto com um artigo na revista *Sol Nascente*, denominado «Kretschmer e os plotinozinhos». Aí sem se dirigir particularmente a alguém, referindo-se apenas aos espiritualistas, ensaia uma viva reprimenda aos intelectuais portugueses que se lhe opõem, apodando-os, sarcasticamente, de «plotinozinhos», isto é, de adeptos menores da filosofia de Plotino, filósofo egípcio (204-270), principal representante do neoplatonismo. Desta feita, Adolfo Casais Monteiro, filósofo e escritor e discípulo de Leonardo, decide vir a terreiro dar réplica ao cientista. Publica então no número seguinte da *Sol Nascente*, um artigo em que verbera em Abel Salazar, não tanto a agressividade dos seus escritos, mas uma luta quixotesca contra inimigos que ele próprio, Salazar, inventou. Critica ainda o simplismo, a falta de rigor, de seriedade e de método científico de que os artigos do médico e cientista de renome dão prova. E, afirma: "É triste ver um homem de grandes responsabilidades intelectuais, a título de defender a Ciência, incorrer nas mais manifestas atitudes anti-científicas, enganando os leitores ignorantes que amanhã irão repetir as [suas] graças"[24].

A polémica assim gerada duraria até Junho desse ano de 1937, percorrendo páginas da Sol *Nascente*. Pelo caminho, Casais Monteiro reputaria de vergonhosa a atitude

perniciosa sobre os estudantes. A partir de 1935 passou a ser escritor, escultor, pintor. Ver Cunha, Norberto Ferreira da, *Génese e Evolução do Ideário de Abel Salazar*, Lisboa, Imprensa Nacional – Casa da Moeda, 1997. A páginas 363 a 395 deste livro é excelentemente tratado o tema das polémicas que Abel Salazar sustentou com Adolfo Casais Monteiro e com António Sérgio, com referências à figura e obra de Leonardo Coimbra.

[20] Ernst Kretschmer (1888-1864), psiquiatra e psicólogo alemão. Professor em Marburg e Tubinga, fez investigações sobre a relação entre a constituição física e o carácter, nos humanos, acerca do que, elaborou uma tabela classificativa.

[21] Salazar, Abel, " O Dueto Caracterológico e Pseudo-Filosófico de Coimbra e Pascoaes" in *Pensamento*, Porto, 1936, vol. V, pp. 12-180, citado por Santos, Alfredo Ribeiro dos, *Perfil de Leonardo Coimbra*, Lisboa, Fundação Lusíada, 1998, p. 135.

[22] Em Kretschmer, um dos tipos básicos, com corpo arredondado e grandes cavidades, ao qual se associa um carácter ciclotímico, alternando entre a euforia e a depressão.

[23] Salazar, Abel, *Ob. Cit.*

[24] Monteiro, Adolfo Casais, "Simples Comentário a um Artigo do sr. Dr. Abel Salazar", in *Sol Nascente* de 15 de Março de 1937, pp. 4 e 13, citado por Cunha, Norberto, *O Ser o Haver das Polémicas de Abel Salazar*, p. 37, separata de *FORUM*, Braga, 1990.

para com Leonardo Coimbra, dizendo que Abel Salazar «confundiu ciência com ódios pessoalíssimos»[25] e, em resposta, este afirmaria não haver da sua parte qualquer ódio pelo falecido Dr. Leonardo Coimbra que até " [...] era homem dotado de brilhantes qualidades; mesmo, quando o queria, um *charmeur*; e, ao mesmo tempo, de uma falta de seriedade intelectual e moral completa, um exemplo raro de cinismo"[26].

O facto é que, desaparecido da presença dos vivos, Leonardo Coimbra continuou a juntar literatos, pensadores, artistas plásticos, homens ilustrados enfim, em torno da sua figura e das suas ideias, numa convivência intelectual animada pelo brilho emanado pelo seu vulto e pelo culto que lhe era dedicado por uma roda alargada e continuada de admiradores e discípulos. Por outro lado, se para não se ser esquecido a acção de maldizer é tão importante e influente quanto a de bendizer, então, sem dúvida, ele foi bem lembrado nas rubras polémicas que a sua personalidade e a sua obra continuaram a suscitar, não conseguindo os seus detractores ignorá-lo ou permanecerem numa firme indiferença. Tudo isso a dar forma a uma espécie de diáspora do saber e do pensamento leonardinos.

Como disse Cícero, *a vida dos mortos está na memória dos vivos.*

---

[25] Idem "Continuando a Comentar", in *Sol Nascente* de 15 de Abril de 1937, citado por Idem, *Ibidem*, p. 39.

[26] Salazar, Abel, Segunda Carta ao Sr. Dr. Casais Monteiro", in *Sol Nascente* de 1 de Maio de 1937, citado por Idem, *Ibidem*, p. 39.

CONCLUSÕES

Falar de Leonardo Coimbra implica falar do homem na sua totalidade. Pensador, cientista, escritor, orador, professor, educador, político, todos esses predicados Leonardo reuniu em elevado grau, disso deixando importantes testemunhos e herança. Inquestionável é o valor do contributo rico e multifacetado (em perfeito acordo, aliás, com a própria pessoa do dador) que deu à história da primeira metade do século XX português. Da sua vida, do seu pensamento, da sua acção política e do seu legado, procurámos dar conta ao longo das páginas deste nosso trabalho. É verdade que tentámos colocar a sílaba tónica no homem político, mas evidente é também que este não existe de forma autónoma, desligado dos restantes. E esse é um facto com o qual, afinal, nos congratulamos, porque nos obrigou a mergulhar no pensamento do filósofo, o que, se por um lado, tendo em conta a fragilidade dos nossos conhecimentos filosóficos, se revelou uma tarefa duplamente difícil, por outro lado, foi uma actividade reconfortante e franqueadora de passagens para outras regiões do saber.

Do que se deixa escrito, extrai-se a ideia (que corresponde à verdade) de que Leonardo Coimbra foi por natureza um espírito inquieto e irreverente. Um dos seus mais fiéis seguidores apelidou-o de «homem fáustico»[1], querendo com isso dizer que, tal como o personagem lendário de Marlowe e de Goethe, Leonardo foi alguém possuído por angústias existenciais e religiosas e por uma sede indomável de saber e de perscrutar o desconhecido, não se detendo ante os limites que agrilhoam o homem. Este um traço do seu carácter que se espelhou visivelmente na sua vida afectiva, na sua obra de pensador e na sua militância política.

Com um conceito próprio e muitíssimo elevado da ideia de liberdade, o pensador nunca se sujeitou placidamente quer a convenções sociais, quer à disciplina imposta pelos aparelhos partidários. Mas foi capaz de se dedicar a causas com uma generosidade sem limites. Assim foi com a militância anarquista do Porto, na frescura dos seus anos de estudante da Politécnica e depois como republicano, membro do Partido Democrático, numa ligação que durou onze anos, desde 1914 até 1925. E nunca Leonardo deixou de ser republicano, porque a República era o único regime em que poderia dar largas à sua própria maneira de ser. Como ele próprio disse, um dia: "Se eu sou essencialmente democrata é porque a democracia é o regime que me concede

[1] Dionísio, Sant'Anna, Leonardo Coimbra, *Contribuição para o Conhecimento* ..., p. 50.

a margem maior de indeterminação onde eu poderei deixar mover, com relativo à-vontade, os desvarios lícitos da minha individualidade"[2].

Sempre Leonardo falou do republicanismo como um regime de liberdade, com o qual plenamente se identificava. Mesmo quando, aparentemente, se aproximou do salazarismo numa tomada de posições públicas de viva condenação do ideário comunista, fê-lo por estar sinceramente convencido da utilidade dos actos, à luz das suas próprias convicções políticas e não de outras. O valor que atribuía a essa causa obrigou-o a fazer tal concessão. Na verdade, para Leonardo Coimbra o marxismo enfermava do mesmo erro do positivismo, ou seja, aparecia como um sistema total e infalível, fechado num cientismo que não deixava qualquer espaço à liberdade criadora individual. Ora, para o filósofo, a pessoa humana foi sempre o ponto de partida e de chegada de todos os valores e princípios. Daí que, em seu entender, o contrato ou o acordo social atingido ou a atingir e o estabelecimento da autoridade dependam essencialmente do consentimento dado pelas liberdades individuais. E é a constatação desta realidade que marca a sua passagem da juvenil fase anarquista ao estádio mais maduro da militância republicana.

Sendo, pois, um indefectível republicano, Leonardo tinha, no entanto, uma atitude crítica para com determinados aspectos do acervo ideológico e da praxis da República implantada em 1910. Sobretudo contra o positivismo materialista que, *grosso modo*, constituía a bíblia política do regime, Leonardo era portador de uma contraposição de criativa especulação metafísica, adiantando-se nos caminhos já sulcados por Antero de Quental e por Sampaio Bruno. O confronto aparece logo nas páginas iniciais do seu primeiro livro, *O Criacionismo*, onde, a par de outras significativas frases, se pode ler a seguinte: "O nosso metafísico não será a tara do pensamento (Comte), mas o próprio pensamento avançando na síntese progressiva que é a sua vida e encerrando-se, não no sistema estático do conhecimento, mas nas próprias fecundas entranhas, para se apreender como infinito, eterno e criador"[3]. Desta forma, Leonardo reduz a escombros o anunciado caminho linear do estado teológico ao estado positivo e sobretudo a ideia de este último ser o perfeito e definitivo estado, a que corresponderia, como forma de institucionalização social, a República sociocrática.

Em todo o caso, ciente da distância que sempre separa o real do ideal, Leonardo considerava teoricamente a República democrática como o melhor dos regimes políticos, porque aí vive a liberdade que ele, Leonardo, acima de tudo, prezava e amava. Por isso mesmo e animado da intenção de dar a essa causa democrática (afinal, a sua causa) o contributo espiritual que, em seu entender, ela necessitava, fez-se militante do principal partido republicano. O seu pensamento político, com marca de originalidade e muitas vezes contra o decurso da política republicana, aparece então em artigos publicados em revistas e jornais[4]. E nisso, Leonardo Coimbra elege como herói o povo do interior, dos campos e das vilas e o *pé descalço* de Lisboa que fez o 5 de Outubro de 1910 e o assalto ao Monsanto, em Janeiro de 1919.

---

[2] Idem, *Ibidem*, p. 32.

[3] Coimbra, Leonardo, *O Criacionismo*, Porto, Renascença Portuguesa, 1912, pp. 7-8.

[4] Cf. *Leonardo Coimbra, Dispersos...*, vol. V, pp. 103-243.

Quando foi chamado a desempenhar funções governativas, foi como se um vendaval passasse pelas instâncias de poder e pelos lugares da política. A sua natural propensão para tudo fazer rapidamente, sem olhar a riscos, teve expressão máxima na forma célere e frontal como agiu enquanto Ministro da Instrução, com especial relevo para as chamadas *Questão Universitária* e *Questão Religiosa*. No caso da tentativa de transferência da Faculdade Letras de Coimbra para o Porto e na Reforma do Ensino Superior, a intenção do ministro era, segundo as suas próprias palavras[5], agitar e reanimar esse mesmo ensino superior. A ideia visava combater o imobilismo de pensamento e de acção de uma Universidade que aparecia satisfeita com a sua interior realidade e que, de costas voltadas ao mundo, falhara na missão, que deveria ser a sua, de abertura, acolhimento e coordenação de iniciativas artísticas, culturais e científicas, vindas da sociedade. Paralelamente e perseguindo os mesmos objectivos, a Faculdade de Letras do Porto dava corpo ao intento de criar uma instituição de Ensino Superior com métodos de livre-pensamento e com abertura ao mundo e à vida, correspondendo a uma necessidade sentida pelo país e a uma exigência do avanço da ciência e do conhecimento. Leonardo só parcialmente ganhou esta pendência, porém pela parte melhor porque a Faculdade de Letras do Porto nasceu, cresceu sob a filosofia educativa do seu criador e, lamentavelmente, morreu cedo. De morte matada, é verdade! Todavia, fez história e deixou herança.

Quanto à questão religiosa, ela aparece numa altura em que no pensamento do filósofo se começa a desenhar uma aproximação ao credo religioso católico, realidades, aliás, não incompatíveis. Mas o principal entendimento do ministro quanto ao assunto, era o de que a democracia se manchava e se apoucava com um impedimento legal que colocava em causa os direitos e a liberdade dos cidadãos que pretendessem proporcionar o ensino religioso aos seus filhos. Pesava ainda, nas suas preocupações, a necessidade de apaziguar uma sociedade profundamente dividida por ódios originados num passado recente de intolerância religiosa. De resto, aquele impedimento, consignado na lei, acabava por ser meramente formal porque nunca fora devidamente acatado e respeitado. Daí que, na prática, o ensino religioso existisse de facto e da pior maneira, constituindo uma realidade sem regras.

Chegara a altura, dizia o ministro, de resolver todos esses males. Estava enganado! As suas propostas para a liberalização do ensino religioso nos estabelecimentos de ensino particulares, de imediato fizeram soar sinais de alarme nas consciências dos republicanos jacobinistas. Cerraram-se fileiras contra o que de «subversivo» as propostas representavam para a República positivista e constituíram-se frentes de luta, no Partido, no Governo, no Parlamento, nos jornais. Apesar dos muitos apoios, recebidos acolá e além na imprensa, alguns vindos também do campo republicano, a verdade é que Leonardo Coimbra ficou sozinho no campo de batalha e, naturalmente, perdeu-a. O risco tinha, no entanto, sido assumido. Conscientemente, envolvera-se na melindrosa questão por reconhecer a existência na sociedade portuguesa de sentimentos religiosos que, em seu entendimento, a democracia não podia ignorar e muito menos anular. Pensando autonomamente, julgou ser seu dever intervir, fazendo a apologia da liber-

[5] Ver Coimbra, Leonardo, "A Questão Universitária", in *Obras de Leonardo Coimbra*, selecção, coordenação e revisão de Sant'Anna Dionísio, Porto, Lello £ Irmão, 1983, vol. I.

dade e dos valores espirituais que a sua própria filosofia carreava contra disposições fixadas pelo dogma positivista.

É nessa sua enorme coragem moral que se insere o combate às ideias feitas e petrificadas, às realidades inalteráveis e incontestáveis, ao estaticismo em geral, sendo tal uma constante na sua obra filosófica, onde, esses fenómenos constituem o que ele chama de *perigo da cousificação* ou *vício cousista*. Vício advindo de uma natural e irreprimível, porém errada, propensão do ser humano para aceitar como definitivas e perfeitas as construções do pensamento, assim sendo, por exemplo, com ideias, preceitos jurídicos, preconceitos sociais, dogmas religiosos ou anti-religiosos e realidades históricas. Para o autor do *Criacionismo*, essas construções mentais são realidades transitivas que só valem enquanto inseridas no ambiente dialéctico da ciência ou ramo de saber a que pertencem.

Ora, este juízo configura um método que naturalmente sustentou a missão do professor e educador que foi Leonardo Coimbra. De resto, a toda a sua teoria e prática educativas não foi estranho o seu pensamento filosófico, propugnador de liberdade e de criatividade. E por isso mesmo, em Leonardo o método pedagógico é, por excelência, o exercício dinâmico e continuado do debate e da troca de ideias, tendo sempre em linha de conta que nunca há factos consumados. Acima de tudo, importa despertar consciências e colocá-las a pensar porque pensar é construir. Numa perspectiva mais teorética, um outro aspecto relevante da questão educativa em Leonardo era o alto significado que atribuía a uma educação nacional autêntica e efectiva, considerando-a valor fundamental para o engrandecimento de uma nação. Daí que os processos e conteúdos pedagógicos devessem obedecer também a características e especificidades nacionais – sociedade, cultura, história, tradições. Isto, obviamente, sem desprezo por valores universais da cultura, que importaria articular com os valores nacionais. O principal objectivo era o aperfeiçoamento da pessoa humana e, nesse sentido, educar seria sempre incentivar as «liberdades criadoras da cultura nacional-humana», ou seja, agitar as almas, levando-as, em fase subsequente, a exteriorizarem o seu pensamento, a sua visão, as suas capacidades, dessa forma contribuindo para uma maior riqueza espiritual e material da nação e elevando, por sua vez, os valores nacionais à condição de universais. Tal como na *paideia* grega, um grande esforço para formar o homem e o cidadão. Ao Estado atribui a responsabilidade de criar as funções prático-organizativas necessárias ao aparecimento e desenvolvimento da educação nacional, aí se finando a sua intervenção no assunto, porque o resto é pertença de criadores, professores e alunos. Neste plano da produção científica, surge a Universidade com especiais competências, a qual, enquanto templo do saber tem de o ser também da liberdade, não podendo estar acima das críticas nem isolar-se do meio sócio-cultural que a envolve. Leonardo Coimbra não confunde educação com instrução como o faziam muitos teóricos e legisladores do seu tempo. Relaciona-as, respectivamente, com a teoria e a prática e considera-as como fases distintas do processo educativo, reservando a prática para o momento em que a teoria já tomou inteiramente o seu lugar. Neste sentido, a teoria é o espaço de liberdade criadora e a prática uma fase última da teoria em que esta se perfaz na realidade. Reputa o desenvolvimento técnico de imprescindível, mas submete-o ao conhecimento científico. Fazendo parte das propostas de Leonardo Coimbra para a reforma da educação em Portugal, estas ideias somente poderiam ter plena realização no estado democrático, posto ser este o único que permitiria uma cooperação de livre acordo entre as partes directamente envolvidas no processo educativo, sem interferências de qualquer autoridade, a qualquer título.

No que respeita ao seu próprio poder criativo, o pensamento em Leonardo Coimbra fluía por rajadas e não por meio de um exercício maturado de reflexão. Por isso mesmo, a sua escrita é rápida, inadiável, pouco cuidada e, por consequência, nem sempre muito clara. Tem, no entanto, o sabor prazeroso do verbo falado. Os seus livros, escritos ao correr da pena, ressentem-se da febril pressa de chegar ao fim. Jamais Leonardo teve a preocupação de escrever com transparência ou com regras e a sua prosa, sonora e recheada de metáforas, produz frequentemente os efeitos sinestésicos da poesia. Os mesmos traços caracterizavam a sua oratória, mas aí tornava-se virtude o que na escrita era defeito. No improviso, as suas fulgurações verbais, aliadas ao gesto veemente, tornavam-se contagiantes e esbraseadoras de audiências, que se quedavam extasiadas perante o calor das palavras e a beleza plástica das imagens. A espontaneidade fácil, quer na escrita, quer na oração, sempre condicionou o discurso de Leonardo, dando-lhe fluência e vigor, é certo, mas retirando-lhe clareza, precisão, perceptibilidade.

Questão importante a merecer alguns apontamentos é a do percurso religioso do filósofo. Nascido num ambiente católico, fez as primeiras letras num colégio de padres a cuja disciplina ganhou profunda aversão, o que, não pouco contribuiu para o seu afastamento da igreja e para a suscitação de sentimentos anticlericais. Nunca se subtraiu, porém, ao ideal cristão, presente desde sempre nos seus escritos e nas suas palestras. Na sua fase de anarquista, uma das suas grandes referências ideológicas é Leon Tolstoi, o escritor russo que havia repelido a crença da igreja cristã ortodoxa e abraçado um cristianismo sem dogma nem ritual. Semelhantemente, Leonardo faz, nessa fase da sua vida, a apologia de um cristianismo racional, remontado à pureza das origens e livre das influências do catolicismo e das reformas. Daqui se depreende a formulação de um deísmo pessoal que encontra pleno abrigo nas páginas do seu primeiro livro, *O Criacionismo*. Com efeito, no sistema filosófico que propõe, Deus é a Liberdade Absoluta e a Ele se chega por meio da capacidade dialéctico-construtiva do pensamento, sendo o caminho a seguir sempre o da virtude e do amor. Criar é exceder e Deus é o «infinito excesso»; assim é que Cristo aparece como a encarnação viva desse momento. Desta teodiceia ficam excluídos todos os dogmatismos que afinal nada mais são que ideias petrificadas ou, na terminologia que usa, *cousismos*. É um conceito de Deus que deixa uma porta aberta a qualquer outra percepção ou experiência que eventualmente o venha a alterar ou completar.

A partir daqui, a evolução espiritual e religiosa de Leonardo Coimbra aparece ligada a alguns acontecimentos. O primeiro, o falecimento do seu filho primogénito, levou o filósofo a pensar o problema da morte à luz da filosofia criacionista, concluindo, em sobreposição ao imediatismo das teses biológicas e evolucionistas, que a morte integra o sistema de vida e tem neste a função dialéctica de o promover, na diferenciação e na renovação. Ficava assim solucionado o problema da brutalidade da morte e do seu carácter anti-vida. Com a Primeira Guerra Mundial, impressionado pela crise de civilização e pelo morticínio em larga escala, a sua busca de respostas estende-se ao campo da metapsicologia, com leituras de obras e experiências pessoais de telepatia e comunicação espírita, através de médiuns. Para a interpretação dos factos, adoptou uma postura científica, recorrendo aos ensinamentos de autores de reconhecida autoridade sobre a matéria. Sem negar a validade de algumas dessas experiências, admite a possibilidade da permanência do pensamento criador num universo situado para além dos sentidos, mas acaba por concluir que apenas na transcendência cristã, a morte pode ser vencida. Um terceiro acontecimento, com influência na vida religiosa de Leonardo Coimbra, é a adesão de princípio e de essência, que não formal, do poeta Guerra Junqueiro à fé católica. Tendo acompanhado de perto os últimos anos da vida do poeta iconoclasta, a solicitação deste, Leonardo sentiu-se particularmente tocado pelo seu percurso espiritual, desde um naturalismo intelectualizado até à aproximação ao catolicismo, durante a longa fase da sua doença. A chamada *Questão Religiosa*, não tendo, só por si, qualquer peso na evolução religiosa de Leonardo, foi no entanto clarificadora do seu pensar quanto ao assunto, ao mesmo tempo que o libertou de quaisquer peias políticas que de alguma forma pudessem condicionar posições públicas acerca das suas convicções religiosas. Sintomático quanto a isso, é o facto de, a partir de então, os seus escritos e os seus discursos versarem com mais frequência temas religiosos, com relevância para a figura e vida do Santo de Assis, bastas vezes a solicitações de personalidades e organizações franciscanas. Desde essa data até à sua conversão, em 1935, distam doze anos, os quais representam uma viagem no sentido da aproximação à fé católica, mas num caminhar lento e hesitante, onde perpassam dúvidas e onde acontecem polémicas e desencontros com teólogos. A tremenda angústia que experimentou com a doença do seu segundo filho foi o acontecimento que fez, decisivamente, pender o prato da balança para um dos lados.

Algumas notas ainda para o aspecto sumamente interessante do discipulado de Leonardo Coimbra. Criado numa convivência que nasce nos bancos da Faculdade de Letras, é, no entanto, na tertúlia de café que esse discipulado cresce e ganha vigor e foros de instituição. É aí que se forma o séquito de discípulos, polarizado à volta do Mestre e fascinado pela luz que jorra da sua figura e do seu espírito. E é aí que reside a génese de uma plêiade de homens de cultura e de saber que nas suas diferenças se encontram ligados pelo mesmo fio, o do pensamento do Mestre. As obras destes discípulos, repartidas por vários campos da ciência – filosofia, literatura, pedagogia – têm a marca da escola leonardina e a virtude de a difundir e continuar. De entre eles alguns cultivaram e animaram o magistério de tertúlia herdado do Mestre e com isso criaram uma segunda geração de discípulos, dando assim sucessividade e perenidade à palavra do filósofo do *Criacionismo*. Notável capacidade de sobrevivência intelectual, conseguida por um dom natural e invulgar de construir cérebros e neles permanecer vivo. Por isso mesmo, alguém, com toda a propriedade, lhe chamou, *Mestre de Mestres*[6].

Depois de tudo o que atrás se deixa escrito uma interrogação se nos coloca, cuja é a de saber quem foi Leonardo Coimbra. Pergunta pertinente, para a qual, em boa verdade, não temos resposta. Sendo certo que até muitos dos que com ele conviveram e privaram não o chegaram a conhecer na complexidade da sua pessoa, como poderíamos nós ter a veleidade de possuir tal conhecimento? Com efeito, de Leonardo Coimbra apenas sabemos o que ele próprio e outros nos contaram, através dos seus escritos.

---

[6] Quadros, António, "Mestre dos Mestres ou Do Magistério de Leonardo Coimbra ao Magistério dos Discípulos", in *Didaskalia, Revista da Faculdade de Teologia de Lisboa*, Vol. XVII, fascículo 1, 1987, vol. XVII, p. 165.

E foi esse, outrossim, o conhecimento que tomámos e interpretámos e procurámos trazer às páginas deste trabalho.

Do que por esta forma nos foi dado a conhecer, diríamos, e perdoe-se o arrojo algo divagante, que Leonardo foi uma objectivação daquele Espírito universal de que nos fala Hegel. E que, nessa mesma acepção hegeliana, foi um ser «histórico-cósmico». A verdade é que se lobrigam em Leonardo Coimbra, pessoa e vida, muitas das particularidades e circunstâncias definidas pelo filósofo de Iena como atributos e inerências dos agentes do Espírito. Designadamente foi alguém que, de uma forma diferente e inovadora, apreendeu as grandes questões humanas e aos outros as transmitiu, depois de as sujeitar ao crivo do seu talento, com isso criando uma corte de seguidores. Por outro lado, toda a sua vida foi dominada por uma paixão pelo desconhecido e por um trabalho árduo, febril, impetuoso, como se adivinhasse o seu destino trágico em uma morte brutal que, prematuramente, o aguardava.

À República Democrática, materialização e realização do Espírito, Leonardo Coimbra deu ou tentou dar tudo o que o seu génio permitiu. A República, distraída ou envolta em outras paixões, não lhe deu grande atenção. A sua obra política mais visível foi conscientemente destruída porque não se passa pelo mundo como Leonardo o fez sem criar inimigos. E, no entanto, enquanto destes apenas há memória fugaz em listas de nomes, de Leonardo Coimbra ergue-se o seu vulto, acolá e além, ganhando vida e altitude nas veredas alcantiladas do saber. Na República ele amou a democracia, a liberdade e o povo republicano que, abundantemente, exaltou; combateu o preconceito doutrinário, as intolerâncias e injustiças e as políticas e políticos de pataco. Colocou-se acima da mediocridade das conveniências partidárias, pensando e executando a política patrioticamente e à escala do interesse nacional. O seu generoso pensamento social exigiu o respeito pela pessoa humana como condição primeira para a vida em sociedade.

Homem que viveu das suas ideias e não das dos outros, com elas tentou destruir grilhetas que aprisionavam (aprisionam) a sociedade dos homens. É forte a sua presença na história desse conturbado período designado *Primeira República Portuguesa* que ajudou a construir e tentou evitar que fosse destruído, porque, afinal e mau grado as imperfeições, esse era para si o campo sagrado da Liberdade, caminho aberto para a busca da Autenticidade e da Verdade.

ANEXOS

ANEXO 1

CARTA DO REI, D. CARLOS, AO CHEFE DE GOVERNO, HINTZE RIBEIRO EM RESPOSTA AO PEDIDO DE ADIAMENTO DE ABERTURA DO PARLAMENTO. A CARTA TEM A DATA DE 16 DE MAIO DE 1906.

In Peres, Damião, *História de Portugal,* Barcelos, Portucalense Editora, 1935-1954, vol. VII, pp. 438-439

Meu Querido Hintze. – Procuraste-me ontem de tarde para me expor qual o pensamento do Governo da tua presidência sobre o modo de proceder nas actuais circunstâncias. Achando eu grave o alvitre proposto, e sem a execução do qual declaravas em teu nome e no dos teus colegas, não poderes prosseguir no Governo, disse-te que desejava pensar maduramente antes de te dar qualquer resposta.

Pensei toda a noite e demorei a resposta até agora porque não a desejei dar sem me considerar absolutamente habilitado por algumas informações de que carecia, a responder-te como a minha consciência entende que o devo fazer.

Entendes tu, e o governo da tua presidência, não poderes prosseguir na presente situação, sem que eu te conceda o adiamento das Cortes que devem abrir ao começar o próximo mês e que este adiamento seja feito por simples decreto, não sendo ouvido o Conselho de Estado. A isto juntaste que, feito isto, tomarás a responsabilidade de restabelecer a normalidade em Lisboa, pois nas províncias não estava alterada.

Não me parece conveniente o adiamento das Cortes, que, além de trazer muitos outros inconvenientes, provocaria uma imediata sublevação do espírito público, não digo já dos republicanos, essa era lógica, mas de muitos, se não de todos os monárquicos, que te não acompanham, nesta ocasião. Esta era certa e, (é necessário nós não fazermos ilusões a tal respeito) seria lançar para o número dos descontentes, já não pequeno por motivo de erros que de longe vêm, com a massa dos que ainda lá não estão. Não me parece o momento propício para uma aventura destas, e a responsabilidade do decreto, ainda que aparentemente do poder executivo, recairia mais uma vez sobre o Rei, a quem todos pediram a responsabilidade da sua assinatura, e apenas serviria para o desprestígio da instituição monárquica, em vez de servir para a sua consolidação. Fazendo-o, o governo depois só se poderia conservar pela violência e pelo terror, e mal está para aqueles que só desta maneira se podem sustentar.

Creio que há outros meios a empregar para chegarmos ao único resultado a que devemos tender todos, que é o bem do País.

A repressão violenta pode e deve ser empregada quando seja absolutamente necessária para a salvação pública: nunca quando haja outros meios a empregar, e esses, creio, ainda os há. Vês bem que por estes motivos, em minha consciência, vejo-me obrigado a recusar ao governo da tua presidência o adiamento que ele me pede.

Não demonstra este meu modo de proceder falta de confiança pessoal, quer em ti, quer em qualquer dos teus colegas; mostra apenas diferença essencial no modo de pensar sobre a maneira de proceder nas actuais conjunturas.

O Hintze os seus colegas pensam por uma forma; eu por outra, que em consciência julgo ser melhor.

Sempre teu amigo verdadeiro,

Carlos R.

P.S. – Se assim o entenderes, podes ler esta carta em conselho de ministros.

ANEXO 2

DIÁLOGO ENTRE LEONARDO COIMBRA E JOSÉ GOMES FERREIRA

"O Cidadão Leonardo Coimbra", in Ferreira, José Gomes, *Imitação dos Dias, diário inventado,* Lisboa, Portugália Editora, 1970, pp. 157-158.

Aqui nesta velha Brasileira do Rossio, em certa manhã de luz lavada dos dias posteriores à derrota dos monárquicos em Monsanto, vim encontrar Leonardo Coimbra a engraxar os sapatos, rodeados da sua corte habitual do Partido Democrático.

Acolheu-me com alegria de criança, tirada cá para fora pelo sol, criança ardente que não receou interromper o engraxador, nos últimos esmeros do brilho, para se pavonear diante de mim em exibição de elegância:

- Hã? Que tal?

Examinei-o e, ó Céus! estava de fraque.

- Que é isto? Vai a algum casamento? – perguntei, feliz por encontrar logo o lugar-comum necessário.

E ele, radiante de vida provisória:

- Sou ministro!... Ministro da Instrução. Vou prestar juramento ao presidente Canto e Castro.

E com a lhaneza franca de ministro de 1919, ali na Brasileira, com o sol a parecer mais sol:

- Pedi o fraque emprestado...

Todos, à uma, aplaudiram:

- Fica-lhe como uma luva... Como uma luva!

Leonardo mirou-se no largo espelho cívico da Brasileira (que bom haver copos, fraques e amigos!):

- Como uma luva.

E sentou-se de novo, a recomendar ao engraxador:

- Puxe-lhe bem esse lustro, cidadão!

- Qual é o seu programa?... – interroguei-o, tímido, quase com voz secreta.

E ele, desvanecido com o destino, tom levemente irónico de não acreditar que pudesse reprincipiar o mundo sem serpentes nas árvores:

- Acabar com a Universidade de Coimbra

ANEXO 3

CARTA DE DEMISSÃO DE MINISTRO DA INSTRUÇÃO

In *Leonardo Coimbra, Cartas, Conferências, Discursos, Entrevistas...*, p. 138.

Exmo. Presidente do ministério e meu prezado amigo: — Ponderou V.ª Ex.ª diante de mim as razões de ordem politica que deviam marcar a oportunidade da apresentação da minha moção ou proposta ministerial sobre a regulamentação do ensino religioso nos colégios particulares.

Pareceram essas razões, a V.ª Ex.ª conducentes a uma dilação do assunto. Não tenho outras razões de ordem politica a opor às de V.ª Ex.ª, mas tendo eu revelado publicamente o propósito de ser decidido e pronto na resolução do problema, não poderei modificar a minha atitude.

Fica, pois, a matéria do ensino religioso nos colégios particulares nesta posição:

Em doutrina, V.ª Ex.ª e os restantes membros do governo concordaram com os meus propósitos dando, assim, às consciências religiosas e às consciências dos democratas do país, inteira satisfação moral, a efectivar politicamente em mais oportuna ocasião.

Dessa oportunidade, talvez arbitrária e imprudentemente fiz-me eu juiz e afirmei ter ela chegado desde já.

Esta discordância, apenas no modo de fazer, leva-me a pedir a V.ª Ex.ª me dispense da honra de continuar a ser seu colaborador no ministério

Aproveito a ocasião de afirmar, a V.ª Ex.ª e todos os outros ilustres colegas, o maior reconhecimento pela perfeita lealdade com que me trataram, bem como repito perante V.ª Ex.ª os mais ardentes protestos da minha inextinguível fé republicana.

De V.ª Ex.ª, amigo muito grato, Leonardo Coimbra, ministro da Instrução Pública e interino do Trabalho.

ANEXO 4

ENTREVISTA: A QUESTÃO DO ENSINO RELIGIOSO

In *O Primeiro de Janeiro,* ano 55, n.º 5, Porto, 6.1.1923, p. 1

Logo que se esboçou a questão do ensino religioso nas escolas particulares e o sr. dr. Leonardo Coimbra mostrou desejos de abandonar o governo, pedimos a Sua Ex.ª que dissesse ao Primeiro de Janeiro qualquer coisa que elucidasse os nossos leitores sobre tão movimentoso assunto. Por motivos fáceis de adivinhar, só ontem o ilustre estadista acedeu aos desejos deste jornal; e a palestra que com Sua Ex.ª tivemos, a seguir vai reproduzida:

— É hoje então que V. Ex.ª me dá a honra da conversa há dias solicitada?

— Sim. Quando sair o seu jornal devo estar substituído no ministério. Chegou a vez de falar.

— Era uma nova lei que V. Ex.ª queria apresentar ao Parlamento?

— Não. Uma simples moção, aclarando e regulando o que já é legal.

— Legal? Mas então para que foi tanta celeuma?

— Aí é que está o interessante e o grave da questão. Houve muito barulho, porque não há confiança nos homens públicos. Protestaram sem saberem, nem quererem saber os meus projectos. Essa desconfiança magoou-me e, como a não merecia, repudiei-a e repudio-a energicamente. Mas deixemos isso para o seu momento e lugar. Historiemos. No primeiro ministério, de que fiz parte e que durou dias, já eu tinha apresentado as minhas intenções, calorosamente apoiadas pelos colegas, levantando apenas o dr. Catanho de Menezes a dificuldade, e não impossibilidade, de interpretação dos textos constitucionais – de resto, era sua excelência dos mais entusiastas defensores da ideia, pela qual me felicitou calorosamente. No segundo ministério voltei a apresentar os meus pontos de vista e foram unanimemente bem recebidos, deixando apenas na declaração ministerial o vago bastante para ressalvar as possíveis dificuldades de interpretação dos textos constitucionais, sendo desde logo minha opinião a constitucionalidade do caso.

De resto, esse vago agradava-me: porque me daria o tempo de ir fazendo conferências explicativas junto dos exaltados da "alucinação clericalista" e dando-lhes por outras medidas a completa garantia do meu bom radicalismo.

— V.ª Ex.ª chegou a anunciar medidas restritivas da actividade profissional dos sacerdotes de qualquer religião como professores de certas cadeiras como a história das religiões... a criação dum instituto de orientação profissional, que seria um grande acto de fraternidade humana e nacional para com os trabalhadores...

— Sim. E estudava uma reforma geral do ensino primário e secundário, que tinha, como verá, imensas relações com um dos aspectos do problema do ensino religioso... Mas eles romperam fogo. O órgão das comissões políticas do P.R.P. em Lisboa começou a atacar-me, indo ao desejo de insulto máximo chamando-me traidor (!!) Perante esta malevolência fiquei impossibilitado de me explicar para este lado.

«O Grupo parlamentar do P.R.P. reuniu e no dia em que assisti à reunião apareceram razões contra o ensino religioso nos colégios particulares, como as do dr. Almeida Ribeiro, chamando ao sentimento religioso uma enfermidade só existente nos velhos e nas crianças.

Eu, que cumpro a vida somente pelo sentido religioso que nela soube encontrar, achei-me, com os meus 38 anos, como um ser irreal para a percepção de S. Ex.ª.

E lembrei-lhe, e lembro, que os grandes reveladores religiosos, alguns inteiramente históricos, também não existiam para S. Ex.ª, pois tiveram bexigas, quando era impossível tê-las.

Perante uma tal atitude de obstinação fanática, pareceu-me um erro supor-me capaz de acção em tal meio.

Percebi que os meus discursos eram para muitos do meu partido um mero luxo de intelectualizar, mas que para além da frase não poderia ir, sem grande oposição. Mas eu sabia directamente que muitos parlamentares do P.R.P. estavam comigo neste problema e que a minha situação era, por isso mesmo, mais bizarra: eu apresentaria ao parlamento ideias que as oposições, e, do meu partido, uma pequena parte, provavelmente aprovariam.

Assim o entenderam muitos dos inimigos da ideia, pois, por intermédio do sr. tenente-coronel Tavares de Carvalho, se me pedia que desistisse de ir ao Parlamento pois se lá fosse conseguiria a aprovação.

No intervalo vim ao Porto e foi aprovada no Grupo parlamentar do P.R.R. a moção da inconstitucionalidade. Devo dizer que dessa moção eu tive prévio conhecimento, continuando, no entanto, a supor errada a sua doutrina.

Sob o exclusivo ponto de vista republicano era o mínimo bastante: eu apresentava a moção explicativa sobre o ensino religioso e o parlamento aprovava a ideia, afastando a sua realização para o momento próprio, por a julgar agora inconstitucional.

Sendo assim, ficava dada inteira satisfação moral às consciências religiosas e ao verdadeiro espírito da democracia.

Era, com efeito, o mínimo que aconteceria no Parlamento, porque o mais provável o quase certo, era a sua imediata aprovação.

De modo que a República ganhou ainda desta vez, eu é que perdi. Mas que importa um homem perante um Ideal?»

— E porque não aceitou V. Ex.ª essa situação?

— Porque discordo da inconstitucionalidade, porque julgo urgente a medida e porque, tendo prometido, tinha a minha honra pessoal empenhada em cumprir.

"É constitucional:

"É constitucional porque a letra da constituição diz que o Estado é neutro em relação ao ensino religioso nos colégios particulares.

Neutro quer dizer nem um, nem outro: um neutro sexual não tem um nem outro sexo; Estado não tem nem uma nem outra religião. E assim é nos seus estabelecimentos de ensino; mas nos estabelecimentos dos outros, ele nada tem senão a função fiscalizadora do que eles desejarem possuir, e agora neutro quer dizer que não é por uns contra outros: mas, que se não perca na hermenêutica do bacharel em direito.

Mas vamos ao espírito da lei (se é permitido que uma lei intangível para os materialistas tenha espírito).

Nas Constituintes, ao discutir-se este ponto apareceram os termos laico e neutro e optou-se pelo neutro.

Para quê? Para que agora se diga que neutro quer dizer laico? Então porque a deixaram laico e puseram neutro? Agora devem acabar todas as dúvidas.

Mas há mais: o decreto de 20.4.1911 diz, num artigo: "Independentemente das exigências legais relativas à instrução pública todas as corporações ou entidades, que pretenderem exercer o ensino religioso no território da República fora dos templos e doutros lugares habitualmente destinados ao culto público, devem munir-se a prévia autorização do ministério da Justiça, que se reputará concedida na falta de resolução dentro do prazo de trinta dias a contar da entrega do requerimento, etc., etc., etc."

Esta doutrina foi confirmada por consultas posteriores.

Como vê, agora é transparente como o azul do céu de Itália.

Não tinha que inventar leis novas, era uma simples aclaração definitiva ao que já se podia fazer por partes aliquotas pela pasta da Justiça, que não é a competente em pedagogias, defesa da criança e mais coisas da instrução.

Já disseram que tudo isto foi uma tempestade num copo, foi apenas o desenfreiamento de mal cabidos receios de uns e da enciclopédica ignorância de muitos outros.

Vamos à urgência.

É urgente, porque a liberdade de cada um só pode ter como limite a liberdade de cada outro, e a minha liberdade de metafísico idealista como a liberdade de metafísico niilista do sr. Magalhães Lima, não pode agredir a liberdade de metafísico católico do sr. Lino Neto, ou a liberdade de metafísico budista de qualquer português da Índia, por exemplo.

O contrário não é Democracia mas absolutismo: em vez do sr. D. Miguel impondo-me a confissão e o credo católico, o sr. Sá Pereira impondo-me a não-confissão e o credo de Buchner, Haeckel, Vogt, Guilherme Baptista, Tavares de Carvalho e outros.

É urgente, como todos os dias é urgente, a gente lavar-se sempre que se sinta pouco limpa, como é urgente a honestidade, etc., etc.

Era urgente ainda como é urgente estendermos a nossa mão a quem primeiro nos estendeu a sua.

Mas há mais: é urgente, como processo de defesa da República contra os perigos dos desvios religiosos de certo ensino congreganista, e da fuga de crianças portuguesas para o estrangeiro.

Vamos ao caso: há em Portugal ensino religioso congreganista.

Não discuto agora o problema filosófico das ordens religiosas, refiro-me simplesmente ao receio, que certas congregações pelo seu passado justificam, de que o seu ensino seja falso e deformador. Estão ainda na memória de todos os factos apurados pelo prof. de medicina de Coimbra dr. Sousa Refoios de deformação da ciência e da história, etc., por esse ensino.

O ensino assim é péssimo, porque não é ensino religioso, mas ensino das ciências deformadas por um objectivo que lhes é estranho.

Sobre esse perigo toda ou quase toda a população portuguesa está de acordo.

Pois bem: em Portugal há congreganistas residindo, montando colégios, ensinando em colégios de outrem.

Há Trinas Hospitaleiras em Paredes de Coura, em Arcos de Valdevez, Ponte de Lima, em Caminha, em Castelo Branco, em Vila Real, em Lisboa; há (ou hão, como diria a livre gramática) Doroteias em Vila do Conde, Porto, Sintra; há Dominicanas em Lisboa, Santarém e Lousã.

Quer dizer que há algumas dezenas de congreganistas ensinando em colégios, residindo e catequizando, etc.

Além disso há colégios congreganistas de portugueses em Tuy, de Trinas, Doroteias, Irmãs do Sagrado Coração de Maria, Franciscanos e Jesuítas.

Em Salamanca, Vigo e Sevilha também há colégios congreganistas de portugueses. A frequência destes colégios aproxima-se das duas centenas.

Consentir isto é uma muito nobre e patriótica obra de nacionalização!

Que medidas tem um patriota sério, homem livre e consciente, a adoptar perante isto?

Fazer uma manifestação telegráfica ao sr. Magalhães Lima?

Não, evidentemente. Encarar de frente o problema, dar o que é lícito em nome da liberdade e da ciência, e criar com isso a autoridade moral bastante às fiscalizações severas, que atenuem o mal.»

— Mas acredita V. Ex.ª que a sua nova regulamentação, e digo nova porque parece já haver possível licença por arbítrio do ministério da Justiça, remediasse ao êxodo das crianças portuguesas para Espanha?

— Não: atenuava, mas não o extinguia. O que lhe posso afirmar é que exactamente a minha reforma do ensino primário superior e liceal, sobretudo aquele e o liceal feminino, criando internatos, combateriam muito bem este perigo.

Neste sentido já tinha trocado impressões com alguns directores do ensino primário superior, alguns dos quais, o dr. Bernardo Lucas, por exemplo, eram da minha opinião.

Sei hoje que a pessoa mais competente que em Portugal existe sobre a defesa dos perigos congreganistas é da mesma opinião.

Digo-lhe, no entanto, que desafio qualquer ministro futuro a que, sem consequências fatais para a República, faça o saneamento deste perigo sem dar às consciências religiosas a justa satisfação das suas legítimas exigências.

Eis quanto à urgência.

Constitucional, urgente e de boa política, boa no sentido moral e utilitário: mas alguns dos que se chamam "liberais" (por quererem um liberdade tamanha que é só para eles e seus preconceitos e ignorâncias) resolveram que eu era traidor e jesuíta e eu, que neste caso sou surdo, porque à distância do céu, fiquei impossibilitado de me explicar em bons termos.

Não suportava, iria ao parlamento. O sr. António Maria da Silva achou, porém, politicamente necessário um adiamento, eu não achei: vim para os meus trabalhos científicos.

— A que atribui V. Ex.ª a precipitação dos livres-pensadores no protesto contra o que não sabiam o que fosse?

— Isso tem de ficar para outra conversa, porque já esta vai longa e eu não quero encher-lhe o jornal com uma simples anedota de desconfiança política.

Olhe: não há livres-pensadores em Portugal.

O livre-pensamento oficial é zero, reconheço-o agora.

Quando os jornais de direita criticavam o nosso livre-pensamento, eu insurgia-me e lembro um artigo meu, ainda há pouco publicado num jornal desta cidade, A Tribuna, procurando desfazer o equívoco.

Os críticos diziam que o livre-pensamento era ateu e materialista e eu, que sou livre-pensador, idealista e teísta protestava explicando.

Dizia eu, como durante esta questão tive de dizer à Associação Do Registo Civil, que o livre pensamento é um método e não uma doutrina.

A bem dizer nem sequer é um método: é antes a promessa de um método. A promessa de que se vai estudar sem preconceitos anteriores, absolutos e inamovíveis perante a Experiência.

O método não é o livre-pensamento, é o método hipotético-construtivo das ciências: parte-se, sim, com postulados ou conceitos anteriores, mas que a experiência pode modificar.

Sendo uma promessa de método, que generosamente suporemos agora um método, o método experimental científico, não envolve obrigatoriedade de certas conclusões.

Usando esse método, eu cheguei a conclusões idealistas-religiosas (que o Espírito é uma força essencial, real e eficaz, como, partindo duma experiência diferente, outros chegaram a conclusões agnósticas e porventura até materialistas: Kant e Platão concluíram idealismo; Leucipo, Demócrito, Lucrécio e Magalhães de Lima, mecanismo; James, pragmatismo; Hume e António Ferro, cepticismo; etc.

Pois bem: os livres-pensadores portugueses, inimigos pessoais dum Deus (que para eles não existe) entendem que só é livre-pensador quem pensar preso à dogmática ateísta e materialista.

O seu Grande Pontífice, o sr. Magalhães Lima, afirmou um dia em público, sendo apenas contraditado pelo sr. Seabra, genro do dr. Ricardo Jorge, que Guerra Junqueiro não era livre-pensador porque acreditava em Deus!

D. Miguel de Unamuno dizia-me um dia de Magalhães Lima: "Es um hombre que ha tenido una question personal con Dios".

Pobres de Platão, Pitágoras, Heraclito, Aristóteles, Kepler, Galileu, Descartes, Newton, Leibniz, Kant, Rousseau, Pasteur, Boutroux, W. James, (que acreditavam em muitos deuses, por pirraça ao sr. Sá Pereira); e... desculpe, mas não chegaria o jornal.

De modo que os livres-pensadores (seus próprios padrinhos) viram apenas que havia um ministro suficientemente parvo e ignorante que desconhecia que Deus tinha morrido num banho de ácido sulfúrico nas retortas da química moderna, e ia envergonhar uma república progressiva, dando público testemunho de tão lamentável ignorância.

Bem hajam, que me livraram do desprezo da Europa civilizada!

Reparo, meu amigo, que isto me vai saindo um pouco azedo, o que é, contra os meus bons desejos de que da minha parte não haja um átomo de cólera ou rancor.

E não há. Deixe ficar tudo como vai saindo na perfeita sinceridade do meu depoimento.

Não quero agravar os homens, mas defender as ideias, e elas têm por força de sorrir, por vezes desdenhosamente, para as suas caricaturas humanas.

Se eu me estou agora sorrindo de mim mesmo!

Mas deixemos isto por hoje.

Começaremos no dia seguinte por isto que lhe vou prometer: a demonstração científica de que a moral religiosa é a embriologia de toda a moral e que como por maior que seja a taquigénese o embrião repete fisiologicamente as fases da evolução filogenética da espécie, também a personalidade moral humana tem de passar pelo ciclo moral religioso.

Para preparar dir-lhe-ei que o talassa traidor e mais coisas, do ilustre filósofo Belot, que, na reaccionária França, desempenhou os mais altos cargos da direcção do ensino, publicou outro dia um artigo sobre a religião como pedagogia da educação moral.

Coitado! É um ignorante

E que na Inglaterra houve, em 1921, em Oxford, um congresso internacional de sábios e filósofos sobre as relações entre a moral, a religião e metafísica.

Estes pobres pesquisadores de verdade resolviam tudo, pagando a jóia e as cotas de certas associações portuguesas autocognominadas de liberais.

Bom, acabemos por hoje; mas deixe-me dizer-lhe que, na minha mágoa desdenhosa não envolvo pessoalmente os homens, mas as ideias (?), e muito menos o pobre povo republicano, que eu amo com humilde e fraterna piedade.

O bom povo republicano ainda não sabe distinguir entre o verdadeiro sentido religioso e os seus desvios políticos de domínio temporal, e ainda obedecendo ao sentido religioso da vida que protesta contra o que eu quis fazer.

— Sentido religioso?

— Sim, obedece ao seu Ideal, e a categoria do Ideal não é mais que a forma abstracta de que todas as religiões históricas foram a matéria concreta e de que amanhã a nova religião amanhecente ou qualquer das actuais rejuvenescida voltará a ser o conteúdo, a concretização. Mas isso levaria muito longe e fica para outras conversas.

— Mas V. Ex.ª diz-me propriamente o que tencionava fazer?

— Uma moção explicando que o ensino religioso é legalmente permitido nos colégios particulares e que, em vez de ser consentido pela Justiça, ao sabor da vontade do ministro, é regulamentado pela Instrução em lei, dentro do mútuo respeito de todas as confissões e destas pelas consciências fora de toda e qualquer confissão.

Fora das aulas literárias e científicas, em dia apropriado, os estudantes teriam por grupos de cada confissão o ensino religioso que seus pais tivessem requerido.

Esse ensino teria de ser feito por nacionais que não pertencessem ou tivessem pertencido a qualquer congregação religiosa.

Mas, repito, a campanha na parte sincera é filha da ignorância de se supor, como postulado implícito ou explícito, que qualquer religião é um erro e um mal, já destruídos pela ciência. É, ainda por isso, que lhe disse obedecer o povo sincero e humilde ao sentido religioso da vida, quando me combate, porque me supõe a dar alento a um erro e um mal moribundos.

Veremos amanhã que é antes o contrário, que um homem consciente e ao par da ciência tem de afirmar hoje.

Por agora, as minhas palavras de alma em gratidão às inúmeras pessoas que me aplaudem e aos bons republicanos, que, discordando, por mal informados, me afirmam ainda os protestos do seu carinho e da sua confiança.

ANEXO 5

MOÇÃO APRESENTADA NO CÂMARA DE DEPUTADOS POR LEONARDO COIMBRA NA SESSÃO DE 7 DE NOVEMBRO DE 1924, SOBRE O CASO HOMEM CRISTO

In *Leonardo Coimbra, Cartas, Conferências, Discursos, Entrevistas,* p. 199

Moção:

Considerando que o professor da Faculdade de Letras da Universidade do Porto, Francisco Manuel Homem Cristo, se tem afirmado publicamente como elemento de desordem, agredindo e insultando os seus superiores hierárquicos, os seus colegas e alunos;

Considerando que o mesmo professor publicamente tem desacatado a bandeira da República e até afirmado que a Pátria não tem direito à independência;

A Câmara convida o Sr. Ministro da Instrução a proceder imediatamente com a prontidão e a energia que o caso requer.

— Leonardo Coimbra

ANEXO 6

CARTA DE MANUEL CEREJEIRA, CARDEAL PATRIARCA DE LISBOA A LEONARDO COIMBRA,

Inserta no artigo de Gomes Pinharanda, "O santo Padre Cruz e a Conversão Religiosa de Leonardo Coimbra", in AAVV, As Linhas Míticas do Pensamento Português (colóquio), coordenação de Elísio gala e Paulo Samuel, Lisboa, Fundação Lusíada, 1995.

" + A.M.+
Lisboa, 26-XII-935

Exmº Senhor Dr. Leonardo Coimbra

Pessoas amigas me informaram de q. o Senhor, neste Natal de 1935, acaba de nascer na sua alma e na sua Exma Família. Permita-me que me dê por convidado para a grande Festa, e, ajoelhado ao lado de V. Exª. e dos seus, cante com os Anjos: "glória a Deus nas alturas, e paz na terra aos homens"!...

O Cardeal Patriarca de Lisboa adora o seu Deus q. crê presente no coração de V. Exª. - e exulta em comovida acção de graças. Peço do coração a Deus q. faça chover a torrente das Suas graças sobre V. Exª. e sua Família.

Abençoo com a melhor das minhas bênçãos; e confesso-me

De V. Exª.
Servo mto. V.or e ador em Xº.
+ M. Card. Patriarca

Perdoe-me não ter ainda agradecido a V. Exª. a gentil oferta do seu livro. Por ter querido fazê-lo manu própria. Deo Gratias" .

ANEXO 7

DECLARAÇÃO DE RAUL PROENÇA SOBRE LEONARDO COIMBRA

In Dionísio, Sant'Anna, *Objecções a António Sérgio Sobre o Valor da Obra Filosófica de Leonardo Coimbra,* Porto, 1938

Sob o ponto de vista filosófico, não resumi todo o valor e seriedade ao pensamento de Leonardo Coimbra; o que disse foi que muitas vezes havia nos seus escritos uma certa descoordenação e a existência de lacunas que o leitor tinha que preencher por sua conta e risco, não podendo evitar-se, pois, o seu nome entre os escritores claros. Quanto à sua cultura tanto filosófica como científica e também literária, é superior à das maiores entre as pessoas que tinha conhecido. Se eu citei o seu nome juntamente com o de Pascoaes e romancistas no esboço literário do "Guia [illegible]", foi pela simples razão de que não achei lá nenhuma discriminação suficiente para estabelecer uma categoria particular de escritores filosóficos, tanto que o único que, com Leonardo, cito, entre os escritores de ideias, é António Sérgio, citado não após outros escritores filosóficos, mas ainda após alguns escritores políticos. Não podia ser, pois, "fragmentária" (no sentido depreciativo [illegible] com ele), como se diz, a opinião [illegible] de Leonardo Coimbra. Não podia referir-me a "desonestidade intelectual" dos seus "exacerbações físicas"; não podia manifestar "revolta" pelos seus discursos de Madrid, dois dos quais considerei entre os melhores de Leonardo, notando apenas que o feito no Teatro Real ficava abaixo do seu valor. Quanto à recepção das suas obras, lembro-me, de facto, de ter escrito um postal em que manifestava pouco mais ou menos a ideia atrás expressa sobre certas faltas de clareza

BIBLIOGRAFIA

Fontes Impressas

Livros de Leonardo Coimbra

Coimbra, Leonardo, *O Criacionismo (Esboço dum sistema filosófico)*, Porto, Renascença Portuguesa, 1912.

Idem, *O Pensamento Criacionista,* Porto, Renascença Portuguesa, 1915.

Idem, *A Alegria, A Dor e A Graça*, Porto, Renascença Portuguesa, 1916.

Idem, A *Luta Pela Imortalidade*, Porto, Renascença Portuguesa, 1918.

Idem, *Do Amor e da Morte*, Porto, Livraria Chardron, 1922.

Idem, *A Razão Experimental*, Porto, Renascença Portuguesa, 1923.

Leonardo Coimbra, Cartas, Conferências, Discursos, Entrevistas (registos de imprensa), Bibliografia geral de L.C., compilação e notas de Pinharanda Gomes e Paulo Samuel, Lisboa, Fundação Lusíada, 1994.

Leonardo Coimbra, Dispersos, Compilação, Fixação do Texto e Notas de Pinharanda Gomes e Paulo Samuel, Lisboa, Verbo, 1944.

Obras de Leonardo Coimbra, selecção, coordenação e revisão de Sant'Anna Dionísio, volumes I e II, Porto, Lello & Irmão, Editores, 1983.

Leonardo Coimbra, Obras Completas, prefácios e conclusão de Fr. João Ferreira, Porto, Livraria Tavares Martins, 1964.

Coimbra, Leonardo, *Obras Completas*; introdução geral de Ângelo *Coimbra* Alves; prefácio de Manuel Cândido Pimentel / António Braz Teixeira, Lisboa, Imprensa Nacional Casa da Moeda, Lisboa, 2004, 2005.

Coimbra Leonardo, *O Pensamento Filosófico de Antero de Quental*, Apresentação, Fixação de Texto e Notas de Paulo Samuel, Lisboa, Guimarães Editores, 1991.

Coimbra, Leonardo, *A Rússia de Hoje e o Homem de Sempre*, Porto, Livraria Tavares Martins, 1962.

Outros Livros

A Bomba Explosiva, Depoimentos de Diversos Revolucionários (28 de Janeiro de 1908 a 5 de Outubro de 1910), compilação e edição de José Maria Nunes, Lisboa, 1912.

Maia, Berta da, *As Minhas Entrevistas com Abel Olímpio, o «Dente de Ouro» / Páginas para a História da morte vil de Carlos da Maia, republicano – combatente do 5 de Outubro*, Lisboa, 2.ª edição, 1929.

Moniz, Egas, *Um Ano de Política*, Lisboa, Portugal-Brasil Editora, 1919.

Artigos

Boaventura, Armando, "Dois Leonardos. A Caminho da Conversão", in *A Voz* de 7 de Agosto de 1927.

César, Oldemiro, "Leonardo Coimbra é nomeado Reitor do Colégio dos Órfãos", in *A Montanha*, n.º 202 de 24/10/1911.

Carvalho, Joaquim de, *A Minha Resposta ao último considerando do decreto que desanexou a Faculdade de Letras de Coimbra*, Coimbra, Tipografia França Amado, 1919.

Cortesão, Jaime, "Relatório", in *Anais das Bibliotecas e Arquivos*, Lisboa, Julho – Setembro de 1920, vol. I, n.º 3, p. 117.

A Faculdade de Letras da Universidade de Coimbra ao País, Coimbra, Tipografia França Amado, 1919.

Freire, João Paulo (Mário) *A Questão Leonardo Coimbra*, Porto, Livraria Civilização, 1927.

Ramos, Carlos, "Leonardo Coimbra", in *A Ordem, Semanário Católico*, Porto, 11 de Janeiro de 1936.

Revistas

A Águia (1915, 1916 e 1919).

Epistolografia

Junqueiro, Guerra, "Carta" in *História Contemporânea de Portugal – Das Invasões francesas Aos Nossos Dias*, Direcção de João Medina e colaboração de Aniceto Afonso [et. al.], Lisboa, Multilar, 1990, Tomo II (Monarquia Constitucional – Das Origens do Liberalismo à Queda da Realeza).

Jornais

O Comércio de Leixões (1934)

O Comércio da Póvoa de Varzim (1914).

O Diabo (1936).

O Diário de Lisboa (1923).

O Diário de Notícias (1917 – 1918 – 1923 - 1936).

A Época (1923).

O Jornal de Notícias (1934 - 1935).

A Manhã (1917-1919).

A Montanha (1911-1912).

O Mundo (1919 e 1923).

O Norte (1914).

A Pátria (1920).

O Primeiro de Janeiro (1923 e 1931).

A República (1923).

O Século (1918-1919 e 1936).

Outras Publicações

Diário da Câmara dos Senhores Deputados (1919).

ESTUDOS E OBRAS DE CONSULTA

Livros

AAVV, *Álvaro Ribeiro e a Filosofia Portuguesa, Bibliografia Geral, Ciclo de Palestras promovido pela Fundação Lusíada no Ateneu Comercial do Porto em 14 e 15 de Maio de 1993*, Lisboa, Fundação Lusíada, 1995.

AAVV, *A Citizen's Europe – In Search of a New Order*, Edited by Allan Rosas and Esko Antola, London, Sage Publications, 1995.

AAVV, *Filosofia e Ciência Na Obra de Leonardo Coimbra, Actas do Simpósio Realizado no Centro Regional do Porto da Universidade Católica Portuguesa*, Porto, Fundação Eng.º António de Almeida, 1994.

AAVV, *Guerristas e Antiguerristas, Estudos e Documentos*, Apresentação de João Medina, Lisboa, Centro de História da Universidade de Lisboa e Instituto Nacional de Investigação Científica, 1986.

AAVV, *Leonardo Coimbra, Filósofo do Real e do Ideal (Colectânea de Estudos)*, Prefácio de Pinharanda Gomes, Instituto Amaro da Costa, Lisboa, 1985.

AAVV, *Leonardo Coimbra, Testemunhos dos Seus Contemporâneos*, Prefácio de Sant'Anna Dionísio, Livraria Tavares Martins, Porto, 1950.

AAVV, *As Linhas Míticas do Pensamento Português (Colóquio)*, Coordenação de Elísio Gala e Paulo Samuel, Fundação Lusíada, Lisboa, 1995.

AAVV, *A Primeira República Portuguesa, Entre o Liberalismo e o Autoritarismo*, Coordenação de Nuno Severiano Teixeira e António Costa Pinto, Edições Colibri, e Instituto de História Contemporânea da Faculdade de Ciências sócias e Humana da Universidade Nova de Lisboa, Lisboa, 2000.

AAVV, *Seara Nova, Democracia/Razão/Europa – Textos e Contextos*, Coordenação de Maria Luísa Fernandes, Porto, Campo das Letras, 2003.

AAVV, Revistas, *Ideias e Doutrinas – Leituras do Pensamento Contemporâneo*, Apresentação de Zília Osório de Castro, Lisboa, Livros Horizonte, 2003.

AAVV, *Portugal-Brasil, Uma Visão Interdisciplinar do Século XX, Actas do Colóquio de 2 a 5 de Abril de 2003*, Coordenação de Maria Manuela Tavares Ribeiro, Coimbra, Quarteto Editora, 2003.

AAVV, *União Europeia Na Encruzilhada*, Coimbra, Almedina, 1996.

Alves, Adelino, *A Igreja e a Política, Centro Católico Português*, Lisboa, Editora Rei dos Livros, 1996.

Alves, Ângelo, *O Sistema Filosófico de Leonardo Coimbra*, Livraria Tavares Martins, Porto, 1962.

Amaral, Augusto Ferreira do, *A Acalmação e D. Manuel II*, Lisboa, 1966.

Amaro, António Rafael, *A Seara Nova Nos Anos Vinte e Trinta (1921-1939), Memória, Cultura e Poder*, Viseu, Universidade Católica Portuguesa, 1995.

Aniceto, Afonso, *História de Uma Conspiração – Sinel de Cordes e o 28 de Maio*, Lisboa, Editorial Notícias, 2000.

Arrifes, Marco Fortunato, *A Primeira Grande Guerra na África Portuguesa – Angola e Moçambique (1914-1918)*, Lisboa, Edições Cosmos e Instituto de Defesa Nacional, 2004.

Nos Bastidores das Eleições de 1881 e 1901 – Correspondência Política de José Luciano de Castro, Organização, prefácio e notas de Pedro Tavares de Almeida, Lisboa, Livros Horizonte, 2001.

Brandão, José, *Carbonária, O Exército Secreto da República*, Lisboa, Perspectivas e Realidades, 1984.

Brandão, Raul, *Memórias*, Lisboa, Relógio D'Água Editores, 1998.

Cabral, António, *As Cartas D'El-Rei D. Carlos ao Sr. João Franco*, Sociedade Editora Portugal-Brasil, Lisboa, 1924.

Calafate, Pedro, *História do Pensamento Filosófico Português*, Lisboa, Editorial Caminho, 2000, vol. V, Tomo 2.

Catroga, Fernando José de Almeida, *O Republicanismo em Portugal – Da Formação ao 5 de Outubro*, Coimbra, 1991.

Constituições Portuguesas, organização da Comissão Internacional pata a História das Assembleias de Estado e dos Parlamentos – Secção Portuguesa, Lisboa, edição da Assembleia da República, 1992.

Correia, Natália, *A Questão Académica, de 1907*, Lisboa, Minotauro, 1962.

Cruz, Humberto, *A Viagem do «Dilly»*, Sintra, 1935.

Cunha, Carlos Guimarães da, *A Janeirinha E O Partido Reformista – Da Revolução de 1868 ao Pacto da Granja*, Lisboa, Edições Colibri, 2003.

Cunha, Norberto, *Génese e Evolução do Ideário de Abel Salazar*, Lisboa, Imprensa Nacional – Casa da Moeda, 1997.

Dionísio, Sant'Anna, *Leonardo Coimbra, Contribuição para o Conhecimento da Sua Personalidade e Seus Problemas*, Porto Sant'Anna Dionísio, 1936.

Idem, *Leonardo Coimbra, O Filósofo e o Tribuno*, Colecção Pensamento Português, Imprensa Nacional Casa da Moeda, Lisboa, 1985.

Idem, *Objecções a António Sérgio sobre o valor da obra filosófica de Leonardo Coimbra*, Porto, 1938.

Eiras, Adriano, *Faculdade de Letras do Porto 1919-1931, Contribuição Bibliográfica Para a Sua História*, Porto, 1989.

Farinha, Luís, *O Reviralho, Revoltas Republicanas contra a Ditadura e o Estado Novo, 1926-1940*, Lisboa, Estampa, 1998.

Ferreira, José Medeiros, *O Comportamento Político dos Militares; forças armadas e regimes políticos em Portugal no século XX*, Lisboa, Estampa, 1992.

Ferrão, Carlos, *História da República*, Terra Livre, Lisboa, 1976.

França, José Augusto, *Os Anos Vinte Em Portugal*, Editorial Presença Lisboa, 1992.

Freire, João, *Anarquistas e Operários; ideologia, ofícios e práticas sociais: o anarquismo e o operariado em Portugal, 1900 – 1940*, Porto, Edições Afrontamento, 1992.

Guérin, Daniel, *Ni Dieu ni Maître – Anthologie de L'anarchisme*, Paris, François Maspero, 1972/73, Tomo II.

História de Portugal, Direcção de José Mattoso, vol. 6, Editorial Estampa, Lisboa, 2001.

História de Portugal em Datas, Coordenação de António Simões Rodrigues, Nota de Apresentação de Luís Reis Torgal, Lisboa, Círculo de Leitores, 1994.

Homem, Amadeu Carvalho, *Da Monarquia à República*, Viseu, Palimage Editores, 2001.

Idem, *A Ideia Republicana em Portugal – O Contributo de Teófilo Braga*, Coimbra, Minerva, 1989.

Idem, *Teófilo Braga: filosofia e pensamento político-social* (Tese de doutoramento em História, apresentada à Faculdade de Letras da Universidade de Coimbra), Coimbra, 1988.

Lourenço, Eduardo, *Os Militares E O Poder*, Lisboa, Arcádia, 1975.

Madaíl, Fernando, *Fernando Valle, Um Aristocrata da Esquerda*, Lisboa, Âncora Editora, 2004.

Marinho, José, *O Pensamento Filosófico de Leonardo Coimbra e Outros Textos*, Edição de Jorge Croce de Rivera, Lisboa, Imprensa Nacional Casa da Moeda, 2001.

Marques, A. H. de Oliveira, *Afonso Costa*, Lisboa, Arcádia, 1972.

Idem, *Ensaios de História da I República Portuguesa*, Livros Horizonte, Lisboa, 1988.

Idem, *O General Sousa Dias e as Revoltas Contra a Ditadura (1926-1931)*, Lisboa, Publicações D. Quixote, 1975.

Idem, *A Liga de Paris e a Ditadura Militar (1927-1928), A Questão do Empréstimo Externo*, Mem Martins, Publicações Europa-América, 1976.

Idem, *A Unidade da Oposição À Ditadura (1928-1931)*, Mem Martins, Publicações Europa-América, 1973.

Marques, A. H. de Oliveira e Costa, Fernando Marques da, *Bernardino Machado*, Lisboa, Edições Montanha, 1978.

Meneses, Filipe Ribeiro de, *União Sagrada e Sidonismo, Portugal em Guerra (1916-1918)*, Edições Cosmos, Lisboa, 2000.

Miguéis, José Rodrigues, *O Milagre Segundo Salomé*, Lisboa, Estampa, 3ª. Edição, 2 vols., 1984.

Mónica, Maria Filomena, *O Tabaco e o Poder, 100 Anos da Companhia de Tabacos de Portugal*, Lisboa, Quetzal, 1992.

Moniz, Egas, *Um Ano de Política*, Lisboa, Portugal-Brasil, Lda., 1919.

Mota, Francisco Teixeira da, *Alves dos Reis, Uma História Portuguesa*, Lisboa, Contexto Editora, 1996.

Moura, Maria Lúcia de Brito, *A Guerra Religiosa Sob A I República – O Impacto da Lei da Separação*, Dissertação de Doutoramento apresentada à Faculdade de Letras da Universidade de Coimbra, em 2004.

Neves, Álvaro, *A vida de um Apóstolo, S. Magalhães de Lima*, 2 vols., Lisboa, 1930-1931.

Patrício, Manuel Ferreira, *A Pedagogia de Leonardo Coimbra*, Teoria e Prática, Porto, Porto Editora, 1992.

Idem, *O Messianismo de Teixeira de Pascoaes e a Educação dos Portugueses*, Lisboa, Imprensa Nacional Casa da Moeda, 1996.

Peres, Damião, *História de Portugal*, Barcelos, Portucalense, 1935-1954, volumes VIII (suplemento) e IX.

Pimentel, Manuel Cândido, *Filosofia Criacionista da Morte, Meditação Sobre o Problema da Morte No Pensamento Filosófico de Leonardo Coimbra*, Ponta Delgada, Universidade dos Açores, 1994.

Idem, *A Ontologia Integral de Leonardo Coimbra, Ensaio Sobre a Intuição do Ser e a Visão Enigmática*, Lisboa, Imprensa Nacional Casa da Moeda, 2003.

Pina, A. Ambrósio de, *Memórias de Leonardo Coimbra*, Livraria Cruz, Braga, 1979.

Pinho, Arnaldo Cardoso de, *Leonardo Coimbra, Biografia e Teologia*, Porto, Universidade Católica/ Lello Editores, 1999.

Os Presidentes da República Portuguesa, Coordenação de António Costa Pinto, Lisboa, Temas e Debates, 2001.

Ramos, Rui, *João Franco e o Fracasso do Reformismo Liberal (1884-1908)*, Lisboa, Instituto 63.

de Ciências Sociais, 2001.

Raul Proença, O Caso da Biblioteca Nacional, Organização, estudos e notas de Daniel Pires e José Carlos González, Lisboa, Biblioteca Nacional, 1988.

Reis, António, *Raul Proença, Antologia -1 e Antologia -2*, Lisboa, Ministério da Cultura, 1985.

Relvas, José, *Memórias Políticas*, Apresentação e Notas de Carlos Ferrão, Lisboa, Terra Livre, 1978.

Ribeiro, Álvaro, Leonardo Coimbra, Apontamentos de Biografia e de Bibliografia, Editorial Império, Lisboa, 1945.

Idem, *Memórias de Um Letrado*, Lisboa, Guimarães Editores, 1977.

Idem, *As Portas do Conhecimento, Dispersos Escolhidos*, Compilação e Prefácio de Pinharanda Gomes, Lisboa, Instituto Amaro da Costa, 1987.

Ribeiro, Henrique Carlos Jales, *Experiência e Filosofia em Leonardo Coimbra* (Tese de Mestrado apresentada à FLUC), Coimbra, 1989.

Rodrigues, Urbano Tavares, *A Vida Romanesca de Teixeira Gomes, Notas Para o Estudo da Sua Personalidade e da Sua Obra*, Lisboa, Editora Marítimo-Colonial, 1946.

Rosas, Fernando, *Pensamento e Acção Política, Portugal Século XX (1890-1976)*, Lisboa, Editorial Notícias, 2003.

Santos, Alfredo Ribeiro dos, *Perfil de Leonardo Coimbra*, Fundação Lusíada, Lisboa, 1988.

Idem, *A Renascença Portuguesa, Um Movimento Cultural Portuense*, prefácio de José Augusto Saraiva, Porto, Fundação Eng.º António de Almeida, 1990.

Santos, António Pedro Ribeiro dos, *O Estado e a Ordem Pública, As Instituições Militares Portuguesas*, Lisboa, Instituto Superior de Ciências Sociais e Políticas, 1999.

Santos, Fernando Piteira, *Raul Proença e a Alma Nacional; Da colaboração com António José de Almeida à ruptura*, Lisboa, Publicações Europa-América, 1979.

Santos, Miguel Dias, *Os Monárquicos e a República Nova*, Coimbra, Quarteto, 2003.

Sardica, José Miguel, *A Dupla Face do Franquismo na Crise da Monarquia Portuguesa*, Lisboa, Cosmos, 1994.

Silva, António Maria da, *O Meu Depoimento – Da Monarquia ao 5 de Outubro de 1910*, redigido em 1943, prefácio de José Magalhães Godinho, Lisboa, s.d.

Soares, Pedro, *Tarrafal: campo da morte lenta*, Lisboa, Edições Avante, 1975.

Teixeira, Nuno Severiano, *O Poder e a Guerra 1914-1918, Objectivos Nacionais e Estratégias Políticas na Entrada de Portugal na Grande Guerra*, Lisboa, Estampa, 1996.

Torgal, Luís Reis, *António José de Almeida e a República: Discurso de uma vida ou vida de um discurso*, Lisboa, Círculo de Leitores, 2004.

Valente, Vasco Pulido, *O Poder e o Povo – A Revolução de 1910*, Lisboa, Gradiva, 2004.

Veloso, José Maria de Queiroz, *Elogio Histórico de Hintze Ribeiro*, Lisboa, Academia de Ciências, 1949.

Vieira, Joaquim, Portugal Século XX, Lisboa, Círculo de Leitores e Autor, 1999, volumes 1900-1910; 1910-1920 e 1920-1930.

Artigos

Almeida, Gustavo, "Psicologia do Acto de Fé", in *A Guarda* de 24/1/1936.

Alves, Ângelo, "A Conversão de Leonardo Coimbra, História e Interpretação", Separata da *Revista Humanística e Teologia*, Porto, 1984, Tomo V, Fascículos 2 e 3.

Beja, José Fino, "Evolução Religiosa de Leonardo Coimbra", in *Palestras de Cultura Social e Religiosa*, Lisboa, 1937.

Boaventura, Armando, "Conversão e Morte de Leonardo Coimbra", in *Diário de Notícias* de 9/1/1936.

Catroga, Fernando, "Secularização e Laicidade, Uma Perspectiva Histórica e Conceptual", in *Revista de História das Ideias*, Coimbra, Instituto de História e Teoria das Ideias da Faculdade de Letras da Universidade de Coimbra, 2004, Vol. 25.

César, Amândio, Leonardo Coimbra, *Acto de Encontro*, Lisboa, 1976.

Cunha, Norberto, *Leonardo Coimbra perante a acrasia sergiana*, Separata da Revista Portuguesa de Filosofia, Braga, Faculdade de Filosofia, 1983, Tomo XXXIX -4.

Idem, *O Ser o Haver das Polémicas de Abel Salazar*, separata de *FORUM*, Braga, 1990, p. 37.

Dionísio, Sant'Anna, "Como foi Extinta, no Porto, a Escola de Filologia e Filosofia", in *Primeiro de Janeiro* de 20 de Abril de 1983.

Ferrão, Carlos, "Os Crimes da Noite Sangrenta", in *História Contemporânea de Portugal*, Direcção de João Medina e colaboração de Aniceto Afonso *[et. al.*], Lisboa Multilar, 1990, Tomo II (Primeira República).

Gomes, Josué Pinharanda, "Leonardo Coimbra (1883-1936) ", in *Jornal de Letras, Artes e Ideias*, n.º 78, de 3/1/1984.

Idem, *Leonardo Coimbra na Póvoa de Varzim (1912-1914)*, Separata do Boletim Cultural da Póvoa de Varzim, Vol. XXVII, n.1, 1990.

Idem, *A Política Cultural de Leonardo Coimbra*, Separata do Boletim n.º 28/2001 da Academia Internacional da Cultura Portuguesa, Lisboa, 2001.

Homem, Amadeu Carvalho, *Identidade Nacional e Contemporaneidade*, Separata da Revista de História das Ideias, vol. 17, Faculdade de Letras de Coimbra, 1995.

Idem, "O Grupo dos Vencidos da Vida ou a política servida à mesa", in *História das Figuras do Poder*, Colecção Turres Veteras, Torres Vedras, Câmara Municipal, 2005.

Magalhães, António, " Um Grande Convertido Português", in *Magnificat* n.ºs 7 e 8, Porto, 1951.

Mata, Francisco Caeiro da, "Os Fundamentos da Educação na Filosofia de Leonardo Coimbra", in *Didaskalia, Revista da Faculdade de Teologia de Lisboa*, vol. XVII, fascículo I, p. 146.

Pina, A. Ambrósio de, *Memórias de Leonardo Coimbra*, Braga, Livraria Cruz, 1979.

Quadros, António, "Leonardo Coimbra e os seus Discípulos", in *Nova Renascença*, vol. VIII, Janeiro--Março de 1988.

Idem, "Mestre dos Mestres ou Do Magistério de Leonardo Coimbra ao Magistério dos Discípulos", in *Didaskalia, Revista da Faculdade de Teologia de Lisboa*, Vol. XVII, fascículo 1, 1987

Roseiro, João de Carvalho, *José Luciano de Castro – Uma Biografia em Construção*, Anadia, Câmara Municipal, 2001.

Saraiva, Ricardo, "Acerca de Algumas Figuras Republicanas" in *Seara Nova*, n.ºs. 1264-1265, de Novembro de 1952.

Serra, João Bonifácio, "Do 5 de Outubro ao 28 de Maio: a instabilidade permanente", in *Portugal Contemporâneo*, Direcção de António Reis, Lisboa, Selecções do Reader's Digest, SA, 1990, Vol. 2.

Silva, Armando Barreiros Malheiro da Silva, *Leonardo Coimbra e o Integralismo Lusitano*, Separata da Revista Bracara Augusta, Braga, 1982, Vol XXXVI, n.ºs 81-82.

Revistas

Brotéria, volume XXII, Lisboa, 1936 e volume LXIV, Lisboa, 1957.

Gazeta Literária, Revista Mensal da Associação dos Jornalistas e Homens de Letras do Porto, Porto, Dezembro de 1952.

Itinerarium, Colectânea de Estudos, Ano V, nº. 25, Braga, Julho-Setembro, 1959.

Revista de História das Ideias, História e Literatura, Vol. 21, Instituto de História e Teoria das Ideias, Faculdade de Letras da Universidade de Coimbra, Coimbra, 2000.

Jornais

O Dia (1983).

Jornal de Letras, Artes e Ideias (1984).

Dicionários e Enciclopédias

Dicionário de História de Portugal, Direcção de Joel Serrão, Porto, Livraria Figueirinhas, s.d., volumes I a VI.

Dicionário de História de Portugal, Coordenação de António Barreto e Maria Filomena Mónica, Porto, Livraria Figueirinhas, 1999, volumes VII a IX.

Dicionário Houaiss da Língua Portuguesa, Lisboa, Círculo de Leitores, 2002.

Dicionário de Filosofia de José Ferrater Mora, Lisboa, D. Quixote, 1991.

Dicionário de Filosofia de Gérard Legrand, Lisboa, Edições 70, 2002.

Dicionário de Filosofia de G. Durozoi e A. Roussel, Porto, Porto Editora, 2000.

Moderna Enciclopédia Universal, Lisboa, Círculo de Leitores, 1987.

www.ingramcontent.com/pod-product-compliance
Lightning Source LLC
Chambersburg PA
CBHW050514160726
48003CB00001B/295